우리교회는 이렇게 논다

우리교회는 이렇게 논다

초판 1쇄 발행 | 2018. 6. 10.
초판 1쇄 인쇄 | 2018. 6. 10
지은이 | 천준호
펴낸이 | 정신일
펴낸곳 | 크리스천리더
편 집 | 이지선
교 정 | 김세배
일부총판 | 생명의 말씀사 (02) 3159-7979
등 록 | 제 2-2727호(1999. 9. 30)
주 소 | 부천시 원미구 중동 677-16 2층
전 화 | (032) 342-1979
팩 스 | (032) 343-3567
도서출간상담 | E-mail:chmbit@hanmail.net
homepage | cjesus.co.kr

ISBN : 978-89-6594-255-9 03230

정가 17,900원

저자와의 협약 아래 인지는 생략되었습니다.
이 출판물은 저작권법에 의해 보호받는 창작물이므로,
무단 복제와 무단전재를 할 수 없습니다.

■ 잘못된 책은 구입하신 곳에서 바꿔드립니다

"디지털시대, 아날로그 감성에 날개를 달다"

우리교회는 이렇게 논다

천준호 목사

CLC 크리스천리더

저자서문

공부하는 아이들 중에는 꼭 집합박사, 명사박사가 있습니다.
집합박사란 '올해는 꼭 수학을 정복해야지.'
이렇게 결심한 후, 수학책 첫 장을 넘기면 집합이 나오는데 생각보다 쉽지 않으니까 집합만 공부하다가 포기하는 경우를 말합니다.
다음에 또 수학책을 들면서 '이번에는 꼭 정복하고 말거야.'
다짐을 하고 수학책을 들면 또 집합이 나옵니다.
이렇듯 새롭게 다짐하고 수학책을 펼 때마다 항상 집합이 첫 장에 나오고 이것을 몇 번 반복하다 보니 더 이상 진도는 못 나가고 집합만 공부하다가 끝나는 사람을 집합박사라고 부릅니다.

명사박사도 마찬가지입니다. '기필코 영어를 정복하고 말 거야.'
결심한 후, 영어 공부를 시작하지만 꾸준하게 공부하지 못하고 명사만 붙들고 반복하는 사람이 있는데 그가 바로 명사박사입니다.

교회 안에도 마찬가지입니다. 올해는 꼭 성경 1독해야지' 하며 성경을 읽지만 결국엔 창세기만 보고 창세기만 전문가가 되는 창세기 박사가 있습니다.
집합박사, 명사박사, 창세기박사는 한계를 극복할 줄 모르는 우리들의 믿음의 모습을 이야기하는 것입니다.

교회는 예배와 찬양과 기도라는 요소로 모이는 사랑의 공동체입니다.
내가 아닌 우리가, 나 혼자가 아닌 함께라는 공동체로 엮어진 믿음의 터인 것입니다.

교회는 결코 나홀로 득도하는 수련 장소가 아닙니다.
그래서 지체간에 아름다운 사랑의 교제는 가장 중요한 믿음의 동기가 됩니다.

우리가 믿음생활하면서도 때로는 나약해지고, 힘들어하고, 창세기박사같은 작심삼일의 신앙의 모습으로 나태해질 때가 많습니다.
이럴 때 믿음의 지체들과 어우러지며 우리는 하나의 아름다운 믿음의 공동체란 사실을 확인하며 서로 위로하고 권면하며 관심을 가져준다면 나약하고 지친 심령에 너무도 소중한 믿음의 동력이 됩니다.

본 교재는 이렇게 꾸며졌습니다.
첫째, 더욱 친근한 공동체를 만들기 위한 캠프 수련회 아이템과 재미있는 성경복습게임의 내용들이 수록되어 있습니다.
둘째, 모든 것은 테마별로 구성되어 있고 특별히 프로그램을 기획하고 준비하는 사역자들의 수고를 덜어주려고 애썼습니다.
셋째, 이 책은 저자가 실제 캠프 수련회를 기획하였거나, 교회에서 직접 활용한 프로그램들로만 추려 기록하였고 그렇기에 저자만의 풍부한 노하우가 꾸밈없이 소개되어 있습니다.
넷째, 행사를 준비하는 사역자들을 위해 아이디어를 어디에서, 어떻게 얻게 되었는지를 소개하였고 교재에 나오는 '은혜코멘트'는 대표자가 들려 줄 수 있는 도움될 만한 멘트를 실었으며 '반짝 아이디어'는 한 문장, 하나의 사건, 하나의 글들을 어떻게 프로그램으로 연결시킬 수 있는지 그 방법들을 공개하였습니다.
다섯째, 수련회에서 빼놓지 않고 진행하는 단골 프로그램인 조 이름 정하기, 조 편성, 조별 발표회를 재미있는 방법으로 새롭게 접근했습니다.

여섯째, 교회의 형편과 상황에 맞게 다양하게 진행할 수 있도록 기획하였습니다.
일곱째, 성경복습게임은 말씀과 재미를 함께 만끽할 수 있는 프로그램 자료가 풍부합니다. '성경복습게임'은 하나님의 말씀을 주제로 삼아 만든 재미있는 레크레이션 프로그램입니다.

이 책은 [캠프수련회 프로그램 아이템]과 [성경복습게임]의 도서를 한권으로 재구성하여 기획된 도서입니다.
더 다양하고 풍성한 자료를 통해 각 부서별 캠프나 수련회에 도움이 되고, 함께 친근해질 수 있는 공동체 프로그램을 통해 더 끈끈하고 아름다운 공동체가 되기를 소망하며 사용되어지길 바랍니다.

"너희가 무슨 말을 할 때에는 하나님이 주신 지혜로 하고, 무슨 일을 할 때에는 하나님이 주신 능력으로 하라" 하신 말씀을 생각하면서 겸손하게 하나님이 주신 지혜와 능력으로 교회교육을 위해 함께 고민하고 기도하며 함께 동역하고 연구하는 일꾼들이 많이 나오길 간절히 바랍니다.

2018년 6월
수원화평교회 담임 천준호 목사

차 례

1부, 공동체 프로그램 아이템

첫번째 아이템 비전 캠프 수련회 공동체 프로그램 · *15*

1. 비전선언문 만들기 | 2. 비전헌장 만들기

3. 비전레크레이션<자신과의 경쟁> | 4. 모델정하기

5. 비전 2040의 주역들 | 6. 내 사전에 절망은 없다

7. 미래비전여행 | 8. 성공자의 성품 만들기

9. 비전파일 만들기

두번째 아이템 찬양 캠프 수련회 공동체 프로그램 · *43*

1. 난타찬양축제 | 2. 찬양으로 하는 레크레이션

3. 새벽-찬양큐티 | 4. 칸타타 찬양축제

5. 1·1·1 발표회 | 6. 춤추는 예배자

7. 야밤 콘서트 | 8. 우리들의 작은 음악회

9. 생방송 DJ와 함께

세번째 아이템 큐티 캠프 수련회 공동체 프로그램 · *67*

1. 큐티편지 | 2. 그림을 이용한 큐티편지

3. 신문을 이용한 큐티 | 4. 그림으로 표현하는 큐티

5. 찬양큐티 | 6. 큐티특강 이렇게 준비하자

7. 나는 이렇게 묵상해요 | 8. 큐티캠프의 실제

9. 큐티아이디어

네번째 아이템   영성 캠프 수련회 공동체 프로그램 · *89*

1. 기도하는 손 | 2. 침묵기도

3. 중보기도 | 4. 금식기도

5. 소망의 기도 | 6. 말씀 읽기와 기도로 여는 새벽

7. 찬양과 기도가 어우어진 영성예배

8. 구별하기(영적분별력) | 9. 기도문 책자 만들기

10. 기도수첩 만들기 | 11. 기도후원자 정하기

다섯번째 아이템   인간관계훈련 캠프 수련회 공동체 프로그램 · *121*

1. 친구 이름 외우기 | 2. 당신도

3. 아름다운 세상을 위하여 | 4. 가까이 or 멀찍이

5. 의미 부여하기 | 6. 썩어없어지는 삶 or 닳아 없어지는 삶

7. 거짓말 정복하기 | 8. 인생을 다섯 글자로 말하기

9. 특별한 시간 | 10. 나에게 용기를 주시는 글

11. 이런선물 처음이야 | 12. 그리스도인의 행동 법칙 만들기

13. 20대에 하지 않으면 안될 50가지

14. 옥의 티를 찾아라 | 15. 이것이 인생이다

여섯번째 아이템

신앙독서 캠프 수련회 공동체 프로그램 · 161

1. 책속 주인공에게 편지 쓰기 | 2. 소설 드라마
3. 업그레이드 동화 만들기 | 4. 한 장의 그림으로 표현하기
5. 독서 정보 퀴즈 | 6. 친구에게 책 소개하기
7. 나는 이렇게 책을 읽는다 | 8. 나를 감동시킨 명언 한마디

일곱번째 아이템

성경다이어트 캠프 수련회 공동체 프로그램 · 177

1. 비움과 채움 | 2. 특강-내안에 콤플렉스를 죽여라
3. 콤플렉스를 잡아라 | 4. 내 마음대로 기준 정하기
5. 독특한 나 | 6. 나는 내 멋에 산다
7. 나를 도우시는 하나님 | 8. 레크댄스 만들기

여덟번째 아이템

일반 캠프 수련회 공동체 프로그램 · 197

자연탐험캠프 | 역사탐방캠프 | 봉사캠프
취미캠프 | 생명과학실험캠프 | 극기 캠프
비만캠프 | 민속놀이 캠프 | 스포츠캠프 | 교양학교
버스로..도보로...문화체험 떠나기
평범한건 싫어~이색축제 | 김제지평선 축제
꽃길 걸으며...꽃길행사

2부, 성경복습게임

1. 성경복습게임이란 무엇인가? · *208*

   1. 성경복습게임의 정의 | 2. 성경복습게임의 목적 | 3. 성경복습게임의 활용
   4. 주의 사항 | 5. 성경복습게임 연구를 위한 제안

2. 성경복습게임 운영방법 · *212*

   1. 진행을 위한 준비 | 2. 성경복습게임의 종류와 구분 | 3. 질문하는 좋은 방법 | 4. 정답을 맞추는 좋은 방법 | 5. 선물을 주는 좋은 방법 | 6. 점수를 주는 좋은 방법 | 7. 벌칙을 주는 좋은 방법

3. 놀이기구를 이용한 성경복습게임 · *233*

   1. 과녁을 향하여 | 2. 나는 양궁선수 | 3. 목표물 맞추기 | 4. 동서남북을 바라보라 | 5. 지구특공대 | 6. 나도 선교사 | 7. 비행기의 안전착륙 | 8. 풍선로켓 | 9. 풍선터뜨리기 | 10. 넓이뛰기 | 11. 주는 기쁨 | 12. 보물찾기 | 13. 장애물 통과하기 | 14. 비 사이로 막가 | 15. 풍선던지기 | 16. 조심 조심 풍선나르기 | 17. 사탕 나누기 | 18. 선물을 찾아라 | 19. 선악을 알게 하는 나무 | 20. 사탕목걸이 완성하기 | 21. 목표를 향하여 | 22. ＋－×÷ | 23. 선물은 내것이여 | 24. 행운의 점수 | 25. 내가 먼저 | 26. 포기할 수 없어 | 27. 먼저된 자 나중

되고 | 28. 점프점프 | 29. 볼링 | 30. 링던지기 | 31. 휴지통 농구 | 32. 슬램덩크 | 33. 미니 농구 | 34. 이건 힘들껄 | 35. 깡통쌓기 | 36. 깡통징검다리 건너기 | 37. 훌라후프 돌리기

4. 레크리에이션 중심의 성경복습게임 · 273

   1. 줄다리기 | 2. 달려라 달려 | 3. 만리장성 | 4. 인간사슬 | 5. 선택하라 | 6. 신앙의 온도계 | 7. 위험수위 성경복습게임 | 8. 승리의 깃발 | 9. 언제나 찬양이 넘치면 | 10. 숨은 그림을 찾아라 | 11. 자동차 놀이 | 12. 워매 이럴수가 | 13. 기쁨 두배 | 14. 오 이 기쁨 | 15. 손으로 탑쌓기 | 16. 길을 찾아서 | 17. 제기차기 | 18. 별들의 세계 | 19. 음료수 마시기 | 20. 넌 내꺼야! | 21. 역전승 | 22. 같은 모양 찾기 | 23. 고깔모자 떨어뜨리기 | 24. 다함께 찬양해요 신나게 | 25. 물러설 수 없는 대결 | 26. 각 나라 국기 알아맞추기 | 27. 올라가는 그래프 | 28. 포도송이 열매 | 29. 흰눈이 펑펑펑 | 30. 과자 따먹기 | 31. 열매따기 | 32. 지네 만들기 | 33. 내가 왕입니다요 | 34. ○× | 35. 가위 바위 보 | 36. 정면충돌

5. 성경학교와 캠프에 활용할 수 있는 성경복습게임 · 311

   1. 즉석사진 찍기 | 2. 물풍선 던지기 | 3. 오재미 던지기 | 4. 물총놀이 | 5. 도전 내가 최고 | 6. 주여! 도와주시옵소서 | 7. 인간 윷놀이 | 8. 비행기 날리기 | 9. 림보놀이 | 10. 나는 잠수왕 | 11. 바른 길로 인도하소서 | 12. 거기 누구 없어요 | 13. 단짝찾기 | 14. 도전찬양 3고개 | 15. 선물을 찾아라 | 16. 뺏어봐 | 17. 찬송가 가사 완성하기 | 18. 행운의 숫자 | 19. 페널티킥 | 20. 원 안에 던지기 | 21. 깡통차기 | 22. 삐삐머리하기 | 23. 나의 비밀공개 | 24. 간식 장만하기

6. 성경본문 중심의 성경복습게임 · *337*

1. '이리'를 찾아라 | 2. 예수님의 생일선물을 찾아라 | 3. 좋은 열매 맺어요 | 4. 감추인 보화찾기 | 5. 열두 광주리 | 6. 천국에 들어가려면 | 7. 엠마오 마을로 | 8. 항아리에 물 채우기 | 9. 물이 변하여 포도주 됐네 | 10. 깊은데로 가서 | 11. 똑똑똑 | 12. 열두 제자 모으기 | 13. 알곡과 쭉정이 | 14. 성령의 아홉가지 열매 | 15. 성경인물 나이 알아맞추기 | 16. 천지창조 | 17. 노아의 방주 | 18. 저 별은 나의 별 | 19. 소돔과 고모라성 | 20. 탈출한 자를 찾아라 | 21. 야곱의 아들들 | 22. 열두 아들 이름 찾기 | 23. 술 따르는 자와 떡 굽는자 | 24. 10가지 재앙 | 25. 내가 너를 넘어가리라(유월절) | 26. 십계명 | 27. 법궤를 중심으로 | 28. 구름기둥 불기둥 | 29. 나팔소리와 함께 | 30. 가나안을 향하여 | 31. 골리앗을 향하여 | 32. 분열 왕국의 역대왕들

7. 주제에 따른 성경복습게임 · *371*

1. 편지 | 2. 나는 하나님의 작품 | 3. 회개합시다 | 4. 생일 축하파티 | 5. 내가 세계의 주인공 | 6. 사랑나누기 | 7. 어! 똑같네 | 8. 정상을 향하여 | 9. 어떻게 도울 수 있을까요 | 10. 생명이 있어요 | 11. 피난처 | 12. 벽 허물기 | 13. 아름다운 세상을 만들어요 | 14. 주님만 바라봅니다 | 15. 현상수배 | 16. 칭찬하고 싶어요 | 17. 기도할 수 있어요 | 18. 이것이 예수님 스타일 | 19. 교회 세우기 | 20. 반석 위의 집

8. 절기에 활용할 수 있는 성경복습게임 · *395*

성탄절 복습게임

1. 그림완성하기 | 2. 숨겨진 종찾기 | 3. 별 찾기 | 4. 성탄절 장식 | 5. 인간트리 만들기 | 6. 흔들흔들 | 7. 별 모으기 | 8. 성탄장면 그리기 | 9. 동방박사들의 여행 | 10. 선물나무 | 11. 성탄절 의상 입기

부활절 복습게임

12. 나귀를 타신 예수 | 13. 성전을 깨끗케하심 | 14. 세족식 | 15. 십자가에서 하신 말씀찾기 | 16. 달걀굴리기 | 17. 예수님 다시 사셨다 | 18. 달걀고리 | 19. 빈무덤 찾기

감사절 복습게임

20. 과일바구니 | 21. 감사나무 | 22. 감사모양 만들기 | 23. 감사잔치 | 24. 예수님을 닮은 어린이 | 25. 감사자석 | 26. 감춰진 선물

9. 배운 말씀을 오래 기억하게 하는 아이디어와 효과적인 진행 팁(tip) · *423*

Idea 1. 설레임(아이스크림) | Idea 2. 오예스 | Idea 3. 해바라기(초콜릿) | Idea 4. 뿌셔뿌셔 | Idea 5. 인디안밥, 사또밥, 고래밥(과자류) | Idea 6. 자일리톨 껌, 가그린, 박하사탕 | Idea 7. 칫솔, 치약 | Idea 8. 마스크, 방독면 | Idea 9. 대일밴드 | Idea 10. 쓰레기 통과 보석함 | Idea 11. 뻥이요, 풍선껌 | Idea 12. 돼지바(아이스크림) | Idea 13. 왕꿈틀이(과자) | Idea 14. 빼빼로(과자) | Ideaa 15. 자유시간 | Idea 16. 가나초콜릿 | Idea 17. 컨디션(드링크) | Idea 18. 새우깡(과자) | Idea 19. 미녀는 석류를 좋아해(음료) | Idea 20. 열라면

| Idea 21. 누네띠네(과자류) | Idea 22. 공사중(폿말) | Idea 23. 줄자 | Ideaa 24. 손수건 | Idea 25. 방향제 | Idea 26. 오뚜기카레 | Idea 27. 테이프 | Idea 28. 아침에 주스(음료) | Idea 29. 맛동산(과자) | Idea 30. 거울 | Idea 31. 옷걸이 | Idea 32. 누가바(아이스크림) | Idea 33. 신발 | Idea 34. e마트, 백화점 | Idea 35. 맛소금 | Idea 36. 핸드폰 | Idea 37. 화장품샘플 | Idea 38. 약, 약국 | Idea 39. 무우 | Idea 40. 생선 한 마리

1부, 공동체 프로그램 아이템

①

비전캠프수련회
공동체프로그램

Intro 첫번째 아이템 활용 가이드

1. 주제 정하기

① 비전을 생각할 수 있는 제목으로 주제를 정한다.

제목 예)

VISION 2020, 꿈꾸는 자가 오는도다, 너 하나님의 사람아, 너는 너의 하나님을 바라라

② 성경에 나오는 인물을 중심으로 구체적인 비전 제시를 할 수 있다.

아브라함 비전캠프 – 지시하신 곳을 향하여

여호수아 비전캠프 – 이 산지를 내게 주소서

2. 조 편성

나이별로 조를 편성할 경우에는 1조, 2조, 3조 등의 형식으로 이름을 부르지 말고, 꿈을 이룬 사람들의 이름으로 조 이름을 정한다.

예) 아인슈타인 조, 에디슨 조, 세종대왕 조, 아브라함 조 등

비전별로 조를 편성할 경우에는 나이에 관계 없이 같은 비전을 가진 사람들끼리 조를 만들고, 조의 이름은 이루고자 하는 비전으로 정하도록 한다.

3. 비전캠프·수련회 다양하게 진행하기

① 비전캠프를 인물중심으로 진행할 경우에는 인물에 대하여 집중적으로 연구할 수 있

는 성경공부를 준비한다.
② 은사작성 프로그램을 통하여 하나님이 주신 은사를 살펴보고, 가까이는 교회에서 내가 할 수 있는 역할을 알아보고, 멀게는 내가 구체적으로 발전시켜 나가야 할 은사는 무엇인지 알아보는 시간을 갖는다.
③ 특별활동 프로그램은 예수 그리스도 안에서 무엇이든지 할 수 있다는 자신감을 가질 수 있는 활동 프로그램으로 준비한다.
④ 비전캠프를 시작하기 전에 다양한 직업들에 대해서 조사를 실시하고, 앞으로 비전 있는 직업과 없어지는 직업들을 조사한 후 발표하는 시간을 갖도록 하자.
⑤ 내 자신의 비전도 중요하지만 성공한 사람과 많은 이들의 존경 대상이 되는 분들을 조사하여 발표하는 시간도 준비해 보자.

4. 비전캠프·수련회 응용하기

비전별로 캠프·수련회를 진행한다.

진행하기
같은 비전을 가진 사람들끼리 조를 편성한다. 각 조에는 그 비전과 관계되는 담당자가 조를 맡으면 더욱 좋겠다. 2박 3일로 비전캠프를 진행할 경우, 1박 2일은 같은 비전을 가진 사람들끼리 모여서 1박을 하고, 다음 날 저녁 전체가 수련회 장소에 모여서 1박을 하는 형식으로 진행한다.

프로그램 만들기
① 각 조에서는 담당자와 조원들이 모여서 어떻게 1박을 보낼 것인가 아이디어 회의를

한다.

② 1박 프로그램은 수련회의 첫째 날 프로그램으로써, 오락 중심의 프로그램이 아니라 비전과 관계된 기관을 방문하거나, 직접 체험 또는 연구할 수 있는 활동 중심의 프로그램을 말한다. 이렇게 같은 비전을 가진 사람들끼리 각자 다양한 장소에서 1박을 보낸 후 다음 날 정해진 시간까지 수련회 장소로 모이도록한다.

③ 둘째 날 프로그램은 오후부터 진행되며 비전에 대한 구체적인 프로그램과 저녁 시간에는 비전 부흥회를 통해서 꿈에 대한 소망과 하나님의 도우심을 간구한다.

④ 마지막 날에는 조별로 가졌던 1박 프로그램을 발표하면서 현장체험의 이야기를 나눈다.

비전학교 개강

① 비전캠프 후 매주 토요일 참가자들을 대상으로 비전학교를 연다. 대상은 참가자라면 누구나 가능하며 일정한 기간동안 진행된다.

② 추천도서로 『아들아, 머뭇거리기에는 인생이 너무 짧다』를 소개한다. 이 책은 강헌구씨가 청소년들을 대상으로 비전학교를 열고 강의했던 내용들을 수록한 책인데 참고한다면 많은 자료를 얻을 수 있을 것이다.

첫번째 Item

비전선언문 만들기

비전 선언문을 만들어 보자. 비전 선언문은 내가 앞으로 무엇을 해야 되는지를 분명하게 밝히는 것으로서 내가 해야 할 최종목표를 기록하는 것이다.

'아마 되겠지, 되긴 될거야.'라고 생각하는 것이 아니라 하나님이 함께하시면 된다는 믿음을 가지고 비전 선언문을 만들어 보자. 비전 선언문 만들기는 로리베스 존스의 책『기적의 사명 선언문』에서 아이디어를 얻은 것이다. 그 책을 추천한다.

1. 비전 선언문을 만들어야 되는 이유를 먼저 말한다.

우리가 내 비전에 대하여 분명한 선언문을 가지고 있다면 나의 비전을 이루어가는 동안 적당히 살아가지 않게 되고, 다른 사람들의 성공하는 삶을 통해서 내가 스트레스를 받지 않으며, 하나님이 내게 주신 길을 향해 갈 수 있기 때문이다.

로리베스 존스의『기적의 사명 선언문』에는 다음과 같은 글이 쓰여있다.

나는 나의 인생계획을 세울 때 어머니에게 도움을 요청했다. 어머니는 미소를 머금은 채 차를 마시면서 정감 어린 말투로 다음과 같이 말해 주었다.

"너를 계획하지도 못한 내가 어떻게 너의 인생을 계획하는 데 도움을 줄 수 있겠니?"

그렇다. 사람은 내가 이 땅에 사는 동안 무엇을 위해서 살아야 되는지 잘 알지 못하지만, 나를 계획하시고 나를 보내신 하나님께서는 나를 향한 인생의 계획을 가지고 계심을 믿어야 된다. 그러한 마음으로 비전 선언문을 만들자.

2. 비전 선언문 만드는 방법
로리베스 존스는 비전 선언문을 만드는 세 가지 요소에 대해서 다음과 같이 말했다.

한 문장을 넘어서는 안 된다.
12살 난 아이라도 쉽게 이해할 수 있어야 한다.
쉽게 외울 수 있어야 한다.

역사적으로 볼 때 위대한 지도자들은 대부분 한 문장으로 요약할 수 있는 사명을 가지고 있었는데 그들은 다음과 같다.
에브러햄 링컨의 사명은 미합중국의 분열을 막는 것이었다. 프랭클린 D. 루스벨트는 대공황에 종지부를 찍겠다는 사명을 가지고 있었다. 또 넬슨 만델라는 인종차별을 종식시키는 것을, 테레사 수녀는 굶주리고 가난한 사람들에게 자비와 연민을 베푸는 것을, 잔다르크는 프랑스 해방을 사명으로 가졌다. 그리고 느헤미야는 예루살렘의 성벽을 재건하는 사명에 충실했다. 자, 그렇다면 나의 비전 선언문을 만들어 보자.
A4 용지에 나의 비전 선언문을 한 문장으로 적어 보자. 그리고 그 비전 선언문 밑에는 '하나님이 함께하시면 무엇이든지 되는 세상'이라고 기록하자. 그 비전 선언문을 큰 소리로 외치면서 암송하게 한다. 그후에 둘씩 짝을 지어 나의 비전 선언문을 이야기하고 서로를 위해 기도해준 후, 비전 선언문의 뒷장에 용기를 주는 글을 한 마디씩 적어 준다. 개인의 비전 선언문이 끝났으면, 조별로 우리 교회의 비전 선언문, 또는 우리 임원회의 비전 선언문, 우리 조의 비전 선언문 등 캠프에 필요한 대로 만들어 보자.

3. 응용하기

① 비전 선언문을 마인드 맵을 이용하여 만들어 보자.

마인드 맵 형식으로 비전 선언문을 만들 때 색깔 있는 A4 용지에 기록하도록 한다. 파트너에게 소개하고, 조원들에게 소개하고, 앞에 나와서 발표할 수 있는 사람은 자연스럽게 자신의 비전 선언문을 발표하게 한다. 기록한 비전 선언문은 모두 걷어서 코팅한 후 개인에게 돌려주거나, 전시한 후 돌려준다.

② 우리 임원회 비전 선언문 책자 만들기

수련회에서 기록한 비전 선언문을 모아서 하나의 책으로 만들어 선물로 나누어 준다. 그 책의 이름을 공고해서 가장 적합하다고 생각되는 것으로 정하여 참가자들에게 좋은 기념이 되게 한다.

[은혜로운 코멘트]

예수님의 비전 선언문은 "내가 온 것은 영원한 생명을 얻게 하고, 그것을 더 풍성히 얻게 하려는 것이다." 라는 한 문장으로 표현할 수 있다.

예수님이 물로 포도주를 만들거나, 아이들과 놀아주거나, 해변에서 연설을 하거나, 혹은 기존의 종교 체계에 도전장을 던지는 행위 등, 예수님이 취한 일련의 활동들은 예수님의 사명 선언문을 지키신 것이다.

그 짧은 선언문은 예수님에게 있어 지침서와 같은 것이었다. 그 예로 한 여자가 간음죄로 잡혔을 때 '나의 사명은 비난이 아니라 생명을 주는 것이다.' 라고 말씀하시면서 심판을 거부하셨다. 그뿐 아니라 어떠한 상황에 처하더라도 어떻게 행동해야 되는지, 그리고 무슨 말을 해야 할지, 심지어 돌발적이고 도전적인 상황이 닥쳐와도 일관성을 잃지 않았다는 것이다.

두번째 Item

비전 헌장 만들기

비전 선언문은 한 문장으로 기록하는 나의 목표라면 비전 헌장은 그 목표를 이루기 위해 내가 지키고 이겨 나가야 할 목록을 작성하는 것이다.

1. 진행하기

비전 헌장 만들기는 비전 선언문 만들기 다음 시간과 연결해서 사용한다. 아이디어 발견에 기록된 아줌마 헌장을 읽어 주는데 다음과 같이 할 수 있다.

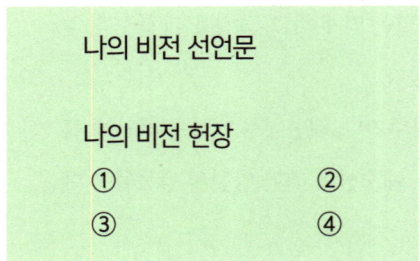

사회자가 그냥 순서대로 읽어주거나 아이패드, 파워포인트를 활용하여 하나씩 보여주면서 읽어준다. 혹은 몇 개만 보여주고 게임형식으로 알아 맞히도록 한다.

A4 용지에 비전 선언문을 기록한 후 그 밑으로 비전 헌장을 순서대로 기록한다. 그리고 만든 것을 조별로 발표하는 시간을 갖고, 발표가 끝날 때마다 격려의 박수를 친다. 조 모임이 끝나면 각 조에서 한 명씩 추천하여 전체 앞에서 발표하도록 한다. 발표시 리더자가 기억해야 할 것은 앞에 나와서 발표해 보지 않았던 사람들을 위주로 진행할 수 있도록 신경써야 되겠다. 비전 헌장도 이 활동이 끝나면 바로 전시하도록 한다.

2. 응용하기

① 비전 헌장 전시회를 갖는다. 비전 선언문과 비전 헌장을 액자에 넣거나, 나름대로 예쁘게 꾸며 전시하는 프로그램을 교회에서 기획해 보자. ② 교회 2부 활동으로 비전 선언문, 비전 헌장 발표회를 갖자.

[반짝 아이디어 발견!]

'아줌마는 나라의 기둥' 창립 총회에서 '아줌마 헌장'을 발표했다. (조선일보) 이 모임은 선언문을 통해 '아줌마는 수다와 무식, 몰염치, 이기주의에 빠진 대명사로 통한다'며 이런 왜곡된 인상을 바로잡기 위해서는 주부들 자신이 앞장서야 한다고 밝혔다. 프로그램을 응용하는 데 참고가 될 것 같다.

[아줌마 헌장]

우리는 아줌마임을 자랑스럽게 생각한다.

우리는 산소 같은 사회를 만들기 위해 신 아줌마로 거듭난다.

우리는 남의 어려움을 나의 일로 생각하고 적극적으로 돕는다.

우리는 사치와 외제를 좋아하는 아줌마들을 부러워하지 않는다.

우리는 이 땅에서 공짜 문화를 없애기 위해 노력한다.

우리는 아무리 어려운 일도 스스로 해결하도록 한다.

우리는 일을 하며 환경 탓, 남의 탓을 하지 않는다.

우리는 나와 가족만 생각하는 이기주의를 항상 반성한다.

우리는 남편과 가족들의 협조를 당당히 받는다.

우리는 경제적 능력이나 전문지식이 없음을 부끄러워하지 않는다. <이하 생략>

세번째 Item

비전 레크리에이션
〈자신과의 경쟁〉

사람은 자기 자신을 지배할 수 있어야 된다. 남과 경쟁하면 적이 생기지만 자신과 경쟁하는 사람은 절대로 적이 생기지 않기 때문이다. 우리는 그동안 남과 비교하면서 지내는 데 익숙해져 있었다. 이제 다른 사람과의 비교를 끊고 내 자신과의 경쟁을 시작해 보자. 비전은 내가 품은 계획을 내 자신과의 경쟁을 통해서 승리할 때 얻을 수 있기 때문이다. '나는 지금보다 잘할 수 있어!'라고 선포한 후 내 자신과의 경쟁을 시작하자.

1. 준비하기

다양한 경기 종목을 설정해 놓고, 자신이 도전하고 싶은 것을 선택해서 도전하게 한다. 한 사람이 한 종목 이상 선택하되, 여러 종목을 선택해도 괜찮다.

자신과 경쟁하는 종목을 만드는 방법은 내 노력보다는 우연히 좋은 점수를 얻을 수 있는 경기여서는 안 된다. 내가 노력하고 수고하고 애쓴 만큼 얻을 수 있는 경기, 반복해서 연습함으로 성취감을 얻을 수 있는 경기를 선택해서 진행해야 된다. 기록을 잴 수 있는 종목을 생각해 보자.

1분 동안 팔굽혀펴기를 몇 회 할 수 있는가, 윗몸 일으키기는 몇 회 할 수 있는가의 형식으로 진행되는 것들을 할 수도 있다.

농구를 좋아하는 이들에게는 10번 던져서 몇 번 넣을 수 있는가, 가까운 곳에서부터 1, 2, 3단계를 만들어 먼 곳까지 연속으로 골을 넣을 수 있는가 등 농구를 통해서 할 수 있는 방법.
죽지 않고 제기차기를 몇 회 할 수 있는가, 줄넘기는 몇 회 할 수 있는가 등 민속놀이를 통한 방법.
레크리에이션을 통한 방법으로 비행기 멀리던지기, 물풍선 멀리던지기 등 재미로 진행할 수 있는 방법 등이 있다.

이제 이 중에서 할 수 있는 내용들을 선택하여 정한다. 이 프로그램은 각 코너에 활동할 수 있도록 준비해 놓은 것이지만 활동은 자신이 원하는 곳에 가서 하고 싶은 것만 하면 된다. 물론 전부 다 참여해도 괜찮다. 개인용 기록카드를 만들어 시작 전 하나씩 나누어 준다.

개인용 기록카드				
종목	1회	2회	3회	4회
제기차기				
줄넘기				

2. 진행하기

개회예배 후 내 자신과의 경쟁 프로그램을 시작한다.
사회자는 다음과 같이 말한다.
"이제 자신과의 경쟁을 시작하겠습니다. 다양한 코스가 있는데 순서대로 가는 것이 아니고 자신이 원하는 곳으로 가서 기록에 도전하면 됩니다. 주의사항은 다음과 같습니다."

한 종목에 여러 번 도전해도 괜찮다.
순서는 관계가 없지만 전 종목에 꼭 한 번씩은 참여를 해야 된다.
한 종목에서 1회 기록을 했으면 바로 2회를 하지 않고, 기다리고 있는 사람들 뒤에 서 있다가 순서에 의해서 진행해야 된다.
물론 한 번만 하고 다른 종목에 참여해도 된다. 그리고 내가 참여한 종목은 반드시 기록표에 기록을 남겨야 된다.

이렇게 주의 사항을 알려 준 후 활동을 시작한다. 적당한 시간에 마치게 되면 조별로 기록표를 걷도록 한다. 기록표를 모두 걷었으면 다음과 같이 멘트를 한다.

"이 자신과의 경쟁 프로그램은 매일 1시간씩 있습니다. 오늘 여러분이 기록한 목표보다 날마다 도전해서 가장 많이 도전에 성공한 사람에게 마지막 날 기념품을 드리도록 하겠습니다. 최종 도전은 폐회예배를 드리기 전에 전체가 보이는 앞에서 공개적으로 진행하도록 하겠습니다."

3. 최종적으로 도전하는 날

지금까지 도전했던 종목 중에서 자신이 가장 자신 있다고 생각되는 종목을 하나씩 선택하게 한다. 그리고 잠깐 동안 자신이 선택한 종목에 가서 연습을 하도록 기회를 준다. 이제는 전체가 모인 자리에서 한 종목씩 자신과의 경쟁을 시작하는 것이다.
이 경기의 우승자는 점수가 최고 많은 사람이 아니다. 자신이 지금까지 세워 놓은 기록보다 많이 나오면 내 자신에게 이긴 승리자가 되는 것이다.

이 프로그램을 진행하는 사회자는 맨 처음 이 활동의 목적을 이야기해서는 안 된다는 것을 잊어서는 안 된다. 왜냐하면 마지막 날 기록을 세우기 위해서 처음에 적당히 할 수도 있기 때문이다.

마지막 날 자신이 처음 기록을 세운 것보다 더 나은 기록을 갱신하게 되면 간단한 기념의 글이나, 기념메달을 만들어서 준다.

그리고 앞으로 가는 길에 늘 자신과의 경쟁에서 승리하는 자가 되어 비전을 성취하는 사람이 되자고 이야기한 후 함께 기도한다.

4. 응용하기

① 이 프로그램은 수련회 기간 동안 매일 진행할 수 있다. 첫날 개회예배 후, 그리고 다음날 적당한 시간에 진행하고, 마지막 날 폐회예배 전에 진행한다. 특별한 레크리에이션을 하지 않아도 이 시간을 통하여 즐거움도 만끽할 수 있을 것이다.

② 학생회 체육대회나 야외예배 때 활동 프로그램으로 활용할 수 있다.

네번째 Item

모델 정하기

모델 정하기는 내 꿈의 모델로 삼고 있는 사람의 모습을 사진이나, 책, 신문, 잡지를 통해서 발췌한 후 나의 모델집을 만들어 내 주변에 있는 사람들에게 소개하는 프로그램이다.

1. 진행하기

캠프 출발 전 오리엔테이션을 통하여 준비물을 전달하고 조별로 사람들이 잘 보는 잡지 책이나, 신문, 연예인 사진 또는 내 인생의 모델이 되는 분의 사진이나 기사 자료들을 준비하도록 한다. 조별로 모여서 내 인생의 모델이나, 내 꿈의 모델 또는 내게 영향을 많이 주셨던 분의 모습을 A4 용지에 담는다. 잡지나 신문을 통해서 스크랩을 하거나, 준비된 사진을 붙인 후 그 분의 이름과 그 이유를 기록하도록 한다. 그리고 모델이 완성되면 조별로 원형으로 앉아 조원들에게 보여주면서 이야기를 나눈다. 용기를 내어서 전체 앞에 나와서 발표할 수 있는 사람들은 발표할 수 있는 기회를 준다.

2. 응용하기

① 참가자들이 만든 내 인생의 모델을 그냥 두면 쓰레기통으로 들어가게 될 것이다. 그들의 것을 걷어서 액자나 코팅을 해서 나누어 주도록 한다. 물론 액자로 했을 경우에는 원하는 사람만 공동으로 액자를 구입해서 진행하고, 경비는 본인이 부담하도록 한다.
② 교회 이벤트 프로그램으로 진행할 수 있다.

다섯번째 Item

비전 2040의 주역들

1. 진행하기

내 미래의 자화상을 엽서로 만들어 전시하는 프로그램으로써, 준비된 엽서나 A4 용지에 '비전 2040의 주역'이라고 기록한 후 다음과 같이 만든다.

전체 원형으로 둘러앉은 상태에서 진행한다.
제목 밑에 2040년도에 되어 있을 나의 모습을 그린다. 그리고 그림 밑에는 그림에 그려진 나의 모습이 무엇을 하고 있는 표정인지 간단하게 글로 기록한다.

그림이 완성되었으면 다음과 같이 진행한다.

한 사람씩 일어나서 자신의 그림을 보여 주면서 소개하는 형식으로 진행한다.
전체 소개가 되었으면 이제는 내 그림이 한바퀴 돌아서 다시 나에게 올 수 있도록 옆 사람에게 전달한다. 다른 사람의 그림을 본 사람은 정확하게 이 사람이 어떤 비전을 가지고 있는지 잘 기억해 두어야 된다. 이제 그림이 내 자리까지 돌아오면 사회자에게 준다.

발표한 그림을 가지고 간단한 게임을 진행한다.

2. 게임 진행하기

사회자가 비전 2040의 주역이 될 엽서를 가지고 있다가 아무거나 하나를 뽑아서 뽑은 사람의 이름을 부르면 앞으로 나온다. '여러분 여기 앞에 나온 친구의 2040의 주역이 되어 있을 모습은 어떤 모습일까요?'라고 질문한다. 그래서 정답을 맞히면 조별 점수를 주거나 간단한 선물을 준다.

이 때 앞에 나온 친구는 자신의 비전에 대해서 좀더 구체적으로 친구들에게 전달할 수 있다. 이와 같은 방법으로 진행하되 사회자가 사람을 뽑을 때 형평성에 어긋나서 좋아하는 사람이나 아는 사람을 위주로 뽑을 수 있기 때문에 그림을 보지 않고 제비뽑기를 하듯 뽑아야 된다.

3. 응용하기

① 수련회 기간 동안 비전 2040의 주역들을 전시한다.

② 타임캡슐에 넣어도 좋고, 아니면 모두 걷어서 축소 복사하여 '우리교회 비전 2040의 주역'이라는 제목으로 소책자를 만들어 기념품이 되게 하자.

여섯번째 Item

내 사전에 절망은 없다

'내 사전에 절망은 없다'는 절망을 이긴 사람들의 이야기를 소개하는 프로그램이다. 우리 주변에서 절망을 이긴 사람들을 찾거나, 아니면 많이 알려진 사람들도 있다. 절망을 이긴 사람들의 이야기를 나누면서 우리의 비전을 향하여 더욱 힘차게 전진하자.

1. 진행하기

사회자는 '내 사전에 절망은 없다'를 진행하기 전 다음과 같이 소개한다.

이 프로그램을 준비하게 된 목적을 소개한다.

아이디어 발견에서 소개하고 있는 '외팔이 테니스 선수 지미 놀란'을 파워포인트나 아이패드를 통해 보여 주면서 지미 놀란에 대한 이야기를 소개한다.

더 많은 사람들의 이야기를 소개할 수도 있지만 참가자들에게 많은 기회를 주어야 되기 때문에 절망을 이긴 사람들에 대해서 조사만 해두고 발표는 하지 않는다. 마지막 학생들의 발표가 끝난 후 이야기 속에 나오지 않은 인물들만 소개하도록 한다.

조별로 원형으로 모여서 내가 알고 있는 사람 중, 절망을 이겨냈던 사람들의 이야기를 서로 나눈다.

이야기를 나눌 때 내가 알고 있는 내 사전에 절망은 없다의 주인공을 소개할 뿐만 아니라, 내 자신이 절망 속에서 이겨 낸 경험담이 있다면 그것 또한 이야기할 수 있도록 한다. 조별로 이야기가 끝났으면 전체를 대상으로 자신이 소개하고 싶은 사람의 이야기를 말할 수 있는 기회를 주고, 다함께 느낀 점을 나누는 시간을 갖는다.

2. 주인공의 일대기를 드라마로 만들기

피드백이 끝난 후 각 조에서는 우리들이 들었던 사람들의 이야기 중 이 사람이야말로 우리들에게 귀감이 된다고 생각되는 한 사람을 정한다. 그리고 이제 우리가 뽑은 이 사람의 일대기를 드라마로 만든다. 대본을 만들고, 서로 분장도 해주면서 인생드라마를 만들어 가는 것이다. 충분한 시간보다는 적당한 시간을 정해 놓고 진행해야 지루함을 면할 수 있다. 준비가 끝나면 순서를 정한 후 한 조씩 발표를 한다. 발표할 때에는 먼저 주인공이 누구인지를 소개한 후에 드라마를 시작한다.

각 조의 드라마가 끝나면 비전에 관한 찬양과 함께 기도하는 시간을 갖는다. 기도의 제목은 "하나님, 우리에게 절망은 없습니다. 하나님이 함께하시기 때문입니다."라고 고백하면서 비전을 이루어 나가는 동안 어떠한 어려움이 있더라도 이겨 나갈 수 있는 힘을 달라고 기도하자.

3. 응용하기

① '내 사전에 절망은 없다'를 동영상으로 촬영하여 기념이 되게 하고, 교회 어른 성도들에게도 파일을 보내준다.
② 절망을 이긴 사람들의 이야기를 정리하여 간단한 소책자로 만들어 보자.

[반짝! 아이디어 발견]

17세의 '외팔이' 테니스 선수 '지미 놀란'

미국 뉴저지주 폼턴레이크 고교에서는 아직도 많은 사람들이 이 학교의 3학년 테니스 선수 지미 놀란(17)을 야구팀의 유격수로 기억하고 있다. 놀란은 지난 여름 오른쪽 어깨 이하를 잘라 내는 수술을 받았다. 그를 괴롭혀 온 어깨 부위의 악성종양이 재발했기 때문이다.

리버데일에서 태어난 놀란은 어릴 때부터 폼틴레이크 고교의 야구 선수를 꿈꿔왔다. 2학년 때 비로소 그는 교내 주니어 대표팀 유격수가 되면서 꿈을 이루는 듯했다.

3학년이 되면 정식 대표팀의 일원이 될 수 있을 것이란 기대에 한껏 부풀었다. 하지만 중학교 1학년 때 종양이 처음 발견되면서 그의 앞길에는 불행이 드리워지기 시작했다. 뼈를 잘라 내고 티타늄 보철을 한 놀란은 2년 간 야구를 쉬어야 했고 고등학교 2학년 때야 비로소 다시 야구 배트를 잡을 수 있었다.

그러나 다음해 여름, 종양은 또다시 재발했고 결국 팔을 절단할 수밖에 없었다. 수술 후에도 놀란은 야구 선수의 꿈을 포기하지 않고 한쪽 팔만으로 훈련을 계속했다.

아버지 존 놀란은 "아들의 수술과 재활 과정을 지켜보는 것은 내 가슴을 도려내는 것보다 더 고통스러웠다."고 회고했다. 놀란은 지금까지 한 번도 해 본 적 없는 테니스로 눈을 돌렸다. 야구팀에 남을 수는 있지만 테니스 선수로 팀에 더 큰 도움이 될 수 있을 것이라는 판단 때문이었다. 오른손잡이인 놀란은 지난 겨울내내 쉴새없이 왼손으로 테니스를 익혀 나갔고 그의 기량은 놀랍도록 빠른 속도로 발전했다.

놀란은 파트너인 제프 니콜라스와 함께 교내 테니스팀의 복식 전문선수로 활동하고 있다. 지금까지 13승 5패의 양호한 성적, 자신이 속한 퍼세이크 카운티 선수권 대회에서 준우승을 차지했으며 다가오는 뉴저지주 토너먼트의 우승 후보이기도 하다.

놀란은 야구에 대한 꿈을 아직 접지 않았다. 그는 아버지와 같이 초등학교 야구팀 코치도 맡고 있다. 또 올 여름에는 여자 소프트볼 리그에서 심판도 볼 예정이다. 그는 "언젠가 다시 야구에 도전해 어릴 때 꿈을 이루고 싶다."며 굳은 의지를 보이고 있다.

일곱번째 Item

미래 비전여행

'미래 비전여행'은 지금부터 2050년까지 살아갈 내 인생의 여정을 그려 보고 그것을 가지고 짧은 영화를 만들어 보는 프로그램이다. 2050년에 되어 있을 우리들의 모습을 상상해 보면서 이야기를 꾸며 나가자.

1. 진행하기

조별로 원형으로 앉은 후 준비된 자료에 내 인생의 여정을 그려보게 한다.

<내 인생여정 그래프>

| 2050년 |
| 2045년 |
| 2040년 |
| 2035년 |
| 2030년 |
| 2025년 |

내 인생여정 그래프를 그리기 전에 각자 하나님 앞에서 어떤 비전의 모습으로 살아야 되는지 묵상하는 시간을 갖도록 한 후 시작한다. 위의 자료는 내 인생여정을 나타내는 그래프이다. 각 연도에 해당되는 나의 모습을 기록한다 (예:2025년에는 서울대에서 교육학을 전공하고 있을 것이다).

그리고 내가 기록한 내 인생의 그래프를 조원들에게 보여 주면서 설명을 한다.
한 사람의 설명이 끝날 때마다 격려의 박수를 보내고 전체 내 인생의 그래프가 끝나면 '하나님 안에서 나의 비전이 아니라 하나님의 비전을 이루어 드릴 수 있도록' 중보기도를 드린다.

2. 드라마 만들기

발표가 끝났다면 이제 한 편의 드라마를 만들어 보자. 드라마를 만드는 방법은 다음과 같다. 지금까지 이야기한 우리들의 이야기를 정리한다. 예를 들면 예은이는 의사가 꿈이고, 예성이는 교수가 꿈이고, 예랑이는 엔지니어가 꿈이고, 예찬이는 목사가 꿈이었음을 정리한다. 이제 우리 조원들이 이야기한 각자의 꿈을 연결해서 한 편의 드라마를 만들어내는 것이다. 제목을 만들고, 사건을 전개해서 비전 2050년에 되어지는 일들을 소개하는 것이다. 전개해 나가는 방법은 과거에서 현재로 이어질 수 있고, 미래에서 시작할 수도 있다. 사회자는 기획하는 시간과 연습하는 시간, 몇 분 짜리의 드라마인지를 알려주고 이제 한 조씩 나와서 발표함으로 우리들의 인생극장을 시작한다.

3. 응용하기

① 각 조에서 만든 드라마를 영화제 형식으로 진행함으로써 앞에 나와서 연극 형식으로 드라마를 진행하지 않고, 조별로 핸드폰을 사용해 영화로 찍어서 영화제를 열어도 좋다.
② 영화가 끝나면 아카데미 시상식과 같은 형식의 시상식을 준비해서 남·여 주연상, 조연상, 작가상, 감독상, 촬영상 등 멋지게 꾸며 보자.

여덟번째 Item

성공자의 성품 만들기

미국을 대표하는 지성의 한 사람 벤자민 프랭클린은 습관이 행동을 지배하고, 그 행동이 성품을 지배한다는 사실을 알고 13개의 덕목을 만들고 그것을 매일매일 점검함으로써 습관화시켰다는 것이다. 벤자민 프랭클린의 성품 만들기 덕목을 살펴보면서 나는 성공자의 성품을 가지고 있는지, 아니면 실패자의 성품을 가지고 있는지를 점검하고, 개선해 나갈 수 있도록 돕는 프로그램이다.

1. 진행하기

벤자민 프랭클린의 13가지 덕목을 프린트해 나눠준 후에 사회자의 멘트를 다음과 같다.
"벤자민은 이 13가지 덕목을 철저히 습성화하기 위해 아이디어를 냈습니다. 그것은 매일매일 자신이 이 덕목들을 얼마나 잘 지켰는지 작은 수첩에 표를 만들어 체크하는 것이었습니다. 그럼 이제 우리가 매일매일은 아니지만 지금 이 시간에는 벤자민이 이야기한 덕목 중 내가 하고 있는 것은 얼마나 되는지 살펴보면서 기록해 보겠습니다. 기록하는 방법은 다음과 같습니다."

내가 지키고 있다고 생각하면   ^-^

잘 지키지 못하고 있다고 생각하면   -_-

앞으로 그렇게 해 보고 싶다고 생각되면 ^0^

이것 외에 내가 추가하고 싶은 것이 있으면 추가해도 좋다. 그리고 기록하는 표현도 위에서 소개하는 방법이 아니라, 내가 표현하고 싶은대로 해도 좋겠다.

기록이 끝나면 조원들끼리 발표하는 시간을 가진다.

2. 발표하기

발표하기는 조원들끼리 발표하는 것을 의미하는 것이 아니고, 조원들이 표시한 13가지의 덕목을 조장이 정리한다. 그 중에서 우리들이 잘하고 있거나, 앞으로 잘하고 싶은 것 5가지를 선택한다. 선택하는 방법은 ^-^ 표시가 가장 많이 나온 것을 중심으로 정리한다. 정리가 되었으면 조원들이 합심해서 암송하는데 방법은 다음과 같다.

뽑은 5가지가 '절제, 과묵, 질서, 결단, 검약'이라면 조원들이 똑같은 목소리로

절제 : 과음 과식을 하지 않는다.

과묵 : 불필요한 말을 하지 않는다.

질서 : 모든 것을 제자리에 두고, 주어진 일을 제때에 한다.

결단 : 내가 할 일은 꼭하겠다고 결심하고 반드시 실천한다.

검약 : 다른 사람 혹은 나에게 유익한 것 외에는 돈을 쓰지않는다.'를 틀리지 않고 한 목소리로 발표해야 된다.

만약 발표할 때 틀렸다면 1회는 은혜로 봐 주고, 2회부터는 가벼운 벌칙을 주어서 통과할 때까지 시킨다. 먼저 암송한 조부터 발표를 시키는데, 1조가 첫 번째 암송에 실패하면, 다시 기회를 주고, 암송했다고 말하는 조에게 기회를 준다.

사회자의 멘트는 다음과 같다.

"벤자민은 자신이 만든 13가지의 덕목을 생활화하기 위해서 일주일에 한 가지씩 연습을 했다고 합니다. 그리고 둘째 주에는 처음 것과 그 다음의 덕목을 일 주일 간 연습하고, 셋째 주에는 세 가지를… 이러한 방법으로 1년 동안 계속하다 보니 어느덧 습관화가 되었다고 합니다. 우리도 벤자민과 같은 방법으로 습관화시키고 나의 성품을 성공자의 성품으로 바꾸는 데 성공하기를 부탁합니다."

성공자의 성품을 가질 수 있도록 함께 기도한 후 마친다.

벤자민은 자신이 만든 13가지 덕목을 수첩에 표를 만들어 체크했다.

표의 가로축에는 요일을, 표의 세로축은 13가지 덕목을 기록했다. 가로와 세로가 교차되는 각 칸에 그 날 덕목을 잘 지키지 못했다고 판단되면 검은 점을 그려 놓았다. 그리고 일주일 단위로 보다 집중적으로 지킬 덕목도 정해서 그것을 습관화하려고 노력했다.

그것을 1년 동안 계속하다 보니, 어느덧 각 덕목들을 적어도 4회씩 집중적으로 습관화한 셈이 되었다. 시간이 지나면서 점이 줄어들었고, 그것을 확인할 때마다 벤자민은 마치 인품의 검은 점이 줄어드는 것 같은 기쁨을 느낄 수 있었다. 물론 처음에는 천성적인 기질을 극복하기 어려웠다.

그러나 이와 같은 습관화 훈련을 평생 동안 계속한 결과 50년이 지난 후 13가지 덕목이 어느덧 자연스럽게 그의 성품이 되었다.

청소년들에게 비전을 넣어 주고 싶은 분들에게 이 책을 추천하고 싶다.

『『아들아 머뭇거리기에는 인생이 너무 짧다』.

강헌구의 책 『『아들아 머뭇거리기에는 인생이 너무 짧다』 중 '벤자민 프랭클린식 성품 점검표를 작성하라'에서 아이디어를 얻었다.

[반짝! 아이디어 발견]

벤자민 프랭클린의 13가지 덕목

1) 절 제 : 과음 과식을 하지 않는다.
2) 과 묵 : 불필요한 말을 하지 않는다.
3) 질 서 : 모든 것을 제자리에 두고, 주어진 일을 제때에 한다.
4) 결 단 : 내가 해야 할 일은 꼭 하겠다고 결심하고, 반드시 실천한다.
5) 검 약 : 다른 사람 혹은 나에게 유익한 것 외에는 돈을 쓰지 않는다.
6) 근 면 : 시간을 헛되이 보내지 않고, 항상 유익한 일만 하며, 불필요한 행동 역시 삼간다.
7) 진 실 : 남을 속이지 않으며 순수하고 정당하게 생각한다.
8) 정 의 : 다른 사람에게 손해를 입히지 않고 나의 유익도 놓치지 않는다.
9) 온 유 : 극단적인 것을 피한다.
10) 청 결 : 몸, 의복, 생활을 깨끗하게 한다.
11) 평상심 : 사소한 일로 마음을 흩트리지 않는다.
12) 순 결 : 건강이나 후손을 두는 목적 이외의 성생활은 절제하며 자신과 상대방의 인격을 해치지 않는 범위에서 유지한다.
13) 겸 손 : 예수와 소크라테스를 본받는다.

아홉번째 Item

비전 파일 만들기

비전 파일 만들기는 수련회 기간 동안 비전에 대해서 했던 나의 자료들을 정리하여 파일에 스크랩하는 것을 말한다. 한 마디로 표현한다면 나의 비전일지가 될 것이다. 비전 파일에는 수련회 행사 자료뿐만 아니라 나의 모델이 되는 사람들의 기사나 광고가 나와 있는 자료들을 스크랩하고, 나의 꿈을 이뤄 가는 과정을 기록하는 등 내 미래의 꿈이 담겨진 파일을 만드는 것이다.

1. 진행하기

비전 파일의 목적을 자세히 설명해 준다. 비전 파일 만드는 방법은 다음과 같다.

파일 표지에 나의 얼굴과 이름을 새겨 놓고 나의 비전 파일 또는 내 나름대로의 이름을 정하여 부친다.
우선 수련회 기간 동안 만들었던 나의 비전 자료들을 순서 대로 정리해 둔다.
나의 비전 선언문, 비전 헌장, 비전 2040의 주역, 내 사전에 절망은 없다, 비전여행 스크랩, 성공자의 성품 만들기 등 나의 것을 정성스럽게 파일에 보관한다.
앞으로 내 인생의 모델이 되는 사람들의 기사와 사진들을 스크랩한다. 그리고 내가 해야 하는 일에 성공한 사람들의 사진이나 기사를 스크랩한다.
내 삶의 동역자들과 나에게 필요한 사람들의 목록을 작성해 둔다. 나의 비전을 이루어 나가는 동안 내게 필요한 것들을 계속 보완하고, 스크랩 해나간다.

위의 방법과 같이 먼저 수련회에서 있었던 일들을 정리하게 한다. 비전 파일은 수련회 기념으로 선물해 줄 수도 있고, 시작 전 구입해 오도록 해도 좋겠다.
이제 정리된 비전 파일 속에 넣을 조원들의 격려의 글이나, 마지막 날 하는 롤링페이퍼를 꽂아 놓고 조원들과 돌려 가면서 비전 파일을 본다. 그리고 우리의 비전들이 하나님의 손 안에서 이루어지도록 중보기도하고 마친다.

2. 응용하기

① 비전 파일을 계속해서 간직하고, 보완하고, 진행시킬 수 있도록 지도한다.
② 1년이 끝났을 때 비전 파일을 점검하는 시간을 가지면서 얼마나 성실하게 해 왔는지 비교하는 시간을 가져도 좋겠다. 하지만 수시로 잊어버리지 않도록 알려 주어야 된다.
③ 늘 생각하면서 기록한다는 것이 쉬운 일은 아니다. 어느 특정한 날을 정하여 '비전 파일 축제'의 형식으로 자신의 비전파일을 정리해 전시하는 프로그램도 가져 보면 좋겠다.

[은혜로운 코멘트]

중세시대 길을 가던 한 신부가 어느 마을 어귀에서 열심히 돌을 다듬고 있는 석공들을 만나게 되었다. 그는 가던 발길을 멈추고 한 석공에게 다가가 "당신은 지금 무엇을 하고 계십니까?"라고 물었다. 그러자 그 석공은 "보면 몰라요? 돌을 다듬고 있지 않습니까?" 라고 퉁명스럽게 대답했다.

신부는 다시 다른 쪽에서 일하고 있는 석공에게 다가가 같은 질문을 던졌다.
이번 석공은 "먹고살기 위해 돌을 다듬고 있소."라고 대답을 했다. 짓궂게도 신부는 또 다른 석공에게 찾아가 똑같은 질문을 던졌다.
그러자 그 석공은 "예! 저는 여기에 세워질 새로운 성전을 건축하는 데 놓일 주춧돌을 다듬고 있는 중이지요."라고 대답했다.
이 이야기에 나오는 세 명의 석공들은 돌을 다듬는 사명을 똑같이 수행하고 있었다. 그러나 신부의 눈에 비친 석공들의 일하는 모습은 분명히 달랐을 것이다.
신축될 성전의 모습(바람직한 미래상으로서의 비전)을 머릿속에 그려 보면서 맡은바 소임을 다하고 있었던 석공은, 분명 그러한 꿈이나 생각 없이 일을 하고 있었던 다른 석공들에 비해 훨씬 더 많은 열정과 노력을 쏟고 있었을 것이다.
로리베스 존스의 『기적의 사명선언문』 중에서 비전이 있는 사람, 사명이 있는 사람은 일하는 태도가 다르다. 비전 파일을 통해서 내가 현재 하고 있는 일에 대한 자부심과 긍지를 갖자.

1부, 공동체 프로그램 아이템

② 찬양캠프수련회 공동체프로그램

Intro　두번째 아이템 활용 가이드

1. 주제 정하기

찬양으로 함께 어우러질 수 있는 주제를 선정한다.

① 나 주님의 기쁨 되기 원하네

② 내 영혼아 여호와를 송축하라(시 104:1)

③ 나는 여호와를 인하여 즐거워하며 나의 구원의 하나님을 인하여 기뻐하리로다(합 3:18)

2. 조 편성

① 다양한 찬양 장르로 조 이름을 정한다. 다양한 장르로 조 이름을 정할 경우에는 각 장르를 지도할 수 있는 교사가 그 조를 담당할 수 있도록 해야 된다.

아카펠라 조, 워십댄싱 조, 수화찬양 조, 영어찬양 조

지도교사들은 수련회 전 찬양캠프 때 가르쳐야 될 내용들을 충분히 준비하는 시간이 있어야 된다.

조별 모임 시간에는 각자의 장르에 대한 찬양 연습 시간을 갖는다.

조별 발표회는 각자의 장르에 속한 찬양을 발표한다.

② 악기 이름으로 조 이름 정한다. 이러한 경우에는 개회예배나 조별 발표 시간에 입과 손, 몸 동작을 이용해 악기 흉내를 내면서 발표할 수 있도록 준비한다.

③ 성경에 나오는 천사들의 이름으로 조 이름을 정해도 좋겠다.

3. 예배의 변화

① 개회예배를 찬양콘서트로 진행한다. CCM가수나 찬양팀을 초청하여 찬양캠프를 콘서트로 시작하거나 교회 자체 찬양팀이 진행해도 좋겠다.

② 찬양예배를 다양한 방법으로 인도해 보자.

새벽, 오전, 오후 특별한 예배를 기획한다.

예배마다 주제를 정하여 설교와 찬양이 함께 어우러지게 한다.

찬양예배를 인도하는 방법도 한 사람이 진행하지 않고, 목회자, 교사, 찬양팀, 외부 초청팀 등 새롭게 시도해 보자.

③ 드려지는 찬양예배를 다양한 주제로 정하여 주제에 알맞은 방법으로 매 시간마다 독특하게 진행하도록 한다.

경배와 찬양예배

영적 각성을 위한 찬양예배

비전을 위한 찬양예배

수험생들을 위한 찬양예배

부모님과 함께 하는 찬양예배

4. 특강준비

① 찬양과 관계된 내용으로만 진행한다.

② 새로운 찬양과 효과적인 특강을 위하여 찬양에 관심 있는 사람들을 찬양학교에 보내 배울 수 있는 기회를 준다.

③ 그리고 그 곳에서 배운 내용들을 찬양캠프 프로그램으로 응용한다.

④ 찬양캠프에 대한 아이디어가 부족하다고 느껴지면 공개된 아이디어나 책 그리고 세미나를 통해서 얻어진 것을 교회와 캠프 프로그램으로 최대한 활용하도록 한다.

첫번째 Item

난타찬양 축제

소리를 낼 수 있는 악기를 만들어 찬양하는 프로그램으로써 내 마음대로 악기를 만들고, 악기의 이름도 지어 보면서 신나게 찬양할 수 있는 프로그램이다. 무엇보다도 만든 악기로 발표회도 갖고 발표가 끝나면 찬양축제로 연결할 수 있다.

1. 진행하기

조별로 여러 가지의 도구를 이용해 멋지고, 재미있고, 독특하며, 깜찍한 악기를 만들어 보게 한다.

조원들이 만든 악기마다 나름대로 이름을 지어서 악기에 큰 글씨로 붙인다. CCM 찬양곡 중 자유롭게 선택하여 각 조에서 만든 악기를 이용해 찬양축제 발표를 준비한다. 이때 한 곡만 하도록 하지 말고 각 조의 특성과 나름대로의 장기를 살려서 멋지게 진행하도록 한다. 가능하면 의상도 만들어 입도록 한다.

2. 발표하기

발표 전 각 조의 조장이 나와서 가위바위보로 발표순서를 결정한다. 이긴 사람이 전체 진행하는 순서를 마음대로 정하게 한다(재미있는 시간이 될 것이다).

발표하는 팀이 나오면 각자가 지니고 있는 악기를 소개하면서 악기 소리를 한 번씩 낸다. 악기를 소개할 때에는 이 악기는 무엇으로 만들었는지, 이름은 어떻게, 누가 지었는지 이야기한다. 그리고 이제 준비한 악기로 찬양을 시작한다.

3. 채점하기

채점은 사회자가 원하는 방법으로 정할 수 있는데 몇 가지를 소개하면 다음과 같다.

누가 악기를 가장 잘 만들었는가?
악기의 이름이 가장 독특한 사람은 누구였는가?
찬양 중 표정이 익살스러웠던 사람은 누구였는가?
가장 조화를 잘 이룬 조는 어디인가?
의상이 탁월한 조는 어디인가?

위와 같이 채점을 할때 전체 우승조를 가리는 방법만 활용하지 말고, 개인의 독특함을 살릴 수 있도록 진행하면 더욱 좋겠다. 채점하는 심사위원도 교역자와 선생님들만 하지 말고, 각 조의 조원들을 참여시킨다.

4. 응용하기

① 전체가 악기를 하나씩 가지고 있기 때문에 그 악기를 들고 찬양축제를 시작하는 것이다. 앞에서 했던 것은 발표에 지나지 않는다.

찬양단 리더의 인도로 찬양축제가 시작된다. 찬양할 때에 각자의 악기로 찬양하면서 목소리를 높인다. 경우에 따라서는 찬양 중 한 조씩 일어서게 하여 찬양할 수도 있고, 사회자가 지명하는 악기만 할 수도 있다. 찬양 리더의 재치와 감동으로 찬양축제를 이끌어 간다.

② 교회에서 문학의 밤을 발표하게 될 때, 앙코르 발표하는 시간을 갖는다.

두번째 Item

찬양으로 하는 레크리에이션

복음성가와 찬송가만을 가지고도 훌륭한 레크리에이션을 진행할 수 있다. 찬양캠프에 맞게 찬양으로 멋지고 신나는 게임을 만들어보자.

1. 도전 찬양 100곡

도전 찬양 100곡은 찬양을 정확히 알게 하는 프로그램이지만, 이 활동을 통해서 팀이 하나되는 모습을 발견할 수 있게 된다.

1	2	3	4
5	6	7	8
9	10	11	12
13	14	15	16

1) 준비하기

진행판 만들기 : 전지를 이용한 빙고형식의 진행판에 뒷면에는 노래의 곡목을 적어놓고 앞면에는 번호를 적어 둔다. 앞면의 번호는 떼기 쉽도록 포스트-잇을 이용하는 것이 좋겠다. 진행 중 필요한 간단한 선물 몇 가지를 준비한다.

2) 진행하기

처음 시작은 찬양과 관계된 질문을 한 가지 하여 정답을 맞춘 조에서 번호를 선택할 수 있는 기회를 준다. 번호 뒤에는 불러야 될 노래의 제목이 기록되어 있는데, 반주와 함께 부르도록 한다. 부를 수 있는 사람이 한 명 앞에 나와서 부르고, 조원들은 앉아 있는 자리에서 함께 부르도록 한다.

심사위원은 조원들보다는 앞에 나와 하는 사람이 정확히 하고 있는가를 판단하고 있다가 종이나, 벨, 또는 기타 독특한 방법으로 통과되었음을 알린다.

만약에 중간에 틀려서 '땡'소리가 나면 다른 조에서 할 수 있는데, 이 곡을 아는 사람은 손을 들게 하고, 지명한 사람이 나와서 부르도록 한다. 이렇게 통과하면 노래 부른 사람이 다음 곡을 선정한다. 이와 같은 방법으로 5곡을 통과하게 되면 성공하게 되고, 특별한 선물을 준비하여 시상하도록 한다.

만약 5곡까지 가지 못했을 경우에는 가장 많이 성공한 조를 시상한다. 시상식 때 오늘 가장 많이 노래를 정확하게 부른 사람에게 개인 시상을 해도 좋겠다.

3) 응용하기

위와 같은 형식으로 개인전을 진행할 수 있다. 교회에서 진행하는 찬양축제나 찬양 발표회 때 사회자가 프로그램 중간에 재치 있게 활용 할 수 있다.

2. 노래 제목 맞추기

핸드폰 어플을 이용하거나, 보조 진행자가 피아노를 직접 연주하여 퀴즈를 내고, 여기에서 나오는 찬양의 제목을 알아맞히는 프로그램이다.

1) 준비하기

사회자는 핸드폰 어플을 이용할 경우, 어플을 활용하는 방법을 숙지해 둔다. 피아노를 이용할 경우에는 연주하는 곳을 볼 수 없도록 칸막이를 이용해 가리도록 한다.
진행자는 다음과 같이 노래 제목 맞추기 문제를 준비하면 좋다.

핸드폰 어플에서 나오는 노래의 간주만 들려주고 문제를 낸다.
핸드폰 어플에서 나오는 노래의 AR만 들려주고 문제를 낸다.
후렴부분부터 반주를 한다.
중간부분부터 반주를 한다.
가끔 보조 진행자 한 사람이 나와서 허밍이나 휘파람을 불게 하여 문제를 낸다.
녹음된 복음성가 음원을 직접 활용할 수도 있다.

2) 진행하기 - 방법 1

전체를 대상으로 진행한다. 이 활동에 참여하는 인원이 많을 경우에는 손을 빨리 들어서 순서를 정할 수 있고, 원으로 둘러앉아서 진행할 수 있는 인원이라면 전체 한 원을 만들고, 가운데 마이크를 놓는다. 문제를 아는 사람이 먼저 달려와서 마이크를 잡고 노래를 부르는 방법이다. 정답은 제목을 먼저 말하고, 노래를 불러야 선물을 주거나, 점수를 준다.

3) 진행하기 - 방법 2

조별로 진행하는 방법으로서 정답을 아는 조에서는 조원들이 합심하여 자기조의 이름을 크게 부른다. 먼저 이름을 불렀어도 목소리가 작으면 사회자의 재량으로 다른 조를 선택할 수도 있다(주의:목소리가 커야 됨). 이렇게 해서 노래 제목을 맞히면 조원들이 함께 노래를 불러야 된다. 노래를 부르는 또 다른 방법은 정답을 맞힌 사람이 직접 부르거나, 본인이 아닌 다른 사람을 지명해서 부를 수 있다. 또는 사회자가 지명하는 사람이 불러야 된다. 가장 많이 제목을 맞힌 조를 시상한다.

4) 진행하기 - 방법 3
조별로 진행하되 사회자를 중심으로 조별 한 줄로 앉는다. 그리고 앉아 있는 순서대로 한 명씩 앞으로 나와서 조원들을 보고 자리에 앉는다. 손에는 벨이라고 생각되는 것을 한 가지씩 놓는데, 냄비 뚜껑이나, 밥그릇과 숟가락 등 소리가 나면서 재미있게 쓰이는 도구를 벨로 사용한다.
사회자가 문제를 내면 앞에 있는 사람들만 정답을 맞혀야 되고 조원들은 조용히 해야 된다. 정답을 아는 사람은 자신이 사용하는 벨을 힘껏 두드리면 된다. 이 때 노래 제목을 맞히면 그 노래를 부른다. 통과되었으면 점수를 주고, 만약 틀렸다면 앞에 나온 다른 조에게 기회가 간다. 이와 같은 방법으로 진행하되, 한 번 끝난 사람은 자기 조의 뒤에 가서 앉고, 다음 사람이 나와서 진행한다.

3. 모창 노래방
모창 노래방은 가수들을 흉내내는 게임이다. 사람들이 좋아하는 가수를 흉내내거나, 게임 진행판을 통해서 사회자가 지명하는 가수를 흉내내도록 한다.

1) 조별 발표회 형식으로 진행하기
조별 발표회 형식으로 진행한다. 각 조원들이 그룹사운드를 만들거나, 아니면 조원 중 대표로 한두 명 정도 준비해서 할 수 있다. 조원 중 대표자가 나와서 할 경우에는 응원하는 프래카드도 만들고 나왔을 때 환호도 하면서 프로그램을 진행한다.
이 때 심사위원은 가수나, 영화배우 또는 이름이 알려진 사람들의 얼굴을 이용해 가면을 만들고 나와서 인사하고, 채점한다. 이벤트로 선생님 중에서 한 분이 가수의 흉내를 내고 나와서 특별 공연을 하거나, 몇 분이 깜짝 이벤트를 준비해서 참가자들에게 즐거움을 준다면 좋은 반응을 얻을 것이다.

2) 전체를 대상으로 진행하기

방법은 위와 동일하지만 개인전으로 프로그램을 진행한다. 하루 전에 미리 신청서를 받아서 준비한다면 더욱 계획성 있는 행사가 될 것이다. 모창이라고 해서 꼭 목소리만 모창을 하는 것이 아니고, 그와 똑같이 의상 꾸미기, 또는 음원을 틀어 놓고 립싱크하면서 모션을 따라하는 방법으로 진행할 수 있다.

4. CCM 가수 모창하기

이 활동은 수련회 전에 CCM 모창대회가 있음을 미리 알려 주고 준비해 오도록 한다. CCM 음원을 가지고 립싱크를 하거나, 직접 모창을 할 수 있다.

1) 응용하기

조별 장기자랑이나 모창 노래방, 또는 나도 작곡가와 연결해서 할 수 있는 프로그램으로 대중가요에 은혜의 곡조를 만들어서 부르는 시간을 가진다. 조별 또는 전체를 대상으로 진행할 때 함께 활용한다.

장기자랑 형식으로 진행하지 않아도 특별히 잘하는 사람에게 부탁해서 채점하는 시간에 특별한 무대를 만들어도 좋겠다.

세번째 Item

새벽-찬양큐티

찬양캠프에서의 하루는 찬양으로 아침을 시작하는 것이다. 기상시간과 취침시간을 찬양으로 진행하기 때문에 아침에 드리는 QT도 말씀과 연관된 찬양을 부름으로 새날을 시작하도록 계획한다. 찬양큐티를 생각하게 된 것은 오래 전 음악기획 밀락원에서 나온 찬양큐티 교재를 구입하게 되었는데 신선하고 참 좋아서 자료로 가지고 있다가 마침 좋은 기회라 생각되어 이 곳에 소개한다.

1. 조별 Q.T

아침에 기상을 하자마자 바로 QT를 하지 말고, 밖에서 모여서 간단한 체조로 잠을 깬 후에 진행하도록 한다. 찬양 QT를 그룹별로 진행할 때에는 아래에서 소개한 '아이디어 발견'을 참고해서 진행하되 어수선하지 않게 진행할 수 있도록 한다. 또한 시작과 마무리는 오늘의 찬양으로 할 수 있도록 하고 찬양 QT 교재는 '찬양의 삶, 삶의 찬양'에서 응용한 것이기 때문에 교역자가 직접 기획을 하거나 교재를 구입하여 편집 사용하면 좋을 것 같다.

2. 개인별 Q.T

교재를 만들거나 선택하는 방법은 위와 같다. 전체가 모여 있는 자리에서 진행하는 방법을 소개한 후 각자 조용한 장소를 찾아서 QT를 하도록 이끌어 준다. 일정한 시간 동안 진행하고 끝나면 조별로 모여서 묵상을 통하여 느낀 점을 나눈다.

3. 응용하기

① 오늘의 말씀암송, 즉 밥절은 오늘 아침에 묵상한 큐티의 찬양으로 식사요절을 대신함으로써 밥절 암송의 새로운 시도를 해 본다.

② 교재를 정하지 않고 개인적으로 하고 싶은 찬양을 중심으로 QT를 할 수 있도록 지도해도 좋겠다.

네번째 Item

칸타타 찬양축제

칸타타 찬양축제는 찬양대회가 아니다. 찬양단 리더나 이 프로그램을 담당한 교사가 하나의 주제를 가지고 찬양과 내레이터가 함께 어우러진 칸타타 형식의 찬양을 기획하는 것이다.

1. 준비하기

기획자는 캠프 주제에 알맞은 내용의 칸타타를 기획한다. 기획한 내용들을 조 편성에 알맞게 나누는데 방법은 다음과 같다.

주제가 '돌아온 탕자를 사랑하신 아버지'라면

집을 떠나려고 부모님께 떼쓰는 장면 - 1조

집을 떠나서 거처할 곳을 찾아가는 장면 - 2조

친구들을 사귀고 방탕한 장면 - 3조

돈이 떨어졌을 때 친구들이 외면하는 장면 - 4조

종으로 일하는 탕자 - 5조

아버지의 집으로 돌아오는 장면 - 6조

아버지가 그를 사랑하고 잔치를 베푸는 장면 - 7조
그 다음은 어떻게 되었을까? - 8조

기획한 내용을 조원들에게 보여 주어서는 안 된다. 이렇게 계획된 내용들을 가지고 각 조에 해당되는 부분들을 나누어 주어서, 그 장면에 알맞는 찬양곡을 선정하고, 내레이터의 글을 기록하는 것이다.

2. 진행하기

준비된 각 장면들을 순서대로 시킬 수도 있겠지만 기대감이 떨어지기 때문에 제비뽑기 방법을 사용한다. 각 장면들의 내용을 쪽지에 적어 조장들이 뽑고 각자 뽑힌 장면들을 조원들이 모여서 연구하고 연출해야 한다. 충분한 시간을 가진 후 무대의 막을 연다. 진행하는 방법은 각 조가 자기 순서가 되면 나와서 찬양과 내레이터를 하고, 끝나면 그 다음의 이야기를 이어가는 조가 나와서 진행한다.

이와 같은 방법으로 하나의 주제를 전체가 함께 엮어 가는 것이다. 참가자들의 독특하고 기발한 아이디어를 기대해도 좋을 것이다.

3. 응용하기

① 칸타타 축제가 끝나면 한 조씩 앞으로 나오게 해서 깜짝퀴즈 시간을 갖는데, 각 조의 인물 알아맞히기 게임을 한다.

② 이와 같은 형식으로 수련회 특별프로그램 촌극대회를 진행할 수 있다.

다섯번째 Item

1·1·1 발표회

1·1·1은 수련회 기간동안 한 사람이, 한 가지 이상 배워서, 한 번 이상 발표하는 프로그램이다. 오후 특별활동 시간 중 일부를 배움의 시간으로 정해 두고 참가자들이 자유롭게 원하는 곳에 참석하여 2, 3회 정도 레슨을 받은 후, 폐회예배 시간에 발표함으로 축제 가운데 수련회를 마칠 수 있도록 하는 프로그램이다.

1. 진행하기

수련회 기간 중 레슨할 수 있는 목록을 작성한 후, 지도할 수 있는 교사를 섭외한다. 워십 배우기, CCM 배우기, 랩 배우기, 수화찬양 배우기 등 교회에서 수용할 수 있는 프로그램을 선정한다. 참가자들이 많이 몰릴 것으로 생각되는 곳에는 1, 2, 3반으로 나누어서 진행한다. 워십 배우기를 예로 한다면 신청자가 많을 것을 대비하여 2, 3명의 교사를 따로 세우고 워십 1반, 워십 2반 등으로 진행하되 지도하는 곡은 다른 것으로 해야 한다.

수련회에 참여한 사람이라면 누구든지 한 가지 이상 참여해야 한다. 이 프로그램은 수련회 기간 중 완벽하게 소화할 수 있도록 몇 번의 시간을 정해서 활용한다.

준비된 것을 마지막 날 폐회예배 시간에 발표하는 시간을 가짐으로써 축제로 마친다.

2. 응용하기

① 대부분 교회에서는 문학의 밤을 가을이나 겨울에 열게 된다. 경우에 따라서는 봄에 하는 경우도 있다. 수련회를 문학의 밤 발표준비를 위한 수련회로 진행한다면 어떨까?

② 대부분의 교역자들이 2부 활동을 고민하지 않을 수가 없다. 1달에 1, 2회 또는 매주 자신의 특성을 살리는 활동으로 다양한 레슨을 시도하고, 배운 것을 2, 3개월에 한 번씩 발표한다면 좋은 2부 활동이 될 것이다.

여섯번째 Item

춤추는 예배자

춤추는 예배자는 워쉽경연대회로 수원 YFC에서 청소년들을 위하여 대회를 만들었을 때 참석했다가 아이디어를 얻게 되었다. 청소년들은 춤을 좋아하고, 가만히 앉아서 하는 교육보다는 활동적인 교육과 프로그램을 좋아하기 때문에 찬양캠프에 적합하다고 생각한다.

1. 진행하기

1·1·1 프로그램과 같이 수련회 기간 중 조별로 모여서 연습할 수 있는 시간을 2, 3회 줌으로써 자유롭게 워쉽을 연구하고, 연습할 수 있는 시간을 준다. 이 프로그램 역시 수련회 전에 춤추는 예배자가 있음을 광고하여 미리 준비해 오게 한다면 더욱 효과적인 프로그램이 될 것이다.

진행자는 빠르고 경쾌한 찬양과, 조용하고 아름다운 선율의 찬양 음원을 다양하게 준비해서 조원들이 원하는 곡을 선정할 수 있도록 해주고 보조 진행자를 두어 핸드폰을 가지고 다니면서 조원들이 연습하는 장면들을 찍어 둔다.

전체 조원이 참석하는 것은 물론이고, 개인적으로도 참여할 수 있음을 전달한다. 조별로 발표할 경우에는 가능하면 의상도 갖추어서 할 수 있도록 권면하자.

2. 발표하기

워쉽경연대회이기 때문에 발표할 때에는 찬양 음원을 틀어놓고 조별로 나와 워쉽을 하도록 한다. 피아노 반주보다는 기존의 찬양 음원을 활용하는 것이 더욱 효과적이다.
발표하는 순서는 아이디어 발견을 참고하고, 그 외에 캠프 현장에 알맞는 이벤트를 준비할 수 있으면 좋겠다. 워쉽경연대회 하는 모습들을 동영상으로 찍어 두었다가 우승팀에게는 우승선물로 찍은 동영상을 복사해서 한 사람씩 선물로 준다.

3. 응용하기

① 지역교회와 청소년들을 위하여 연합 또는 개 교회에서 워쉽경연대회를 준비해보자.

② 청소년 단체에서 활동하는 경연대회에 교회 학생들을 참가시킴으로써 좀더 열정적이고 헌신적인 신앙생활을 할 수 있도록 지도한다.

일곱번째 Item

야밤 콘서트

기독교 서점에 갔다가 독특한 콘서트 전단지를 보았다. 제목은 '안성진의 심령부흥 야밤 콘서트'. 밤을 지새우면서 찬양 콘서트와 함께 다양한 이벤트 행사를 하는 프로그램이라는 것을 금방 알 수 있었다. 이것을 우리 캠프에 활용해 보자.

1. 진행하기

야밤 콘서트는 마지막 날 저녁 프로그램으로 진행되기 때문에 축제와 은혜가 충만한 밤이 되도록 아이디어 회의를 한다. 찬양캠프에서 소개했던 다양한 찬양축제의 프로그램들을 이 곳으로 집결해서 활용한다. 난타 찬양축제, 나도 작곡 칸타타 찬양축제, 춤추는 예배자 중 교회 형편에 가장 적당하다고 생각되는 것을 선택한다.

늦은 시간이기는 하지만 복음가수팀이나 활동적이면서도 참가자들과 가장 잘 어울릴 수 있는 찬양팀을 섭외하여 야밤 콘서트의 특별 무대를 만든다.

뜨겁게 기도할 수 있는 기도 프로그램을 준비하는데 영성캠프 자료를 참고하면 좋은 아이디어를 얻을 수 있다. 마지막 시간에는 모든 사람들이 서로를 축복하면서 안고, 기도하고, 위로하는 시간을 가진다.

2. 응용하기

① 교회에서 금요일에 드리는 철야기도회가 심야기도회로 바뀐 지 오래되었다. 한 마디로 밤을 새지 못하는 것이다. 매주는 힘들겠지만 월 1회 또는 분기별 1회, 이것도 벅차다면 방학기간을 이용해서라도 한 번 진행해 보자.

② 야밤 콘서트를 수련회 폐회예배와 연결시켜 캠프의 마지막 순서가 되게 한다. 다음 날 오전에는 취침을 하고 적당한 시간에 일어나서 수련회 기간 동안 있었던 일들을 나누는 롤링페이퍼와 기념촬영 등을 하고 교회로 출발한다.

여덟번째 Item

우리들의 작은음악회

우리들의 작은 음악회는 내 마음을 열고 평소에 교역자와 친구들에게 하고 싶은 이야기를 앞에 나와서 공개적으로 이야기를 하거나, 개인적으로 축복하고 싶은 사람, 위로해 주고 싶은 사람을 앞으로 나오게 하여 그를 축복하는 프로그램이다.

1. 준비하기

무대를 예쁘게 꾸민다. 풍선도 달고, 마이크도 꽃으로 장식하고, 중앙에 의자를 한 개 놓는데 의자도 분위기 있게 꾸며 둔다. 현수막까지는 아니어도 우리들의 작은 음악회라는 제목을 적당한 곳에 붙여 둔다.

조명기구(롱핀)를 준비하여 앞에 나온 사람에게 초점을 맞출 수 있도록 한다. 폴라로이드 카메라와 동영상 촬영을 준비한다. 또는 녹음기로 대신할 수 있다. 예쁜 편지지를 만들거나 준비하여 참가자들에게 나눠 준다.

2. 진행하기

사회자는 이 프로그램의 의미를 설명해 준다.

"이 시간은 교역자와 친구들에게 하고 싶은 이야기를 공개적으로 이야기 할 수 있는 시간입니다. 평소에 미안했던 사람, 고마웠던 사람, 만나 보고 싶었던 사람, 나의 위로가 필요한 사람, 내가 축복하고 싶었던 사람에게 공개적으로 이야기할 수 있는 시간입니다. 앞으로 초대한 사람을 위해 노래를 불러주어도 괜찮고, 편지 쓴 것을 읽어 주어도 괜찮고, 평소에 하고 싶었던 이야기를 해 주어도 좋습니다."라고 이야기한다.
자유로운 형식으로 편안하게 진행하는데,

말하고 싶은 사람이 먼저 앞에 나와서 한 사람을 앞으로 초대한다.
초대받은 사람은 중앙에 위치한 의자에 앉게 한다.
조명은 중앙에 앉은 사람을 비춘다.
초대한 사람을 위해서 편지, 위로, 축복, 노래 등 자유롭게 형식에 구애를 받지않고 진행한다.

이렇게 해서 한 명이 끝나면 원하는 사람을 중심으로 자연스럽게 진행한다.
우리들의 작은 음악회는 시간에 쫓기듯 진행하지 말고, 예상 시간보다 초과하더라도 흐름이 끊어지지 않도록 진행하는 운영이 필요하다. 마무리 시간에는 전체가 서로를 위해 자유롭게 돌아다니면서 축복하고 기도하는 시간을 가지면서 교역자의 기도로 마친다.
마지막 날 저녁 마무리 시간에 활용하면 좋다.

아홉번째 Item

생방송 DJ와 함께

캠프장에서 라디오 형식으로 진행하는 프로그램이다.

1. 준비하기

무대를 방송실처럼 예쁘게 꾸며 두고 초대하는 사람이 앉을 수 있는 의자도 마련해 둔다. 이 프로그램을 진행하기 전에 설문지를 만들어 돌리는데 설문지의 내용은 다음과 같다.

내가 가장 좋아하는 곡은?

그 노래를 좋아하게 된 이유는?

내가 만약 이 노래를 부른다면 캠프장에 온 사람 중 누구와 함께 노래를 부르고 싶은가?

내가 즐겨 듣는 곡 베스트 5

진행자는 설문지를 정리하여 방송 활동자료로 사용한다. 예를 들면 설문지에 기록된 '내가 즐겨 듣는 곡 베스트 5'를 정리하여 진행판을 만들고 퀴즈로 진행한다.

참가자들이 가장 좋아하는 곡 베스트 5, 첫번째는 무엇일까요? 등 '내가 만약 이 노래를 부른다면 누구와 부르고 싶은가?'를 기록한 사람 중 한두 명을 뽑아서 그 이유를 질문하고 함께 부르도록 한다. 설문지의 내용과 진행에 필요한 부분들은 DJ의 독창성을 발휘하여 진행할 수 있도록 준비한다.

2. 진행하기

DJ는 설문지를 중심으로 재치있게 진행하면서 설문지의 주인공을 한 명씩 앞으로 나오게 한다. 앞에 나와서 찬양을 직접 부르게 하거나, 좋아하는 사람과 함께 하거나, 다른 사람을 지명해서 할 수도 있다.

중간에 랩이나, 어려운 부분들을 틀어주고 따라해 보기를 할 수도 있다. 자신 있게 그 부분을 부를 수 있는 사람을 초대하여 대결을 할 수도 있다. 방송 중 생일축하나 깜짝멘트를 적어서 DJ에게 주면 DJ는 즉석에서 읽어 주면서 생동감 있게 진행한다.

전체가 함께 참여하는 프로그램으로 진행하기 때문에 DJ를 혼자만 세우지 말고, 2, 3명이 함께 하면 좋다. 물론 요즘 TV에서 유행하는 것처럼 리포터를 중간에 참여시켜서 흥미 있는 진행이 될 수 있도록 하면 좋다.

3. 응용하기

① 생방송 형식으로 진행하기가 어려우면 기상과 취침 시간에만 방송국을 활용하는데 방법은 다음과 같다.

취침시간 30분 동안 이동하지 않도록 하고, 그 시간을 이용하여 활용한다.
하루의 재미있었던 일들을 모아서 굿 뉴스를 소개하거나
신청자들의 곡과 사연을 받아서 진행할 수도 있다.

② 식사시간과 쉬는 시간에 찬양이 흘러 나오도록 진행한다.

1부, 공동체 프로그램 아이템

③

큐티 캠프수련회 공동체프로그램

Intro 세번째 아이템 활용 가이드

1. 주제 정하기
① 주의 말씀을 내 입에 두었나이다
② 나의 마음의 묵상이 주께 열납되기를 원하나이다
③ 하나님! 저 말씀과 사랑에 빠졌어요

2. 조 편성
① 조 편성은 제비뽑기를 통한 추첨식으로 진행한다.

수련회에 참석하는 참가자들의 이름은 제비뽑기 형식으로 쓴 후 나이별로 남, 여를 구분하여 봉투에 넣어 둔다. 사회자는 제비뽑기 형식으로 한 명씩 뽑고, 뽑히는 순서대로 각 조에 편성된다.

② 조 이름은 묵상과 관계되는 명사나 동사로 조원들이 만들도록 한다.
조별 발표회는 어떤 상황에서도 QT는 계속되어야 된다는 내용을 코믹패러디 형식으로 준비해 발표하도록 한다.

3. QT 캠프 다양하게 진행하기
① QT를 주제로 다루는 이번 수련회는 새벽에는 개인별 QT시간을 갖고, 오전에는 QT 특강을, 저녁에는 QT와 관련된 말씀으로 부흥회와 기도회까지 연결한다.

② 다양한 QT방법을 통해서 활용한다.

하나님과 단 둘이 만나는 데이트

두 사람이 함께 하나님 앞에 나가는 파트너 QT

조원들이 모두 모여서 받은바 은혜를 자연스럽게 나누는 조별 QT

어느 누구와도 대화하지 않고 혼자서 묵상만 하는 침묵QT

③ QT장소 정하기

산책하면서 침묵 QT하기

냇가나 바닷가에 발을 담그고 QT하기

밤하늘의 별을 바라보면서 QT하기

④ 'QT는 계속되어야 한다.'이는 어떠한 상황에서도 말씀을 묵상하고, 하나님의 뜻대로 살아야 된다는 것을 강조하기 위하여 패러디한 것이다. 게임형식으로 진행할 수 있다.

화장실에서 QT하기

TV소리를 크게 틀어 놓고 시끄러운 가운데 QT하기

계속 걸어다니면서 QT하기

길거리 농구나, 족구, 피구 등 운동을 하면서 QT하기

⑤ 폐회예배 때에는 QT교재를 한 권씩 나누어 줌으로써 지속적으로 QT를 생활화 할 수 있도록 한다.

첫번째 Item

Q.T 편지

QT 편지는 QT한 내용을 가지고 오늘 나의 위로와, 나의 도움이 필요한 사람에게 용기를 주는 형식으로 편지를 쓰는 방법이다.

1. 진행하기

내가 묵상한 말씀 중 깨달음과 도전을 준 말씀을 중심으로 부모님이나 선생님 또는 친구나 동생 중에서 나의 위로와 나의 기도가 필요한 사람에게 QT 편지를 쓰게 한다. 가능하면 수련회에 참석한 사람들을 위주로 진행하되 그렇지 않은 경우에는 QT 편지를 받아 보는 사람에게 우편으로 발송한다.

QT 편지는 나의 생각이나 나의 말이 아닌, 하나님의 말씀으로 그에게 힘을 주는 편지이기 때문에 말씀이 그를 위로하고, 용기를 줄 것으로 확신하는 마음으로 쓰도록 한다.

2. 응용하기

① QT 편지를 내가 내 자신에게 써 보자.

② 또는 내 자신에게 쓰되 내가 쓴 QT 편지를 받아 보고 싶은 날짜를 기록해서 봉투에 넣도록 한다. 한 해를 넘기는 것까지는 안 돼도 올해 안에 받아 보고 싶은 날짜를 선택해

서 봉투에 기록하면 QT 편지를 담당하는 교사가 그 날짜에 편지를 보내 주도록 한다.

3. QT 편지의 실제

나는 아브라함의 하나님이요 이삭의 하나님이요 야곱의 하나님이로라 하신 말씀을 읽어 보지 못하였느냐 하나님은 죽은 자의 하나님이 아니요 산 자의 하나님이시라.(마가복음 12:27)

준호에게!

'아브라함과 이삭과 야곱의 하나님' 이 말씀은 살아 계신 하나님이라는 뜻이야. 하나님이 창조하신 세상에는 많은 사람들이 역사의 주인공으로 쓰임 받았지만 죽어 갔어. 하지만 하나님은 여전히 살아 계셔서 '나는 죽은 자의 하나님이 아니요 산 자의 하나님'이라 말씀하시니 내게 얼마나 감격이 되는지…. 살아 계신 하나님에 대해서 생각할 때마다 신나는 장면이 있어. 그건 바로 갈멜산에서 만난 하나님이야. 바알 신 앞에 응답해 달라고 외치는 어리석은 사람들 앞에 엘리야가 이렇게 말했지.

"네 신이 졸고 있나 보다. 더 크게 불러 봐라. 네 신이 외출했나 보다. 네 신이 잠자고 있나보다 깨워라."

그들은 몸부림치고, 피를 흘리면서 무엇인가 특별한 행위를 했지만 꼼짝도 하지 않았어. 그것은 분명히 살아 있지 않기 때문이다. 그러나 엘리야가 '하나님이여 불로 응답하소서.'했을 때 응답해 주셨던 그 하나님. 난 정말 그 하나님을 사랑해. 그리고 잊을 수 없는 한 마디가 또 있어.

예수님이 십자가를 지시고 돌아가신 후 마리아와 여인들이 예수님이 계신 무덤을 향해 갔을 때 하신 한 말씀 '산 자를 죽은 자 가운데서 찾느냐?' 준호야, 나는 믿는다. 그 하나님이 지금 나와 함께 하시는 것을….

두번째 Item

인터넷, 뉴스기사를 이용한 Q.T

우리는 매일 매스컴이나 인터넷을 통해서 새로운 뉴스를 접하게 된다. 정치, 경제, 사회, 문화 등 우리가 살아가는 세상에 대한 이야기를 아침과 저녁으로 소개해 주고 있다. 우리에게는 정말 유익한 정보임에는 틀림이 없다.

어느 날 매일 접하는 뉴스기사를 보면서 사건과 사고 속에 나타난 하나님의 음성을 들어 보려고 애쓰기 시작했다. 인터넷 뉴스기사를 이용한 말씀묵상은 그 한 방법을 소개하는 것이다.

1. 진행하기

조별로 모이지만 활동은 개인별로 진행할 수 있도록 한다. 오늘 인터넷 뉴스기사를 프린트하여 나눠 준 후 읽게 하는데 뉴스기사를 보면서 다음과 같은 것들을 생각하면서 읽도록 한다.

오늘 내가 읽은 기사 중 그리스도인으로서 내가 기도해야 될 사건은 없었는가?
광고나 사진 자료 중 내게 감동을 주는 것은 없었는가?
큰 글씨의 제목이나 한 구석의 작은 글 중에서 내가 기억해야 될 만한 일들은 있는가?
한 컷의 그림 속에서 내가 발견한 것은 있는가?

이제 내 마음에 감동을 주는 기사자료나 사진, 만화 중 하나를 오린다. 준비된 A4 용지에 붙이고 그 밑에는 이 내용이 나에게 어떠한 감동을 주었는지 그 이유를 기록한다.

이 활동을 하면서 사회자가 인식해야 될 일은 사회에서 일어나는 모든 현상들을 그냥 지나쳐서는 안 된다는 것이다.

매일 우리가 접하는 인터넷이나 매스컴을 통해서 우리의 기도제목을 찾아보자. 그리고 기도할 수 있도록 지도하자.

2. 뉴스기사를 이용한 말씀묵상의 실제

홍제동 화제사건

"안에 사람이 있습니다."라는 소리에 소방관들은 뛰어들어갔다. 그러나 결과는 죽음이었다. 생명은 귀한 것인데 "안에 사람이 있습니다." 라는 그 한 마디에 주저하지 않고 뛰어들어갔던 소방관들을 보면서 내 자신이 부끄러웠다.

목회는 생명을 살리는 일인데 수많은 죽어 가는 영혼들을 바라보면서도 그들을 향하여 달려가지 못하는 나의 모습이 하나님 앞에 죄송스럽기도 했다.

순직한 소방관이 써 놓은 소방관의 기도는 나를 더욱 견딜수 없게 했다.

소방관의 기도

제가 업무의 부름을 받을 때에는 신이시여
아무리 강렬한 화염 속에서도 한 생명을 구할 수 있는
힘을 저에게 주소서

너무 늦기 전에 어린아이를 감싸 안을 수 있게 하시고
공포에 떨고 있는 노인을 구하게 하소서

저에게는 언제나 만전을 기할 수 있게 하시어
가냘픈 외침까지 들을 수 있게 하시고
신속하고 효과적인 화재를 진압하게 하소서
그리고 신의 뜻에 따라 저의 목숨을 잃게 되면
신의 은총으로 저의 아내와 가족을 돌보아 주소서

하나님 저도 그런 사람되겠습니다.
불쌍한 영혼들을 위해, 구원받기를 원하는 영혼들을 위해
그들을 살릴 수만 있다면
불 속에라도 들어갈 수 있는 담대함을 주소서.
그리고 소방관의 가족들을 위로하소서.

세번째 Item

그림으로 표현하는 Q.T

오늘 깨달은 말씀을 한 컷이나, 네 컷의 그림으로 그려 보게 함으로써 말씀의 의미를 깊이 묵상할 수 있도록 동기를 부여해 준다. 아래는 그림으로 표현할 수 있는 다양한 방법들을 소개하고 있다.

1. 그림으로 표현하기

오늘 읽은 본문을 가지고 네 컷의 만화로 이야기를 만들어 보게 할 수 있다. 이 활동을 하는 대상에 따라서 생각하는 것을 싫어할 수도 있기 때문에 사회자는 본문을 네 컷 이야기로 꾸며 오되 마지막 네번째 그림은 그리지 않는다. 이 마지막 부분을 참여하는 사람들이 자신의 생각을 그리고, 그 내용으로 피드백할 수 있도록 한다. 본문에 알맞은 그림이 있으면 오려서 붙여도 된다.

2. QT 그림의 실제

그림을 그리거나, 스크랩하고 그 그림의 의미를 자료 밑에 소개한다. 이 그림처럼 나의 미래가 예수 그리스도의 푯대를 향하여 달려갈 때 뛰어가도 고단치 않고 걸어가도 피곤치 않는 역사를 경험하게 될 것이다. 완성된 QT자료들을 모아서 하나의 책으로 만들어 냄으로 내 인생의 중요한 추억이 될 수 있도록 이끌어 준다.

네번째 Item

찬양 Q.T

찬양 QT는 하나님의 음성을 듣는 방법의 하나로 나 혼자의 묵상이 아니라, 내 삶의 중심에서 언제나 말씀하시는 하나님을 기대하고 만나며 삶의 멜로디와 화음으로 하나님을 찬양할 수 있도록 도와 주는 QT의 한 방법이다.

1. 진행하기

조용한 장소에서 혼자 진행할 수 있도록 한다. 교재에 소개된 말씀을 묵상한 후, 오늘 찬양곡의 가사를 묵상하면서 조용히 부른다. 생각하는 이야기를 읽고, 나눔을 읽은 후 묵상한다. 그리고 주신 말씀을 기록하고 오늘의 찬양을 부른 후 마친다. 그리고 오늘 하루 동안 이 찬양의 멜로디를 생각하면서 부를 수 있도록 한다.

2. 응용하기

① 방학 동안 찬양 QT 교재를 구입해서 함께 나누어 보자.

② 내가 좋아하는 찬양을 중심으로 찬양 QT를 만들어 보자. 각자가 만든 찬양 QT를 모아서 한 권으로 만들어 본다면 정말 좋은 선물이 되지 않을까?

[은혜로운 코멘트]

생각하는 이야기

예수님을 믿는 한 농부에게 만날 때마다 시비를 거는 무신론자인 이웃 사람이 있었다. 어느날 무거운 감자 자루를 지고 가는 농부를 우연히 만난 이 사람이 물었다.

"자네는 예수를 믿고 구원을 받았다고 하는데 자네가 구원받았다는 것을 도대체 어떻게 알 수 있다는 건가?"

이 질문을 받은 농부는 갑자기 등에 지고 있던 무거운 감자 자루를 떨어뜨렸다.

"이 자루를 떨어뜨린 걸 내가 어떻게 알 수 있지? 내 등에서 없어졌는지 뒤돌아 보지도 않았는데 말일세."

"그거야, 무게가 가벼워지니 알 수밖에."

"바로 그걸세. 내가 구원받은 걸 나도 그렇게 안단 말일세. 내가 지고 다니며 부담스러워 하던 죄의 짐을 다 내려놓고 대신 예수 그리스도 안에서 평안과 만족을 찾은 거지."

나눔

참 자유를 소유하기 위해서는 많은 조건이 필요한 것이 아닙니다. 예수 그리스도를 믿는 것으로 충분합니다.

할례를 받아야 구원에 이를 수 있다고 주장하던 사람들에게 바울은 말합니다.

'할례를 받는다는 것은 율법 안에서 의롭다 함을 얻으려는 것이기에 그리스도의 은혜에서 끊어지면 율법 전체를 행할 의무를 지니게 된다.'

내 안에 율법보다 더 크신 분, 예수를 모십시오. 그분이 내 안에 사셔야만 합니다. 율법의 고리에 얽혀 그리스도의 은혜에서 멀어지지 않게 되기를 바랍니다.

지금, 고백합니다. 내 안에 사는 이는 예수 그리스도이십니다. 그분은 나의 왕이며, 나의 노래이며, 나의 생명이며, 또 나의 기쁨이십니다. 그리고 나의 힘이며, 나의 검이며 나의 평화이신 당신은 나의 주이십니다.

다섯번째 Item

Q.T 특강 이렇게 준비하자

QT 캠프에서의 특강은 QT의 중요성과 그 이유, 그리고 어떻게 하면 QT를 잘할 수 있는지, 어떻게 하면 QT를 지속적으로 할 수 있는지 등 QT에 관한 내용으로 특강을 준비한다.

1. QT 특강 준비

QT 강사들을 초청하여 특강한다. 제가 권한다면 교역자나 교사가 QT 세미나에 참석하여 교육을 받은 후, 실습을 하면서 준비한 후 특강하기를 권한다. 그래야 남는 것이 있기 때문이다. 교육을 받을 때 이렇게 해보자.

강사가 강의하는 방법을 유심히 관찰하면서 어떻게 강의하는지, 어떤 자료를 사용하는지(OHP, 그림 자료, 칠판, 시청각 등) 메모해 둔다. 나의 재산이 되기 때문이다.

강의중에 하는 예화나 재미있는 이야기들도 메모해 두었다가 현장에서 활용하도록 한다. 필요한 자료는 즉석에서 구입한다.

배운 것은 그날 바로 정리한다. 시간이 지나면 그 뜨거워진 감동이 식어질 수 있기 때문이다.

이제 QT와 관련된 자료를 모은 후 정리해 둔다. 모방은 제 2의 창조이기 때문이다. 그리고 생각한다. "평범한 것은 싫어. 나는 늘 새로운 강의를 준비할거야." 그런 열정을 가져라. 그래야 좋은 강의를 할 수 있다.

2. QT 자료모음의 실제

다음은 영성과 삶에서 만든 『보시기에 심히 좋았더라』 묵상지에 나온 글을 정리해 둔 것이다. QT 캠프 자료를 준비하는 중 제가 아침마다 묵상하는 『보시기에 심히 좋았더라』의 본문에 오늘 묵상하는 복의 글이 실려 있었다. 묵상이 끝나면서 바로 메모해 둔 것이다. 내가 무엇인가를 집중적으로 생각하고 있을 때 내 눈에 자료가 보이는 것이다.

[은혜로운 코멘트]

하나님이 만드신 창조물이 신비롭지 않은 것이 없지만 낙타의 창조는 더욱 신비롭습니다. 낙타를 사막에 살기에 적합하게 지으신 창조의 신비는 하나님이 계심을 알게 합니다. 낙타의 머리는 사막의 모래바람을 견딜 수 있도록 눈썹과 눈두덩이 길고 두껍게 되어 있습니다. 허파를 보호하기 위하여 코에 예민한 근육이 있어 모래가 들어오지 못하게 합니다. 두꺼운 가죽과 털이 있어 낮의 태양과 밤의 추위를 견디게 합니다. 넓은 발굽은 뜨거운 모래 위를 걸을 수 있도록 합니다.
낙타 등의 육봉은 물주머니가 아니라 지방을 저장하는 곳입니다. 낙타 한 마리가 평균 45킬로그램의 지방을 육봉에 가지고 있어 에너지를 공급받습니다. 낙타의 소변은 요소의 농도를 높여 수분의 배출을 최대한 줄입니다. 물이 많이 필요하기 때문에 물을 되새김질합니다. 낙타 곁에 가보면 끄르륵 하는 소리가 들립니다. 사막의 밤낮의 일교차를 쉽게 견디게 하기 위하여 체온이 가변적으로 낮에는 41도로 올라가고 밤에는 34도로 내려옵니다.

물이 부족하면 주위의 조직으로부터 수분을 공급받아 체중의 25퍼센트까지 수분을 혈액에 빼앗기고도 살 수 있게 되어 있습니다.

낙타는 종일 무엇인가 입안에서 우물우물하며 다닙니다. 이것이 낙타가 뜨거운 사막에서 견딜 수 있는 비결일 것입니다. 되새김질하는 소도 마찬가지입니다. 종일 여물을 입에 넣고 씹으면서 다닙니다. 이것이 열심히 일하는 힘의 원천일 것입니다. 이렇게 되새김질하는 짐승들의 일반적인 특성이 있습니다.

첫째, 되새김질하는 짐승들은 순합니다. 그래서 주인의 말을 잘 듣습니다. 그런 까닭에 되새김질하는 짐승들이 가축이 됩니다.

둘째, 되새김질하는 짐승들은 일을 열심히 하고 튼튼합니다. 오랫동안 무엇인가 씹고 다니기 때문에 힘이 지속되는 것 같습니다.

셋째는 주인의 사랑을 받아 주인과 함께 먹고 주인보다 먼저 물을 마십니다. 우리가 매일 말씀을 묵상하는 삶도 그러합니다. 아침에 일어나 성경을 읽습니다.

아침에 읽은 말씀이 종일 내 말씀이 되게 하기 위하여 열심히 씹어야 합니다. 말씀을 종일 되새 김질하는 것입니다. 이것이 묵상입니다.

성경 말씀은 한 번 읽음으로 만족하고 끝내는 것이 아니라 계속 씹고 묵상하여야 합니다. 아직도 불 같은 내 성격이 죽지 않으면 말씀을 묵상해야 합니다. 그래야 순해집니다. 아직도 사회 속 내 삶의 현장에서 부지런하지 못하고 게으르다면 묵상해야 합니다. 그래야 부지런해집니다. 아직도 내가 하나님의 사랑을 받지 못하고 있다면 묵상해야 합니다. 그래야 사랑을 받습니다.

사람은 밥값을 해야 하는데 묵상하는 사람은 자연히 밥값을 하게 됩니다. 그래서 시편 1편에는 "복있는 자는 여호와의 율법을 즐거워하여 그 율법을 주야로 묵상하는 자로다"라고 하였습니다. 영성적 그리스도인은 묵상하는 즐거움을 맛봅니다. 그리고 멋있는 사람이 됩니다.

여섯번째 Item

나는 이렇게 묵상해요

QT의 실제 생활화를 위해서 나는 어떻게 QT를 하고 있는지 자신의 말씀 묵상법을 공개하고 다른 사람들의 방법도 배우는 시간을 갖는다. 물론 이 프로그램의 담당자는 보편화된 QT의 방법들을 정리해 두고, 나는 이렇게 활용하고 있다고 이야기할 수 있어야 된다.

1. 진행하기

조별로 모여서 A4 용지에 '나는 이렇게 묵상해요'라는 제목으로 자신의 QT묵상 방법을 기록하도록 한다. 그리고 기록된 자신의 방법을 조원들에게 소개한다. 조원들은 자신의 방법 외에 다른 사람들이 이야기하는 방법 중 좋은 아이디어가 떠오르면 메모하면서 자신만의 QT 방법들을 만들어 가도록 한다.

이제 조별로 지금까지 이야기 된 방법들을 토대로 QT하는 이유와 가장 좋은 QT 방법들을 정리하여 조별로 발표하는 시간을 갖는다. 조별 발표가 끝나면 사회자는 준비된 OHP 자료로 보편화된 방법들을 소개하고, 학생들이 자신만의 방법을 늘 추구하면서 365일 말씀과 함께 살아갈 수 있도록 격려한다.

학생들이 기록한 QT묵상법을 버리지 말고 모아서 한 권의 회지로 만들어 필요한 사람에게는 나누어 주고, 교회 자료로 보관하도록 한다.

2. "이렇게 묵상해요" 자료

1) 먼저 주님과 함께 앉으세요. 마음의 노동을 쉬고 안식하므로 내 안에 계신 성령께서 쉬실 수 있도록 허용하는 것입니다. 그리고 기도합니다. 정결함을 위해 기도하고, 사단을 대적하고, 성령께서 말씀하시는 것을 듣도록 기도합니다.

2) 아침 일찍 하루를 시작하기 전에 주님 앞에 나아가는 것이 좋습니다(시119:148).

3) 나 스스로에게는 말씀을 묵상할 능력과 자질이 없음을 인정하세요.

4) 이전에 내가 갖고 있던 성경지식을 주장하지 말고 내려 놓으세요. 성경공부가 아닌, 주님이 내게 말씀하시는 것을 듣는 시간입니다.

5) 이제 성경을 읽으세요. 반복해서 읽고, 하나님을 기다리세요. 들을 수 있다는 믿음을 가지고 말씀을 보세요.

6) 말씀하시는 것을 순종할 마음을 가지세요. 하나님은 순종하기를 결정하고 주께로 나오는 사람들에게 말씀하십니다. 자신에게 맞추지 말고, 말씀 속에 나를 순복시키세요.

7) 말씀하시는 것을 노트에 기록하세요(시 119:18).

8) 묵상한 것을 함께 나누고, 하루 종일 기억하며 순종함으로 행하세요.

9) 이제 매일매일 말씀과 함께하기로 결심하고, 아무리 힘들고 어려워도 말씀의 끈을 놓지 마세요. 인내로 결실할 수 있기를 기도합니다.

일곱번째 Item

Q.T 캠프 수련회의 실제

'하나님의 형상회복'이라는 주제로 산돌중앙교회 청년들과 함께 1박 2일의 QT 캠프를 광림 세미나 하우스에서 가졌다. 교재는 최남수 목사님이 쓴 『예수꾼만들기』의 '형상회복'이라는 교재를 들고 출발했다. 1박 2일의 짧은 시간에 우리는 '형상회복'이라는 교재를 한 권 정복하고 오는 것을 이번 캠프의 목표로 삼았다. 그것이 정말 가능한 일인가? 하지만 하나님은 가능케 하셨고, 매 시간마다 우리 안에 하나님의 음성을 듣게 하셨다. 다음에 소개하는 내용은 『예수꾼만들기』의 '형상회복'이라는 교재를 가지고 어떻게 QT 캠프를 했는지 그 실제 프로그램을 소개하려고 한다. 참고로 '형상회복'의 교재는 모두 7과로 나누어져 있다.

1. 주제 : 형상회복

2. 주제성구

"하나님이 가라사대 우리의 형상을 따라 우리의 모양대로 우리가 사람을 만들고 그로 바다의 고기와 공중의 새와 육축과 온 땅과 땅에 기는 모든 것을 다스리게 하자 하시고 하나님이 자기 형상 곧 하나님의 형상대로 사람을 창조하시되 남자와 여자를 창조하시고 하나님이 그들에게 복을 주시며 그들에게 이르시되 생육하고 번성하여 땅에 충만하라, 땅을 정복하라, 바다의 고기와 공중의 새와 땅에 움직이는 모든 생물을 다스리라 하시니라"(창 1:26-28)

3. 프로그램 진행

① 오후 3시 개회예배 설교를 1과 '능력회복'이라는 말씀으로 전체를 대상으로 진행했고, 말씀을 통하여 느낀점을 한 사람씩 돌아가면서 이야기한 후 능력회복을 위해 기도했다.

② 오후 4시 개회예배 후 바로 2과 '생명력회복'이라는 말씀으로 개인별 묵상 QT를 했다. 30분 정도 묵상한 후 교재에 나와 있는 대로 피드백 시간을 나누었고 함께 중보기도 했다.

③ 오후 5시 친교의 시간과 사진촬영, 식사시간(유일한 휴식 시간이었다).

④ 저녁 7시, 20분 정도의 찬양시간 후에 3과 '고백회복'을 파트너와 함께 하는 QT로 진행했다. 방법은 다음과 같다.

남녀의 비율을 일정하게 맞춘 후 남자의 이름을 종이에 적어서 여자들이 파트너를 뽑는 제비뽑기 형식으로 진행했다. 파트너와 함께 조용한 장소에 가서 함께 말씀을 묵상하고, 함께 나누고, 함께 중보기도하는 시간을 가졌다.

이 때 시간을 제한하였고, 돌아와서는 전체가 모여 있는 자리에서 피드백을 진행했다.

⑤ 저녁 9시 4과 '헌신회복'을 묵상하는데 이번에는 조별로 QT를 진행했다. 진행하는 방법은 다음과 같다.

조의 인원은 4명 정도, 한 장소에 모여 있지 않게 하고, 다른 조의 모습이 보이지 않는 장소에서 진행하도록 했다. 조의 리더를 세워서 리더가 전체를 이끌어가되 설교를 하는 것이 아니고, 교재에서 말하고자 하는 방향으로 조원들을 이끌어가게 했다. 말씀묵상이 끝나면 한 명씩 피드백을 했고, 한 사람이 그 내용을 정리하도록 했다. 조별 시간이 끝나면 전체가 모여서 피드백을 했는데, 각 조에서 한 명이 일어나 조에서 나눈 이야기를 중심으로 피드백을 진행한다.

⑥ 저녁 11시 간식시간을 가짐.

⑦ 저녁 12시 간증 및 중보기도의 시간을 가졌다.

한 명씩 최근 자신에게 있었던 힘들었던 일, 좋았던 일, 앞으로의 기도제목 등을 나누면서 자신을 소개하거나 간증하는 시간을 가졌다.

이제는 기도시간 짝기도, 동기별 기도, 비전기도, 중보기도, 뜨거운 기도의 시간을 보냈다.

기도회가 끝난 후 광고했다. "하루밖에 없다고 밤새지 말고, 내일 나머지 QT를 진행해야 되기 때문에 모두 잠자리에 들었으면 좋겠습니다." 하나님이 다음 날 역사하셨다. 정말 모두 약속된 시간에 기상했고 다음 날 프로그램을 이어가는 데 지장이 없었다.

⑧ 오전 7시 기상 및 아침식사

오전 8시 개인별 묵상 QT로 5과 '열매회복'을 가졌다. 그리고 전체가 모인 자리에서 피드백을 했다.

오전 9시 파트너와 함께 6과 '감사회복' 시간을 갖고 전체가 모여서 피드백을 했다.

오전 11시 드디어 마지막 7과 '사랑회복'을 폐회예배로 전체를 대상으로 진행했다. 그리고 피드백을 나누면서, QT캠프를 통하여 느낀 점을 나누었다.

⑨ QT캠프의 평가

수련회 기간 동안 『예수꾼 만들기』 교재 중 '형상회복'이라는 QT교재 1권을 끝냈다는 기쁨을 얻었다.

어려울 것이라 생각했는데 모든 시간들이 하나님의 인도하심을 체험하는 시간이었다.

QT에 대하여 자신감을 가질 수 있는 수련회였고, 앞으로도 지속적으로 발전시켜 나가자고 고백했다.

⑩ QT캠프의 기념품으로는 깊이 있는 QT를 할 수 있도록 도와주는 책들을 선물하거나, 다음달 QT집을 선물하면 좋다.

여덟번째 Item

Q.T 아이디어

QT 아이디어는 QT가 하나님의 말씀을 묵상하고, 하나님이 오늘 나에게 말씀하시는 것을 깨달아 말씀대로 살아가는 데 그 목적이 있음은 분명하다. 내가 받은 은혜를 나누는 방법으로 다음과 같은 아이디어를 생각하게 되었다.

1. QT 전시하기

오늘 묵상한 말씀을 모든 이들과 함께 공유할 수 있도록 하는 방법이다. 먼저 QT 교재는 책으로 만들어서 진행하되, 말씀적용과 나눔에 대해서는 A4 용지나 일정한 형식의 틀을 준비해서 그곳에 기록하도록 한다.

조별 또는 전체 앞에서 피드백하는 시간을 가졌어도, 내가 받은 은혜를 공개하는데 그 장소가 식당 앞이면 더욱 좋겠다. 식사시간에 줄을 서서 기다릴 때 지루할 수 있기 때문에 기다리는 줄을 중심으로 매일 붙여 둔다면 정말 좋은 식사시간이 될 것이다.

2. QT 편지 노트

2부 프로그램으로 QT 편지 쓰는 시간을 갖는다. 그 편지들을 모아서 '우리들의 QT 편지'라는 책을 만들어보자. 한 주만 하지 말고, 몇 번 한 것을 모아서 만들거나, 전체가 어려우면 그룹별로 QT 편지를 쓴 후 6개월 또는 1년 후 모든 편지를 모아서 책으로 만든다.

3. 사랑의 QT 일기

① QT로 일기를 써 보자.

② QT로 나에게 편지를 써 보자.

③ QT로 가장 사랑하는 친구를 위해 이벤트를 준비해 보자.

QT 편지를 1달 정도 쓸 수 있는 노트를 준비한다.

부모님이나 선생님, 친구들의 생일을 기준으로 해서 1달 간 매일 사랑의 QT편지를 쓴다.

QT 노트에 말씀을 기록하고, 그 말씀을 통해서 주신 하나님의 음성을 기록해본다.

너무 잘 쓰려고 하거나, 길게 쓰려고 하면 중간에 포기할 수도 있다. 기회가 되는 대로 때로는 길게, 때로는 짧게, 때로는 그림으로, 때로는 말씀만… 그때 그때의 상황과 형편 그리고 성령의 인도하심을 따라서 기록한 후 생일이나, 특별한 날 그 때 내가 쓴 사랑의 QT일기를 선물로 준다면 감동되지 않겠는가?

④ 오늘 깨달아진 말씀이 내 평생에 붙들어야 될 말씀이라고 생각이 되면 예쁜 종이에 써서 코팅을 한다. 그리고 책갈피로 활용하거나 책상에, 가방에 부쳐 두고 오래오래 기억하면서 암송하자.

⑤ 내게 주신 말씀을 메모지에 기록해서 내 주변에 있는 친구들과 나누어 보자. 행복이 가득한 하루가 될 것이다.

1부, 공동체 프로그램 아이템

④

영성캠프수련회 공동체프로그램

Intro 네번째 아이템 활용 가이드

1. 주제 정하기

① 기도에 관한 성경구절을 중심으로 주제를 정한다.

구하라, 찾으라, 두드리라!(마 7:7-11)

내 뜻대로 마옵시고 아버지의 뜻대로 하옵소서 (마 26:36~46)

시몬아 네가 한 시간도 나와 함께 깨어 있을 수 없느냐? (눅 22:39~46)

② 영성캠프의 방향을 어떻게 선정하느냐에 따라서 달라지겠지만 성경에 기도의 사람들 중 한 사람을 집중적으로 다룰 수 있는 주제를 정해도 좋다.

지혜를 구한 솔로몬 기도캠프 '내가 네게 무엇을 주었으면 좋겠느냐?'(왕상 3:4-14)

기도의 사람 느헤미야 기도캠프 '나의 하나님이여, 내가 주의 성전을 위해 성실하게 행한 일을 기억하시고 잊지 마소서'(느 13:14)

2. 조편성

① 조편성은 나이보다는 신앙생활을 오래 한 사람과 그렇지 않은 사람, 혼자서 기도할 수 있는 사람과 그렇지 않은 사람들을 고려해서 편성한다.

② 조 이름은 성경에 나오는 대표적인 기도의 장소와 그 의미를 활용한다.

갈보리산 조 : 예수님처럼 사명 감당하기 위해 기도하는 사람들.

모리아산 조 : 모세와 여호수아처럼 영적인 전투에서 승리하기 위해 기도하는 사람들.

미스바 조 : 나라와 민족을 위하여 기도하는 사람들.

오순절 조 : 성령의 충만함을 위하여 기도하는 사람들.

③ 또는 성경에 대표적인 기도의 사람들 이름으로 조 이름을 정하되 그 사람이 응답받았던 기도의 제목들을 풀어서 조 이름을 만들어 보자.

홍해를 가른 모세의 기도 조
태양을 멈추게 한 여호수아의 기도 조
생명을 연장 받은 히스기야의 기도 조
죽은 다비다를 살린 베드로의 기도 조

④ 일반적으로 조별 발표회를 하면 조가와 조 구호를 만들어서 부르는데 영성캠프에서는 조별 발표회시 조 이름에 알맞은 기도응답의 상황을 재연하도록 한다.

모리아산 조는 아말렉 군대와 싸우는 이스라엘 백성들, 그리고 산에서 기도하는 모세와 아론과 훌의 상황을 촌극으로 재연하는 형식으로 발표한다.

홍해를 가른 모세의 기도 조 역시 당시의 상황을 생각하면서 몸으로 재연할 수 있다. 또는 상황을 바꾸어서 '홍해가 갈라지지 않았다면 하나님은 어떻게 역사하셨을까?'를 상상하면서 재미있게 꾸며볼 수 있다.

3. 영성캠프 다양하게 진행하기

① 영성캠프에서는 다양한 제목의 기도회를 인도할 수 있다. 매 시간 분명한 목적을 제시하면서 '이 시간은 ○○○를 위한 기도회입니다.'라고 설명한 후 그 제목에 대해서 구체적으로 기도한다.

② 특강이나 성경공부는 주님이 가르쳐 주신 주기도문을 강해하거나, 기도의 종류와 방법들을 배우는 시간을 가진다. 또는 기도의 사람들을 한 명씩 다루면서, 그들은 어떻게 기도했고, 언제 응답받았는지 바른 기도의 모범을 배우는 시간을 가져도 좋겠다.

③ 캠프를 기도학교 형식으로 진행하면서 개회예배를 기도학교 입소식으로 드리고 폐회예배시에는 기도학교 수료증을 만들어 준다. 캠프의 첫날부터 마지막까지 기도학교 세미나 형식으로 연결하여 진행한다.

④ 영성캠프에서는 청소년들로 하여금 기도하는 사람이 될 수 있도록, 기도의 기쁨을 체험할 수 있는 기회를 많이 만들어 주어야 된다. 기도회를 인도할 때 대중적인 공통기도보다는 한 사람의 문제를 수련회에 참석한 청소년들이 합심하여 기도하거나, 짝기도, 조별기도, 선생님들의 개인기도 등 한 영혼을 위하여 구체적으로 기도할 수 있도록 진행한다.

4. 영성캠프 응용하기

① 교회에서 진행하는 모든 수련회 프로그램에 영성캠프에서 소개하고 있는 많은 기도 프로그램을 한 가지씩 사용한다.

② 신앙공동체훈련 프로그램으로 활용하고자 하는 분들은 영성캠프에 기록된 내용들을 하나로 엮어서 재미있는 활동과 함께 말씀과 기도로 연결하는 방법으로 활용한다.

③ 영성캠프 프로그램을 철야예배를 인도할 때 기도회 자료로 활용한다.

④ 주일이나 청소년들이 교회에 모이는 시간들 중 특별한 시간을 할애하여 매주 자유로운 형식으로 기도합주회를 갖는다. '고3을 위한 기도합주회, 한 주간의 승리를 위한 기도합주회' 등 기도 모임의 이름을 정하고, 기도의 제목들을 매주 다양하게 선택하여 나와서 그리고 민족과 세계를 위해 할 수 있도록 한다.

첫번째 Item

기도하는 손

독일의 화가이며 조각가인 뒤러는 소묘 900점, 목판화 350점을 비롯해서 많은 작품을 남겼지만 그 가운데서도 대표작은 현재 뉴른베르크 박물관에 보관되어져 있는 '기도하는 손'이다.

이 그림에는 위대한 사랑과 믿음을 보여 주는 자신들의 이야기가 담겨져 있다. 그림공부에 뜻은 두었으나 가난했던 뒤러는 친구와 약속을 했다. 한 쪽이 그림공부를 하는 동안 한 쪽은 노동을 해서 학비를 돕기로 했는데 뒤러가 먼저 공부를 하게 되었다. 어느 정도 이름을 얻게 되자 친구를 공부시키기 위해 찾아갔다. 친구는 마침 기도중이었는데 그 기도의 내용이 뒤러의 가슴을 뭉클하게 했다.

'하나님, 저는 심한 노동으로 손이 굳어져 그림을 그릴 수 없게 되었습니다. 하오나 내 친구 뒤러만은 화가로서 성공하게 해 주옵소서.'

뒤러는 흐르는 눈물을 닦을 생각도 하지 않고 그 자리에서 연필을 꺼내어 친구의 기도하는 손을 스케치했다.

1. 진행하기

프로그램을 시작하면서 뒤러의 '기도하는 손'을 PPT로 보여준 후, '기도하는 손'에 담긴 의미를 전달한다. 그리고 색깔 있는 A4용지를 한 장씩 나누어 준 후 뒤러의 '기도하는 손' 이야기를 생각하면서 다음과 같이 진행해 보도록 한다.

기도하는 손을 그리는데, 누가 기도하는 모습의 손을 그릴 것인지를 결정한다.
기도하는 손을 그린 후, 그 밑에 누가 누구를 위해서 기도하는 손인지를 기록한다.

조별로 모여서 피드백하는 시간을 가진다.

2. 응용하기

① 진행하는 방법은 위와 같은데 이제는 내가 기도하는 손을 그린 후 다음과 같이 진행한다.

나는 누구를 위해 기도할 것인가를 기록하거나, 내 기도제목을 기록할 수 있다.
또는 '너를 위해 기도할게.'라고 기록한 후, 내가 그린 기도하는 손을 기도의 동역자로 삼고 있는 사람에게 전달한다.

② 내가 만든 기도하는 손을 코팅하거나 액자에 넣어서 장식품으로 활용한다. 수련회 기념품으로 활용할 수 있다.

두번째 Item

침묵기도

침묵기도는 영성캠프의 QT 프로그램으로 활용할 수 있는 것으로써 코너학습 형식으로 진행하면서 묵상하는 QT프로그램이다. 인터넷의 '샘물편지'를 통해서 아이디어를 얻게 되었다.

1. 진행하기

코너활동을 진행하는 것처럼 몇 개의 코스를 정한다. 가능하면 조의 수만큼 코스를 정한다. 각 코스에는 지도교사가 기도문을 작성해 놓고 기다린다. 기도문을 작은 종이에 적지 말고 큰 글씨로 적당한 거리에서 볼 수 있도록 전지에 작성하도록 한다. 준비가 되었으면 조별로 출발하도록 한다. 한 조씩 출발하는 것이 아니고 전체 조가 동시에 출발한다.

출발할 때 조장에게 몇 번째 코스로 이동해야 되는지를 알려 준다.
1, 2, 3, 4, 5코스가 있다면 1조는 1코스로, 2조는 2코스로… 이렇게 진행한다면 서로 만나지 않을 것이다.

출발할 때 주의사항은 절대 침묵을 지켜야 한다는 것이다. 만약 침묵을 지키지 못하는 조에게는 벌칙을 주어야 되지만, 침묵하는 가운데 침묵 QT가 진행될 수 있도록 인도해야 된다. 침묵 QT가 끝나면 조별로 모여서 피드백을 진행한 후 합심 기도로 마친다.

2. 응용하기

① 진행하는 방법은 위와 같지만 이번에는 침묵으로 진행하지 않고 각 코너에서는 다양한 방법으로 QT를 진행할 수 있도록 프로그램을 만든다.

혼자 묵상하기

조원들이 함께 큰 소리로 읽기

암송하기

② 기도문이 긴 경우에는 조원들이 나누어서 릴레이 형식으로 암송하게 한 후, 코스 교사의 확인과 함께 다음 코스로 이동한다.

[은혜로운 코멘트]

오늘의 나를 위해 구하는 기도

하나님 아버지,
이 아침에 하루를 시작하기 전 고요하고
경건한 마음으로 당신 앞에 무릎을 꿇었나이다.
오늘 하루 동안 거칠고 힘든 삶을 살아갈 때
마음의 경건함을 잠시도 잃지 않게 하옵소서.

주님, 내가 지혜를 찾아 당신께 나아왔습니다.
나로 하여금 오늘 하루 동안
어리석은 실수를 범하지 않게 하옵소서.

주님, 내가 평안을 찾아 당신께 나아왔습니다.
나로 하여금 오늘 하루 동안
두려워하고 불안해하지 않게 하옵소서.

주님, 내가 사랑을 찾아 당신께 나아왔습니다.
나로 하여금 원한을 갖고 용서하지 못하거나
또는 남을 미워하지 않는 하루가 되게 하소서.

주님, 당신과 함께 하루를 시작하고
동행하며 당신과 더불어 마침으로
내가 후회할 것이 없는 삶을 살기 원합니다.
예수 그리스도의 이름으로 기도합니다. 아멘.

(윌리암 바클레이)

세번째 Item

중보기도

수련회 기간 동안 중보기도 프로그램을 진행함으로써 중보기도의 중요성을 알게 하고, 다른 사람을 위해 기도하는 기쁨을 가질 수 있도록 한다. 다양한 제목과 방법으로 중보기도를 진행해 보자.

1. 진행하기

수련회 기간 동안 새벽, 오전, 오후의 첫 시간을 중보기도 시간으로 정하거나, 하루 한 시간 정도의 중보기도 프로그램을 갖되 제목을 정하여 진행한다. 각 그룹을 위한 중보기도 시간에는 그 그룹 사람들의 기도제목을 한 명씩 듣고 이름을 불러 가면서 기도하게 한다. 또한 세계선교를 위한 중보기도 시간에는 선교사님들에게 온 편지와 기도제목들을 읽거나 자료를 복사해 나누어 준 후 기도한다.

중보기도를 진행할 때에는 기도하는 대상자들의 피부에 직접 와 닿는 제목들을 가지고도 기도하고, 내게 가깝지는 않지만 질병으로 신음하는 자들과, 실직자들 기타 어려움 당하는 이들을 위해서 폭넓게 기도할 수 있는 시간도 갖는다.

중보기도 프로그램을 진행할 때에 진행자가 말로만 기도제목을 이야기하지 말고 PPT나, 아이패드를 통한 시청각 자료를 보여 주면서 기도할 수 있도록 한다.

중보기도 찬양으로는 '우리 함께 기도해'를 권한다.

2. 중보기도의 실제

인터넷에 올라온 기도요청의 글을 보면서 많이 속상했다. 우리가 내가 아는 사람들을 위해서 기도할 수 있지만 내가 알지는 못하지만 이렇게 힘들어하는 사람들을 위해서 함께 기도한다면 얼마나 좋을까? 인터넷에 올라온 사연들을 소개하면서 그들을 위해 기도하고, 금식기도에서 진행하는 프로그램과 연결해 보자. 그 기도편지를 소개한다.
하나님의 아들 제민이를 위해 기도해 주세요-기도편지
항암 치료 6개월 21일째, 주님의 은혜 안에서 백혈병 투병 중에 있는 23개월 된 아이 제민이를 위해 기도 부탁드립니다.

1) 병명 - 연소성 만성 골수성 백혈병
이 병은 어린 아이들에게는 많이 나타나지 않는 백혈병의 일종입니다. 한국에서는 1년에 1, 2명 나타나는 병입니다. 발병 후 1년 이내에 골수이식수술을 해야 하며, 성공 가능성은 50%입니다. 현재 제민이가 치료받고 있는 삼성의료원에서조차 담당의사가 두 번째로 치료하고 있는 케이스이며 첫 번째 케이스도 성공하지 못하여 재수술을 준비하고 있습니다.

2) 수술 과정
제민이의 치료과정은 순탄하지 않았습니다. 한 달을 주기로 일어나는 부작용과 최근에 넘긴 위기 등으로 수술을 더 이상 늦출 수 없어 처음 계획했던 몸 만들기의 수준에 이르지 못한 상태에서 수술 일정을 잡은 상태입니다. 8월 1일 경에 무균실에 들어가서 10일간 고용량 항암을 투여하고 8월 10일 누나인 제니(5세)의 골수를 이식할 예정입니다.

3) 기도 제목

① 수술 전 과정 즉 무균실 처치 과정에서 감염이나 부작용이 일어나지 않도록.

8.1~10사이의 무균실 고용량 항암제 투여 과정은 아이에게나 엄마에게나 두 번 다시 겪기 싫을 정도의 고통스러운 과정입니다. 잘 이길 수 있도록.

② 누나가 공여 과정에서 무서워하지 않고 잘 도와주도록.

③ 수술 후 누나의 혈액이 성공적으로 생착되도록.

④ 일체의 부작용이나 재발이 발생하지 않도록.

⑤ 수술 전후에 집중적으로 필요한 혈소판 헌혈자가 잘 준비되도록.

⑥ 장기 입원 치료 중 가까이서 돌보는 엄마가 피곤치 않고 낙심치 않도록.

⑦ 수술과정에도 불구하고 아빠가, 맡고 있는 일들을 능력 있게 잘 감당하도록.

⑧ 수술에 필요한 모든 비용이 채워지도록.

⑨ 예수님의 존귀하신 이름을 찬양드립니다. 아픔의 시간들을 통해서도 믿음을 잃지 않고 오히려 더욱 단단히 연단되는 모든 심령들을 통하여 오직 주님 홀로 영광 받으소서.

[은혜로운 코멘트]

거센 폭풍우 때문에 배가 난파되면서 간신히 살아 남은 두 사람이 무인도로 떠내려왔습니다. 어떻게 살아나갈까 걱정하던 두 사람은 기도하는 수밖에 없다는 생각이 들었습니다.

그들은 갑자기 누구의 기도가 더 강한지 알고 싶어서 한 사람은 섬의 오른쪽 끝에, 또 한 사람은 섬의 왼쪽 끝에 자리를 잡고 기도를 시작하였습니다.

제일 먼저 먹을 것을 달라고 기도한 오른쪽에 있던 사람은 곧 고기를 발견하게 되었습니다. 그 다음에는 여자를 구해 달라고 하자, 또 다른 배 한 척이 난파되면서 한 여인이 섬으로 오게 되어 아내로 삼았습니다.

하지만 왼쪽 끝에서 기도를 하던 사람에게는 아무런 변화가 생기지 않았습니다.

신이 난 그 사람은 마지막으로 섬을 벗어나도록 배 한 척을 달라고 기도했습니다.

조금 지나자 배 한 척이 파도에 밀려왔습니다.

그 사람은 왼쪽에서 기도를 하고 있던 사람의 기도가 아무 반응이 없는 것을 보고 그는 구할 가치도 없는 위인이라는 생각에 그를 남겨 두고 섬을 빠져 나왔습니다.

섬을 떠나려 할 때 하늘에서 소리가 들렸습니다.

"왜 함께 가지 않고 너 혼자만 가려고 하느냐?"

그 사람은 자신이 열심히 기도해서 얻은 축복이므로 당연히 자기 마음대로 할 수 있는 것이라 이야기했습니다.

"너무하는구나, 저 사람의 기도가 없었다면 애초에 너의 기도는 이루어지지도 않았을 거야."

그 사람은 화가 나서 물었습니다.

"도대체 무슨 기도를 했길래 나의 축복이 모두 그 때문이라고 하십니까?"

그러자 하늘에서 나지막한 음성이 들렸습니다.

"저 사람은 너의 기도가 모두 이루어지게 해 달라고 간절히 기도했느니라."

[쉼터 '타인을 위한 기도'에서 발췌]

네번째 Item

금식기도

수련회 기간 중 한 끼 정도는 금식기도를 해 보자. 금식기도의 필요성도 알려 주고, 성경에서는 언제, 누가, 어떤 제목으로 금식기도를 했는지, 그리고 그 결과는 어떻게 되었는지도 간략하게 이야기한 후 진행한다.

1. 진행하기

금식기도의 시간은 수련회를 2박 3일로 진행할 경우 둘째날 아침시간이 적당하다. 수련회 기간에 갖는 금식기도가 훈련의 의미도 있지만 분명한 제목을 가지고 기도할 수 있도록 한다.

회개와 청결한 삶을 위하여(개인의 경건을 위하여)

우리의 분명한 비전을 위하여(청소년들을 위하여)

우리 주변의 어려운 이웃을 위하여

나라와 민족과 세계의 복음화를 위하여

무엇을 위해 금식할 것인가를 분명히 정한 후, 중보기도 프로그램에서 소개하고 있는 방법들을 활용하여 진행한다. 한 끼의 식사비용을 줄이기 위해서 금식하지 말고, 금식한 한 끼의 식사비용을 어떻게 사용할 것인지 미리 정하여 기도할 때 그 이유를 이야기한다.

고난 당하는 자를 위하여 기도했을 경우에는 한 끼 식사비용을 어려운 이웃에게 전달하도록 하고 세계선교를 위해 기도했으면 선교비로

이와 같이 금식기도의 제목에 따라서 그 쓰임새를 결정하도록 한다.

[은혜로운 코멘트]

금식기도에 대하여
우리는 종종 금식을 통하여 자신의 죄를 깨닫고 회개하게 됩니다.
예를 들어 당신이 극복하지 못하는 좋지 않은 습관이 있다고 합시다. 그 습관에서 벗어나게 해 주는 길이 있다는 것을 알지만 아직 그것을 발견하지는 못하고 여러 방법들을 모두 동원했지만 아직도 당신은 승리를 얻지 못했습니다.
그리하여 승리를 갈망하는 당신은 금식을 시작합니다. 처음에 이것은 무척 힘든 투쟁입니다. 왜냐하면 사탄이 온갖 방법을 동원하여 당신의 금식을 막으려 애쓰기 때문입니다.
"금식이 효과 있을 거라고 너는 믿느냐? 네가 금식하는 것을 보고 가족들이 어떻게 생각하겠느냐? 금식은 남이 모르도록 해야 하는데 가족들이 이미 알고 있지 않느냐? 너는 시간만 낭비할 뿐이다." 라고 속삭입니다.
그러나 낙심하지 맙시다. 성도들이 금식하고 기도하고 하나님을 의지할 때 사탄은 몹시 초조해 합니다. 왜냐하면 그는 성도들이 금식과 기도를 하며 회개할 때, 하나님께서 그들의 좋지 않은 습관을 온전히 제거해 주실 것이라는 사실을 잘 알고 있기 때문입니다. 우리는 우리 자신을 돌아보게 될 것입니다.
그리고 우리 자신의 죄악을 깨닫게 될 것입니다.

- [찰스 스텐리의 『기도응답의 비밀』 규장]

다섯번째 Item

소망의 기도

'소망의 기도'는 저녁 부흥회 이후 기도회를 인도하는 방법으로 활용할 수 있는 프로그램으로써 극동방송의 '소망의 기도'를 응용한 기도 프로그램이다. '소망의 기도'시간에는 한 개인의 문제를 위해 믿음의 사람들이 합심해서 기도하고 축복해 주는 시간이다.

1. 진행하기

'주께 가오니' 찬양을 부르며 진행한다. 사회자는 다음과 같이 멘트한다. "지금은 소망의 기도시간 입니다. 내 마음 속에 갈등하거나, 고민하고 있는 문제, 가정문제, 마음의 상처 등 개인의 기도제목을 위해 전체가 합심해서 기도하는 시간입니다. 나와서 기도를 요청하세요."

기도요청자가 앞에 나오면 사회자는 무슨 문제로 기도하기를 원하는지 질문하고 참여한 사람들이 들을 수 있도록 기도제목을 이야기한다. 합심해서 지금 기도제목을 이야기한 그 사람을 위해서 기도하는데 기도요청자를 중심으로 교사와 함께 나와서 기도해 주고 싶은 사람은 나오게 한 후 함께 통성으로 그를 위해서 기도한다. 기도 후 담당 교역자는 그를 위해서 대표기도를 해 준다.

들어가게 한 후 "소망의 기도시간입니다. 함께 기도하기를 원합니다. 나오세요. 그리고 기도를 요청하세요."라고 말하면서 다음 사람을 위해 같은 방법으로 기도한다. 소망의 기도를 마무리할 때 은혜멘트를 활용한다.

2. 응용하기

① 소망의 기도는 수련회 기간 중 매일 시간을 정해 놓고 특별 프로그램으로 진행할 수 있다.

② 저녁 부흥회 후 통성기도를 시킨 후 자연스럽게 소망의 기도시간으로 연결한다.

[은혜로운 코멘트]

성공한 변호사의 간증이다.
'제가 어릴적 우리 아버지는 내게 한 가지의 약속을 하셨습니다. 아버지는 나에게 매일 1시간씩 내가 원하는 것을 해주겠다고 했습니다.
놀기를 원하면 놀아줄 것이고, 어디를 가길 원하면 함께 갈 것이고, 그 시간만큼은 네가 원하는 것을 해주겠다고 했습니다.
그리고 아버지는 그 약속을 지켰고 365일 매일 1시간씩 저와 함께 있었습니다.'
오늘 우리가 소망이 있는 것은 '다 이루었다'고 말씀하시는 예수님이 오늘뿐 아니라 365일 우리와 함께하시겠다고 말씀하셨기 때문에 우리에게는 소망이 있는 것이다.
그 예수님께서 오늘 우리를 향해서 나와 함께하시겠다고 하신다.
그리고 나를 도와 주시겠다고 하신다. 나를 떠나지 않겠다고 하신다.
그래도 아직 소망이 없는가?

여섯번째 Item

말씀 읽기와 기도로 여는 새벽

영성캠프의 새벽 QT 프로그램으로 활용하는 방법으로써 윗트니스리의 '말씀 읽기와 기도'에서 아이디어를 얻게 되었다. 기도와 관련된 말씀과 은혜의 글을 묵상함으로써 하루를 시작한다. 영성캠프시 윗트니스리의 '말씀 읽기와 기도'를 QT자료로 추천한다.

1. 윗트니스리의 '말씀 읽기와 기도' 실제

① 본문: 너희가 내 안에 거하고 내 말이 너희 안에 거하면 무엇이든지 원하는 대로 구하라 그리하면 이루리라(요한복음 15:7)

② 묵상: 형제 자매들이여, 기도하는 것보다 성경을 더 많이 읽는다면 문자와 규정들에 빠질 때가 많을 것이며, 그로 인해 영적 상태가 죽게 되고 메마를 것이다. 반면에 성경을 읽는 것보다 기도를 더 많이 하는 쪽으로 치우친다면 그는 영적으로 균형을 잃을 것이다. 정상적인 그리스도인의 생활을 유지하기 원한다면 우리는 말씀 읽기와 기도에 동등한 주의를 기울여야 한다.

길을 걸을 때 두 다리를 동등하게 사용하는 것처럼 우리는 항상 읽고 기도하고, 기도하고 읽어야 한다.

우리는 기도할 때마다 하나님의 말씀을 접촉해야 하며, 성경을 읽을 때마다 기도와 함께 조화시켜야 한다.

2. 응용하기

① 말씀 읽기와 기도를 묵상하고 난 후, 오늘 나의 기도문 쓰기를 해 보자.

② QT 자료로 기존에 나와 있는 책을 참고하지 않고 직접 만들어서 사용할 경우에는 다음과 같이 해 보자.

기도와 관련된 성경구절을 본문으로 한두 절만 선택하여 기록한다. 그 밑에 본문에 대한 성경해석을 기록하고, 본문과 연관된 성경구절을 기록해 둔다.
묵상한 후 오늘 나의 기도문을 작성한다.
이제는 조별로 모여서 피드백을 함으로써 오늘의 은혜를 나눈다.

③ 피드백을 꼭 조별이나 전체가 모인 자리에서 진행하지 말고 다음과 같은 방법을 활용해 보자.

오늘 나와 함께 식탁에 앉은 사람과 피드백 나누기(식사시간마다)
함께 나누고 싶은 사람을 한 명씩 찾아가서 나누기
오늘 주신 말씀을 우리 반, 또는 우리 조 선생님과 함께 나누도록 한다.
매일 한 번씩 선생님과 함께 나눔의 시간을 가져야 된다. 나눔은 그룹으로 진행하지 않고 수련회 기간 중 일대일로 시간을 만들어 진행한다.

일곱번째 Item

찬양과 기도가
어우러진 영성예배

찬양과 기도가 어우러진 영성예배는 수련회 저녁집회 프로그램이다. 저녁 부흥회의 일반적인 방법은 찬양과 함께 몇 가지의 제목으로 기도한 후 말씀을 듣고 결단하는 형식으로 진행된다. 그러나 찬양과 기도가 어우러진 영성예배는 기존의 방법을 보완해 주고, 수련회에서만 느낄 수 있는 집회를 경험할 수 있도록 도와 주는 예배 프로그램이다. 몇 가지의 방법들을 소개한다.

1. 영성예배 인도 첫번째 방법

① 예배 주제와 연관된 찬양을 드린 후, 주제에 알맞은 이야기를 전달하고 기도하는 방법이다. 찬양 '내 인생 여정 끝내어'를 부른다.

② 기도하기: "오늘 우리는 가치 있는 발걸음으로 살았습니까? 하루하루 주님이 인도하는 발걸음은 최고의 가치가 있는 발걸음입니다. 우리는 한 걸음 한 걸음 주님과 함께 걸어가면서 가치 있는 발걸음으로 살아가야 됩니다."

[은혜로운 코멘트]

소년이 퉁명스럽게 대답을 한 건 운동화 때문이었습니다. 소년은 지난 주 체육시간에 달리기를 하다가 낡은 운동화가 찢어지는 바람에 친구들 앞에서 이만 저만 창피를 당한 것이 아니었습니다.

그 날로 아빠께 운동화 얘기를 얼핏 했지만 벌이도 신통찮은 요즈음 아빠에겐 그 말이 통할 것 같지 않았습니다. 한 주가 지나고 다시 야외에서 하는 체육시간이 내일로 다가오자 소년은 그 찢어진 운동화를 신을 수도 없어 학교에 안 갈 방법을 찾고 있었던 것입니다.

"얘야, 일어나야지. 학교 갈 때 밥 먹고 가거라, 도시락도 싸 놓았으니 가져가고…."

오늘따라 왜 그렇게 아빠가 서두르시는지 소년은 아빠가 밉기만 했습니다.

"엄마가 살아 계셨더라면 틀림없이 새 운동화를 사주셨을 텐테…"

소년의 엄마는 오랫동안 병원에 계시다가 지난 해에 그만 돌아가시고 말았습니다. 엄마의 병원비 때문에 그 동안 살던 곳을 떠나 이곳에 이사와서 살게 된 것입니다. 오늘 아빠에게 소년이 운동화 얘기를 하지 않은 것은 장애인인 아빠가 그 동안 아무 일도 못하다가 시(市)에서 주는 일을 시작한 지 며칠 되지 않았기 때문이었습니다.

아빠의 주머니 사정을 잘 알고 있으니까요. 속상한 마음과 엄마에 대한 그리움으로 눈물을 훌쩍이던 소년은 울음을 삼키고는 자리에서 일어났습니다.

가방을 메고 신발을 찾으러 문턱에 앉았다가 소년은 깜짝 놀라고 말았습니다. 신발장 위에는 하얀 바탕에 그림까지 그려져 있는 운동화가 놓여있었던 것입니다.

새것이 아닌 걸 보니 어디서 주워온 듯 싶었습니다. 몸도 불편한 아빠는 저 신발을 닦느라 무척 고생하셨을 겁니다. 하얀 운동화를 집어 드는 소년의 눈에 조그만 쪽지가 보였습니다.

「아들아, 세상에서 가장 좋은 신발을 신을 수는 없지만, 세상에서 가장 가치 있는 발걸음으로 살거라.」

2. 영성예배 인도 두번째 방법

① 찬양의 가사와 곡조를 생각하며 청소년들이 참여할 수 있도록 이끌어주는 방법이다. 찬양 '날 구원하신 주 감사'를 부른다.

② '날 구원하신 주 감사' 찬양을 다양한 방법으로 부른다.

'사라진 눈물도 감사~'에서 다같이 '감사~'를 길게 끌면서 한 사람을 지명하면, 사회자가 지명한 그 사람이 일어나서 '나의 영혼 감사해'라고 부른다.

찬양을 부른 후 '하나님이 내게 베푸신 감사에 대해서 말하고 싶은 사람은 손들어 보세요.'라고 말하면서 하나님이 나에게 행하신 감사에 대해서 입으로 시인하는 시간을 가진다. 한 명이 끝나면 다시 부르면서 반복한다.

다같이 큰 소리로 '하나님 감사합니다'라고 외치기.

다같이 '사라진 눈물도 감사~'하면서 숨이 멈출 때까지 최대한 길게 부르기를 한두 번 반복한다. 그리고 이렇게 말한다. '우리 숨이 끊어지는 그 순간까지 감사합시다.'

3. 영성예배 인도 세번째 방법

① 예배인도자와 함께 찬양하고 기도하다가 이제는 찬양하면서 주변에 있는 사람들이나, 찾아가서 함께 기도해주고 싶은 사람들을 찾아다니며 찬양하고, 기도하는 방법이다. 찬양 '이렇게 좋은 날'을 부른다.

② 찬양을 부르면서 옆에 있는 사람을 축복한다.

③ 이번에는 '이렇게 좋은 날' 찬양을 부르면서 이 프로그램에 참석하고 있는 모든 사람들과 한 번씩 만나서 악수를 나누면서 격려의 말이나, 사랑의 인사를 나눈다.

④ 찬양 '하나님은 너를 지키시는 자'로 프로그램을 마무리한다.

⑤ 참석하고 있는 전체 학생들과 교사들이 연결된 손을 잡고 찬양을 부른 후 함께 기도하고 마친다.

여덟번째 Item

구별하기 (영적분별력)

신앙생활을 오래 했어도 하나님의 것과 사람의 것, 양과 염소, 참과 거짓, 선한 목자와 악한 목자 등 바른 것을 구분하지 못하는 경우가 있다. 성경은 분별하지 못한 책임이 다른 사람에게 있는 것이 아니라 분별하지 못한 내게 그 책임이 있다고 말씀한다. 구별하기는 재미있는 게임을 통해서 영적인 분별력을 가져야 됨을 깨닫게 하는 프로그램이다.

1. 맛 구별하기

맛 구별하기는 다양한 양념을 섞어 놓은 후, 어떤 양념이 들어갔는지 알아맞히는 활동이며 조별로 진행한다. 준비물은 몇 가지의 양념을 섞은 통과 그 안에 들어간 양념의 이름을 기록해 둔다. 한 조씩 나와서 맛을 본 후, 한 명씩 그 안에 무엇이 들어갔는지 생각해 두었다가 조별로 모여서 양념의 이름을 종이에 기록한다. 위와 같은 방법으로 다른 조들도 실시한다.

이제 조별로 기록한 것을 발표해서 가장 많이 맞힌 조에게 (+)점수를 주거나, 선물을 준다. 이 때 아직 정답에 나오지 않은 양념의 이름들이 있다면 각 조의 대표 또는 누구든지 나와서 맛을 보고 그 맛을 알아 맞히도록 한다.

같은 형식으로 2, 3회 진행하되, 쓰는 양념을 달리한다. 음료수 칵테일, 과일 칵테일 등.

2. 영적인 것과 세상적인 것 구별하기

내게 하나님의 것과 사람의 것 영적인 것과 세상적인 것을 구별할 수 있는 영적인 통찰력이 있는가를 테스트하는 활동이다.

조별로 진행하고 아래에서 소개하는 다양한 내용들을 가지고 조별로 모여서 아는 대로 기록한다. 사회자가 소개하는 내용말고도 각 조에서 영적인 것과 세상적인 것을 구별할 수 있는 것과 그 방법들을 기록해 보자. 기록이 끝나면 한 조씩 발표하고, 조별로 기록된 것을 잘 정리해 두었다가 자료로 삼는다. 다음은 활동할 수 있는 자료이다.

기도생활 구별하기(영적인 것과 세상적인 것)

은밀한 중에 기도한다./중언부언한다.

골방에 들어가서 기도한다./사람에게 보이려고 기도한다.

헌금생활 구별하기

은밀한 중에 드린다./사람에게 이름을 드러내려고 한다.

정성과 최선을 다해서 드린다./은혜받은 만큼 드린다.

선한목자와 악한목자

양을 위해 생명을 버린다./생명을 위해서라면 양을 버린다.

자신을 희생함으로 양을 살린다./양을 죽임으로 자신의 부귀와 영화를 누린다.

기타 조별로 독특하고, 재미있는 구별법을 자유주제로 한 가지 이상 기록하여 발표한다.

[반짝! 아이디어발견]

'아가씨와 아줌마의 차이점'
구별하기 프로그램을 조별로 시작하기 전에 '아가씨와 아줌마의 차이점'을 먼저 소개한다. 그냥 글로 소개하지 말고 PPT를 활용하여 포스트잇을 이용해 하나씩 보여 주면서 진행한다.

'아가씨와 아줌마의 차이점' 소개
목욕탕에서 수건을 몸에 두르면 아가씨,
머리에 두르면 아줌마
파마할 때 예쁘게 해 달라고 하면 아가씨,
오래 가게 해 달라고 하면 아줌마
의자에 앉을 때 다리를 꼬면 아가씨,
한쪽 다리 접어 앉으면 아줌마
모임에 서로 '언니 언니'하면 아가씨,
'형님 형님'하면 아줌마
버스를 탔을 때 빈자리가 있을 경우 주의를 살피고 앉으면 아가씨,
앉고 나서 주위를 살피면 아줌마
운전할 때 선글라스 끼면 아가씨,
흰 장갑에 챙 모자 쓰면 아줌마

아홉번째 Item

기도문 책자 만들기

아래에서 소개하는 기도문은 찰스 스윈돌의 기도문이다. 인터넷에서 기도에 관한 내용을 검색하던 중 '기도의 방'에서 아이디어를 얻게 되었다.

1. 찰스 스윈돌의 기도

기도의 방 찰스 스윈돌의 기도를 클릭하면 다음과 같은 기도제목이 나온다.

실패를 이기는 희망을 구하는 기도

고난을 이기는 희망을 구하는 기도

유혹을 이기는 희망을 구하는 기도

분열을 이기는 희망을 구하는 기도

죄를 이기는 희망을 구하는 기도

부당한 취급을 이기는 희망을 구하는 기도

'내 능력'을 초월하는 희망을 구하는 기도

미성숙을 뛰어넘는 희망을 구하는 기도

비통함을 이기는 희망을 구하는 기도

신조를 초월하는 희망을 구하는 기도

문화를 초월하는 희망을 구하는 기도

극단주의를 초월하는 희망을 구하는 기도

시련을 초월하는 희망을 구하는 기도

종교를 초월하는 희망을 구하는 기도

불만족을 초월하는 희망을 구하는 기도

전투를 초월하는 희망을 구하는 기도

비극을 초월하는 희망을 구하는 기도

찰스 스윈돌의 기도제목 중에서 '실패를 이기는 희망을 구하는 기도'를 클릭하면 다음과 같이 실패를 이기는 희망을 구하는 기도의 기도문이 나온다. 다음은 찰스 스윈돌의 기도문이다.

아버지여, 용서를 통해 놀라운 변화를 가능케 해 주신 주님께 감사드립니다. 우리가 티끌에 불과한 약한 존재임을 알아주시니 감사합니다. 우리와 너무나 비슷한 처지에 있었던 베드로의 편지를 읽고 상고할 때 우리의 희망-실패를 이기는 희망-을 새롭게 하소서.
베드로가 실패한 후에도 주님께서 그를 사용하셨듯이, 당신의 은혜로 우리도 사용하실 것임을 상기시켜 주소서.
베드로를 안내자로 삼고 함께 여행하는 가운데 우리가 새로운 용기를, 새로운 힘을 얻게 하소서. 우리로 다시 희망을 갖게 하시는 당신의 능력을 바라봅니다.
우리가 결코 말하지 말았어야 했던 말과 결코 행하지 말았어야 했던 일에서 무엇인가 아름답고 선한 것을 만들어 내실 수 있는 능력은 오직 당신께만 있기 때문입니다. 우리의 평안은 당신의 은혜에서만 나옵니다. 하오니 당신께서 늙은 어부로 하여금 오래 전에 기록하게 하신 진리를 발견할 수 있도록 우리의 정신을 맑게 하소서. 예수 그리스도의 은혜로운 이름으로 기도합니다. 아멘

2. 진행하기

찰스 스윈돌의 기도제목과 같이 우리 교회에, 또는 현재 우리에게 가장 필요하다고 생각되는 내용들을 중심으로 기도제목을 작성한다. 기도문을 작성하는 데 여러가지 방법을 활용할 수 있다.

개인에게 기도의 제목을 주거나, 원하는 기도제목을 선택해서 기도문을 쓰도록 한다.
기도제목을 적어 놓고 제비뽑기 형식으로 쓰도록 한다.
기도제목 중 자신이 원하는 기도제목을 쓰도록 한다.

기도문 작성이 끝났으면 기도문 발표회를 가져 보자. 이 때는 억지로 하지 말고 자원해서 진행하도록 하고, 기도문을 작성할 때 침묵기도의 찬양을 틀어주면 좋겠다.

3. 응용하기

① 각자가 쓴 기도문을 모아서 한 권의 책으로 만든다. 그리고 책의 표지에는 '하나님을 감동시키는 기도' 또는 '우리들의 기도문' 형식의 제목도 만들어 넣게 한다.

② 유명한 사람들의 기도문을 스크랩해 보자. '평화의 기도', '맥아더 장군의 자녀를 위한 기도' 또는 내 주변에서 알게 된 좋은 기도문을 스크랩해 보자. 스크랩한 기도문을 우리들이 쓴 기도문에 첨부로 넣는다. 스크랩한 기도문을 예쁘게 코팅해서 기념품으로 활용한다.

③ 릴레이 형식으로 기도문 만들기

릴레이 기도노트를 준비한 후, 조별로 릴레이 기도문을 써보자. 매일 기도문 쓰는 시간을 갖고 기록을 해 보자.

수련회를 여는 기도문(개회예배 후), 첫째날, 둘째날, 수련회를 마치면서(폐회예배 전)…이렇게 기도문을 작성한다면 처음 쓴 기도문과 마지막에 쓴 기도문에 차이가 있지 않겠는가?(받은 은혜의 감격?)

④ 두루마리 릴레이 기도문 쓰기

연결해서 사용할 수 있는 종이를 준비하거나 없으면 예쁘게 만들어 보자.

수련회에 참석한 사람이라면 한 명도 빠짐없이 두루마리 릴레이 기도문을 쓰게 한다.

참석한 우리들에게 가장 중요한 내용으로 주제를 정해서 기록해 보자. '우리들의 비전 기도문, 학생회 부흥을 위한 기도문, 성전 건축을 위한 기도문'.

두루마리 릴레이 기도문이 완성되면 낭독한다.

수련회를 마친 후, 교회 입구에 전시하는 시간을 갖는다.

열번째 Item

기도수첩 만들기

'기도수첩 만들기'는 중보기도 수첩이다. 수련회 기간 동안 내가 만난 사람들을 위해서 기도해주기로 약속하는 수첩이다. 내 주변에 있는 사람들을 위해 내가 기도하거나, 나의 기도제목을 부탁하는 것도 중요하지만, 잊지 말아야 될 것은 주님이 나를 위해 하나님 우편에서 기도하고 계신다는 사실이다.

1. 진행하기

기도수첩 만드는 방법: B5 용지를 1/4로 나눈 정도의 크기로 오려 노트를 만들고 맨 위에 '누군가 널 위해 기도하네'라는 제목을 쓴다. 30매 정도를 묶어, 노트의 윗 부분에 펀치로 구멍을 만든 후, 고리로 연결한다. 표지에는 '기도수첩'이라고 씀으로써 기도수첩을 완성한다.

시작하면서 '누군가 널 위해 기도하네' 찬양을 부른다. 아래에 있는 '기도수첩 이야기'를 소개한다. 이제는 돌아다니면서 한 명씩 만나게 하고, 만나는 사람들에게 자신의 이름과 기도제목을 적어준 후 함께 기도한다. 이와 같은 형식으로 반복한다.

2. 기도수첩 이야기

조지 뮬러는 응답을 5만 번이나 받은 경험이 있다. 시편 86편에 기록된 말씀을 읽고 묵상하던 가운데 큰 감동을 받은 조지 뮬러는 길거리에 버려진 가난한 고아들을 위하여 일생 헌신하며 살았다. "거룩한 처소에 계신 하나님께서는 고아의 아버지시며 과부의 재판장이시라."

많은 고아들을 양육하는 동안 어렵고 힘든 일이 생길 때마다 조지 뮬러가 선택한 것은 기도였다. 그는 항상 하나님의 뜻을 살피고 하나님의 뜻을 이루기 위해 기도하였다.

조지 뮬러는 자신의 기도 수첩에 구체적인 기도 제목들을 기록해 놓고 기도하면서 그 응답을 확인하였다. 조지 뮬러는 마음으로만 생각하고 기도하는 것과 기록하여 그것을 보면서 기도하는 것에는 많은 차이가 있다고 하였다.

기록한 내용을 보면서 기도하면 빠트리는 사항이 없고, 하나님의 응답하시는 손길을 기대하면서 기다리게 된다고 한다. 그러나 반면 마음으로만 잠시 생각하고 기도하면 기도를 등한시하기도 하고 어려움이 생기면 쉽게 포기한다고 한다. 그러면 하나님의 응답을 놓친다는 것이다.

조지 뮬러의 기도하는 목록에는 응답이 이루어지기까지 1년, 2년, 3년, 10년 혹은 그 이상으로 기도한 대상자의 명단과 그 내용이 기록되어 있다. 그는 죽음이 임박하였을 때도 여전히 자신의 기도가 모두 응답받으리라고 확신하였다.

늘 말씀을 묵상하고 하나님 안에서 생활하며 기도하였던 조지 뮬러는 하나님의 사역에 크게 쓰임 받은 위대한 도구였다.

열한번째 Item

기도 후원자 정하기

'누군가 널 위해 기도하네'의 기도수첩 만들기를 업그레이드한 내용이다. 기도 후원자를 정한다는 것이 프로그램이 될 수는 없다. 다만 이렇게 해서라도 나의 기도 후원자를 정해 함께 기도할 수 있는 동역자를 세우자는 의미에서 진행하는 프로그램이다.

1. 진행하기

'누군가 널 위해 기도하네' 찬양을 부른 후 '기도 후원자 정하기' 프로그램의 의미를 설명한다. 다시 찬양하면서 내 기도의 후원자로 누구를 세우면 좋을지 기도한다. 준비된 기도 후원자 카드를 작성한다.

예쁜 종이에 '나의 기도 후원자가 되어주세요.'라고 쓴다(필요한 만큼 만들어서 활용하면 더욱 좋겠다). 그 밑에 나의 평생 기도제목, 올해 이루어야 될 기도제목, 수련회 기간 동안 응답받고 싶은 기도제목들을 작성한다. 기도 후원자로 삼고 싶은 사람의 인원 수만큼 작성한다.

기도 후원자 카드가 작성되면 사회자는 전체가 준비된 것을 확인한 후, 내가 정한 기도 후원자를 찾아가서 '나의 기도 후원자가 되어주세요.'라고 요청한다. 기도 후원자가 되겠다고 약속하면 나의 기도 카드를 전달해 주고, 함께 기도한다. 그리고 이제 평생, 또는 학창시절 동안 나의 기도 동역자가 되기로 약속한다. 이와 같은 형식으로 기도 후원자를 정한다. 기도 후원자는 수련회 기간 동안만 후원자가 되지 말고 교회에 돌아가서도 계속 기도의 후원자가 되도록 권면한다.

1부. 공동체 프로그램 아이템

5

인간관계훈련
캠프수련회
공동체프로그램

Intro 다섯번째 아이템 활용 가이드

1. 주제 정하기
① 우리와 같이 저희도 하나가 되게 하옵소서(요 17:11)

② 신의 성품에 참예하는 사람(벧후 1:4)

2. 조 편성
① 수련회 출발 전 전야제 형식으로 모여서 조 이름과 명찰을 만든다.

② 수련회 전야제는 한 번만 가질 수도 있지만 수련회 전 2-3주를 수련회 준비 모임으로 꾸준히 모여서 수련회 기간 동안 불려질 주제곡과 찬양, 조편성, 오리엔테이션을 미리 진행함으로 짧은 수련회 기간을 좀더 효과적으로 활용하도록 한다.

③ 조 이름은 하나됨을 표현할 수 있는 내용으로 만들게 한다. 조 이름을 수련회 시작 전 정해 주지 말고, 만드는 방법만 알려 주고 조원들이 모여서 만들도록 한다.

④ 조 이름에 알맞은 명찰을 만들어서 달게 한다.

⑤ 조별 발표회는 조 이름이 들어가는 조가를 만들어 발표하고, 조의 이름을 조원들이 단합하여 온몸으로 표현할 수 있도록 한다.

⑥ 조별 발표회는 수련회 개회예배 후 바로 진행하도록 한다. 수련회 전 전야제를 가지는 이유는 수련회에 대한 기대감을 가짐과 동시에 좀더 많은 시간을 수련회 기간 동안 할애하기 위해서이다.

3. 인간관계훈련캠프 다양하게 진행하기

① 새벽 시간을 다음과 같이 진행해 보자.
기상을 방송을 통해 찬양으로 알려 주고, 소리지르며 일어나라고 깨우지 않는다.
기상 후 바로 새벽예배를 드리지 말고, 세면을 끝내고 예배실로 모이도록 한다.
새벽예배는 가볍게 몸을 풀 수 있는 동작으로 시작하고, QT가 끝나면 둘씩 파트너가 되어 일정한 시간 동안 산책을 하면서 이야기하는 시간을 가진다. 그냥 이야기하라고 하면 못하는 이들이 많기 때문에 이야기할 내용을 핸드북이나, 자료로 만들어 나누어 준다.

② 특강이나 성경공부를 진행할 때 다음과 같이 해 보자.
특강과 성경공부를 시작하기 전에 주제에 따른 역할극을 먼저 보여 준다.
역할극은 각 조에서 도우미를 미리 선정해 준비시킬 수도 있고, 제비뽑기를 통해서 하루 전에 선정하거나, 한 조씩 돌아가면서 진행할 수 있다. 주제에 따른 역할극이 끝나면 조별로 모여서 성경공부를 진행하고, 다시 전체가 모여 조별로 정리한 내용을 발표한 후, 사회자가 마무리하는 형식으로 진행한다.

③ 수련회 기간 동안 '나를 소개합니다' 시간을 가진다. 이 프로그램은 수련회를 시작하면서부터 끝날 때까지 한 명씩 만나는 프로그램이다.
각자 남기고 싶은 종이나 편지지를 준비하도록 한 후, 수련회기간 동안 교사와 참가자 가릴 것 없이 한 번씩은 꼭 만나야 된다. 만나서 간단하게 자신을 소개하고 그 사람으로부터 사인과 격려의 글을 한 마디씩 받아야 된다. '나를 소개합니다' 프로그램의 장점은 시간을 정해 놓고 진행하는 프로그램은 아니

지만 수련회 기간 동안 한 번씩은다 만나서 이야기를 나눌 수 있다는 장점을 가지고 있다. 교회에서 출발할 때부터 수련회를 마칠 때까지 수단과 방법을 가리지 않고 시간을 내어서 전체를 만나야 된다.
또한 참가자들이 잊어버리지 않도록 광고를 수시로 해야 된다.
마지막 시간에 확인한 후, 한 명도 빠지지 않고 만남을 가졌던 사람의 '나를 소개합니다' 자료를 걸어서 코팅이나, 회지형식으로 제본해서 선물로 준다.

④ 인간관계훈련캠프의 저녁 시간은 내적 치유 부흥회를 진행하면 좋겠다. 과거, 현재 그리고 자신의 미래를 바라보면서 잘못된 부분들은 도려내고 새것을 내 안에 채움으로 회복된 하나님의 자녀로 살아갈 수 있도록 이끌어 준다.

4. 인간관계훈련캠프 응용하기

① 교회에서 오후 특별활동 프로그램으로 활용한다.
한달에 한 번 정도 인간관계훈련 프로그램을 정기적으로 갖는다.
인간관계훈련 프로그램 교재들이 많이 나와 있는데 그 중 한 권을 선택하여 1년 간 2부 활동 프로그램으로 활용한다 [천준호 저,『신앙공동체훈련 프로그램』, 크리스천리더].

② 매주 토요일이나 주일예배 후, 8주 정도 인간관계훈련 프로그램을 가진다. 자유롭게 참여할 수 있도록 하고 결석해서는 안 된다. 청소년뿐만 아니라 성도들을 지도하면서 안타까웠던 것은 신앙생활은 잘하는데 성도간의 관계를 잘 갖지 못하는 경우를 많이 보았기 때문이다. 장년들을 위해서도 필요한 프로그램이라고 확신한다.

③ 청소년을 위한 인간관계훈련 중심의 성경공부를 학생회 6년 과정 중 한 해 정도는 진행해 보자.

첫번째 Item

친구 이름 외우기

'친구 이름 외우기'는 새로운 사람들과 빨리 친해질 수 있도록 돕는 프로그램이기 때문에 겨울 수련회 프로그램으로 활용하면 좋다. 첫날 서로를 소개하는 시간을 가졌다면, 둘째 날 오후 시간이나 폐회예배 전 다양하게 진행할 수 있도록 몇 가지의 방법들을 소개한다.

1. 친구 이름 무조건 많이 외우기

개인전으로 진행할 경우에는 자원하는 사람이나, 사회자가 지명하는 사람을 앞으로 나오게 하고 조별로 진행할 경우에는 조원 중 대표를 뽑아 앞에 나오게 한 후 눈을 가린다. 우리 교회에 나오는 사람들의 이름을 한 명이 말한다. 이때 중복이 되지 않도록 감시하고 중복자가 2명 이상 나오면 멈추도록 하고, 암송한 인원을 메모해 둔다. 가장 많이 외우는 사람이 승리한다.

2. 많이 기록하기

전체를 대상으로 진행하되 친구들의 이름을 최대한 많이 기록하도록 한다. 시간을 정하여 기록하고, 우승자는 그룹별로 뽑는다. 이제는 각 그룹의 우승자가 한 명씩 나와서 눈을 가리고 누가 더 많이 친구들의 이름을 외우는지 시합한다.

가장 많이 외운 사람이 승리하게 된다. 또는 준비된 칠판에 가장 많이 기록한 사람이 승리하게 된다.

3. 순발력으로 승부하기

'순발력으로 승부하기'는 위에서 소개하고 있는 프로그램의 우승자들이 앞으로 나와서 한 줄로 선다. 가위바위보로 순서를 정한 후, 순서대로 서도록 한다. 앞에 나온 사람들의 눈을 수건으로 가린 후 수련회에 참석한 사람들만 외우기로 한다.
진행하는 방법은 혼자서 많이 외우는 것이 아니라, 한 번에 한 사람씩만 말할 수 있도록 한다. 한 번에 한 사람씩, 순서대로 돌아가면서 진행하되 암송하지 못하는 사람은 탈락하는 형식으로 진행한다. 끝까지 살아 남는 사람이 우승하게 된다. 만약 끝가지 했는데도 승부가 가려지지 않는다면 이번에는 수련회에 안온 사람들만 외우기로 진행한다.

4. 빙고 외우기 첫번째 방법

조별로 진행하는 프로그램이다. 진행자는 칠판에 'ㅇ' 'ㄱ' 'ㅊ' 등의 자음을 기록한다(자음은 진행자가 자유롭게 선택한다). 각 조에서는 칠판에 써 있는 자음들의 이름으로 시작하는 사람들을 최대한 많이 적는 것이다.
예를 들어 칠판에 'ㅇ'이 써 있으면 'ㅇ'으로 시작하는 사람들의 이름을 기록한다(예:이기자). 이렇게 해서 가장 많이 기록한 조가 승리한다.

5. 빙고 외우기 두번째 방법

위와 같은 방법으로 진행하되 'ㄱ'으로 시작하는 이름을 많이 기록한 조가 승리하는 것이 아니다. 이번에는 'ㄱ'에 해당되는 부분을 3-5명 정도만 기록하게 한다. 사회자가 'ㄱ'에 해당되는 사람을 불렀을 때, 사회자가 부른 이름을 우리가 기록했으면 점수를 100점씩 준다. 이와 같은 형식으로 진행하고 가장 점수가 많이 나온 조가 점수가 높은 조가 승리하게 된다.

6. 합심하여 외우기

조별 대항으로 진행한다. 조원들이 합심해서 다른 조의 이름을 최대한 많이 기록하도록 한다. 제한 시간을 두고 진행하되 가장 많이 기록한 조에게 승리를 준다. 하지만 승리한 조가 기쁨을 누리는 것도 잠시, 이제 본격적인 경기에 들어가게 된다. 지금까지 기록한 사람들을 조원들이 합심해서 한 목소리로 외우도록 한다.

처음에는 전체를 순서대로 외우도록 한 후에, 힘들다고 이야기하면 15명 정도로 제한해서 먼저 틀리지 않고 합심해서 암송하면 우승하게 되는 방법이다.

7. 릴레이로 암송하기

조별 대항 형식으로 진행한다. 칠판에 기록할 수 있는 전지를 붙이거나, 아니면 사회자를 중심으로 바닥에 전지를 질서 있게 붙인다. 조원들은 한 줄로 서서 출발선에 앉는다. 이제 사회자의 출발 신호와 함께 한 명씩 나와서 자기 조의 전지에 수련회에 참석한 사람들의 이름을 한 명씩만 기록하게 한다. 이와 같이 릴레이 형식으로 프로그램을 진행하고 배턴은 전지에 기록하는 볼펜이나 사인펜으로 한다.

시간 제한을 두고 진행하되 중복되지 않고 가장 많이 기록한 조가 승리하게 된다.

8. 릴레이로 기록하기

조별 대항 형식으로 진행한다. 릴레이 암송하기와 진행하는 순서는 같은데 다른 것이 있다면, 조의 대표가 나와서 눈을 가리고 있다가 조원들이 부르는 이름을 기록하는 것이다. 기록하는 사람은 조원 중 아무나 선택할 수 있고, 중간에 언제든지 선수를 교체할 수 있다. 선수를 교체할 때에는 앞에서 쓰던 사람이 자리로 들어가서 교체하는 사람에게 펜을 넘겨 주는 형식으로 진행한다.

두번째 Item

당신도…

'당신도'는 『좋은생각』에서 아이디어를 얻은 것이다. 우리는 종종 내가 약속시간에 늦은 것은 바빠서 늦은 것이고, 다른 사람이 늦은 것은 게을러서 늦은 것이라고 생각할 때가 있지 않은가? 내가 늦잠 자고 일어나는 것은 피곤해서 그런 것이고, 다른 사람이 늦잠 자고 일어나는 것은 잠꾸러기여서 그런 것이라고 생각하지는 않는가? 당신도의 글을 읽고 나면 '내가 그렇다면 그도 그렇다'는 것을 알게 된다.

1. 진행하기
'당신도'를 A4 용지에 예쁘게 기록하여 한 장씩 나누어 준 후 조별로 모여서 이 글을 읽고 각자 느낀 점을 적어 보고 발표해 보자. 발표할 때 조원 중 한 명이 잘 기록해 두었다가 전체가 모여 피드백 하는 시간에 발표한다.

2. 피드백 나누기
'반짝! 아이디어'의 <당신도> 글을 읽고 느낀 점을 한 장의 그림이나 글로 표현해 보자. 두 사람씩 짝을 지어서 나의 느낌을 나눈다.
이번에는 파트너와 함께 또 다른 파트너와 합류한다. 이렇게 해서 네 명이 모이게 되면 피드백을 다시 나누는데, 조금 전에 나눈 것을 이야기하는 것이 아니라, 내가 처음 파트너에게서 들은 이야기를 다른 두 사람에게 이야기하는 형식으로 진행한다.

[반짝! 아이디어발견]

'당신도' 이야기
당신도 아무도 없는 곳에 있다가 사람들이 애태우며 찾도록 하고 싶을 때가 있나요?
당신도 별로 아프지 않은데도 많이 아픈 척하면서 어리광 피우고 싶을 때가 있나요?
당신도 지나가는 사람을 붙잡고 살아가는 이야기를 하고 싶을 때가 있나요?
당신도 아침에 출근하지 않고 늦잠을 자고 어두워질 때까지 음악만 듣고 싶을 때가 있나요?
당신도 세상을 등지고 산 속에 들어가 오두막집 짓고 혼자 살고 싶을 때가 있나요?
당신도 산에 올라가 참고 참던 말을 실컷 내지르고 싶을 때가 있나요?
당신도 바람 부는 대로 물결치는 대로 흔들리면서 살고 싶을 때가 있나요?
당신도 아무도 걷지 않은 하얀 눈밭을 요란한 발자국으로 어지럽히고 싶을 때가 있나요?
당신도 가냘픈 촛불을 입으로 훅 불어 꺼 버리고 싶을 때가 있나요?
당신도 휴대폰 꺼 버리고 아무 연락도 받고 싶지 않을 때가 있나요?
당신도 어떤 말로도 위로받고 싶지 않을 때가 있나요?
당신도 서럽게 목놓아 하염없이 울고 싶을 때가 있나요?
당신도 어떤 노래를 들을 때 나도 저런 가사를 쓸 수 있을 것 같다는 생각을 한 적이 있나요?
당신도 영화의 주인공처럼 목숨 건 사랑을 하고 싶을 때가 있나요?
당신도 달리는 자동차의 유리를 모두 내리고 한겨울 찬바람을 맞고 싶을 때가 있나요?
당신도 '모든 것이 내 잘못'이라고 생각하다가 막상 그를 만나면 '네 잘못'이라 말하고 돌아선 적이 있나요? 나는 그렇습니다.

세번째 Item

아름다운 세상을 위하여

'아름다운 세상을 위하여(PAY IT FORWARD)' 아름다운 세상을 만드는데 반대할 사람이 있겠는가? 물론 반대한 사람은 없겠지만 쉽게 실천할 수 있는 이는 별로 없을 것이다. '아름다운 세상을 위하여'는 아름다운 세상을 만들겠다는 한 소년의 아름다운 이야기를 영화로 만든 것이다. 함께 비디오로 시청하거나, 아래의 자료를 나누어 준 후 '나는 어떻게 사랑을 나눌 것인가?'를 생각하는 시간을 가져 보자.

1. 진행하기

조별로 모이게 한 후 '아름다운 세상을 위하여' 자료를 복사하여 나누어 준다. 먼저 이 글을 읽은 다음, 각자 느낀 점을 자료에서 지시하는 대로 기록한다. 기록한 내용들을 가지고 조별로 피드백한다. 피드백이 끝나면 '아름다운 세상을 위하여'의 주제를 가지고 조별로 드라마를 만들어 발표하는 시간을 갖자.

2. 피드백 나누기

어떻게 사는 것이 사람답게 사는 것일까요? 영화 주인공의 그 아이처럼 그림으로 그리거나, 간단한 글로 기록해 보자.

아이는 자신의 주변에 있는 알콜중독자, 마약중독자, 친구들을 사랑의 대상자로 정하고 그들을 변화시켰다. 그렇다면 나는 누구를 섬김과 사랑의 대상자로 정할 것인가? 그 사람들의 이름과 이유를 적어 보자.

[은혜로운 코멘트]

'아름다운 세상을 위하여' 소개

미국 학교에서 있었던 일이다. 중학생이 된 아이에게 첫 수업시간에 '아름다운 세상을 어떻게 하면 만들 수 있을까?'를 담임 선생님이 숙제로 내주었다.
 1달 후에 발표하는 숙제였는데 한 아이가 그림으로 숙제를 해왔다. 그 그림은 사람을 한 명 그린 후, 그 옆에 세 사람이 그려져 있었다. 그리고 세 사람 밑에 또 세 사람씩 그림을 그려 왔다. 그는 설명하기를 착한 일을 3명에게 베풀면 도움을 받은 3명은 다시 각각 다른 3명에게 사랑을 베풀고, 이렇게 연쇄적으로 사랑이 나누어져 결국 세상의 모든 사람들이 착한 일을 해서 아름다운 세상을 만들 수 있다는 것이었다.
아이의 엄마와 할머니는 알콜중독자였다. 그는 아이 몰래 집안 구석구석에 술을 숨겨 놓았고 심지어는 형광등 위에까지 숨겨 놓았다. 그 때마다 아이는 술을 찾아서 버리는 것이 일이었다. 아이는 좋은 일을 할 세 사람을 찾았다.
그러던 중 어느 날 쓰레기장에서 무엇인가를 주워먹는 사람을 만났다. 그는 마약 중독자인 한 노숙자에게 옷과 음식, 목욕을 시켜 주었고, 마약을 끊을 수 있도록 도와 주었다. 그러던 중 엄마에게 들켰다. 엄마는 아이가 없을 때 마약 중독자에게 말했다. '우리는 인생을 다 살아간 사람이니까 아이에게는 피해를 주지 맙시다. 이 곳을 떠나세요.' 하지만 아이는 그에게 사랑을 베풀었고 그 노숙자는 변하기 시작했다.
그러던 어느 날 그 노숙자가 길을 가는데 다리 위에 올라가 자살을 하려고 하는 사람을 발견하고는 큰 소리로 외쳤다.
'여보시오, 죽지 마시오.' 이번에는 더 큰소리로 외쳤다.
'여보시오. 죽지 마시오…나를 위해 죽지 마시오.'라고 외쳤다.

그랬더니 자살하려고 하던 사람이 '내가 죽으려고 하는데 왜 당신을 위해서 죽지 말라고 하는 겁니까?'라면서 따졌다.

이 때 마약 중독자였던 그는 '내가 절망에 빠졌을 때 한 아이로부터 사랑을 받고 새삶을 살게 되었습니다. 이제 나도 누군가에게 좋은 일을 해야된다고 생각했기 때문에 당신을 막은 것입니다.'라고 말했다.

그래서 '나를 위해서 죽지 말아 주시오.'라고 권면했다는 것이다. 그는 자살하려고 하는 사람을 살리게 되었다. 또한 아이는 학교에서 왕따를 당하는 친구를 돕는 일을 했다. 학교에서 있었던 일이다. 한 친구가 세 명의 친구에게 맞고 있는 것을 아이가 보았는데 그를 돕고 싶었지만 용기가 나질 않아 그 자리를 피했다. 하지만 너무 가책이 돼서 선생님을 찾아가 말씀을 드린 후 돕지 못한 것을 잘못했다고 고백했다. 그렇지만 선생님은 네가 잘한 것이라고 위로 해 주셨다. 마지막으로 도움을 줄 대상은 엄마와 담임선생님이었다. 둘이 서로 사랑할 수 있도록 계획을 세우고 노력한다. 하지만 그 아이의 소원은 뜻대로 이루어지지 않는다. 그의 순수한 생각만큼 세상사는 그리 만만하지 않은 것이다. 그래도 아이는 끝까지 포기하지 않고 선행을 베풀어 아이의 바라던 대로 사랑나누기는 알게 모르게 사람들에게 전달되고 '사랑나누기 운동'으로까지 명명되며 방송에까지 나오게 되었다.

TV에 방송이 나갔던 그 날 지난번 친구에게 맞으며 왕따 당하던 아이가 또 맞고 있는 것이었다. 그래서 이번에는 용기를 내어 그를 도우러 갔다가 칼에 찔려 병원으로 실려 갔고 결국 죽게 되었다. 그 날 저녁 아이의 이야기가 TV에 다시 소개되었다.

'우리를 놀라게 했던 그 아이가 오늘 친구를 구하려다가 죽었습니다.' TV의 소식을 듣고 그 아이의 집 앞에 많은 사람들이 모였다. 모인 사람들은 하나같이 이렇게 이야기했다. "너는 세상의 빛이었어." 그리고 그의 어머니는 그를 향해 이렇게 말합니다.

"너는 이 세상을 변화시키는 아이였다."

나는 그리스도인으로서 남은 인생을 어떻게 살아야 되겠는가? 영화의 주인공처럼 나의 작은 사랑으로 아름다운 세상을 만들 수 있을까? 우리도 '내 가정 위하여, 내 교회 위하여, 이 나라 위하여, 내 주변에 있는 이들을 위하여 작은 촛불 되리라.' 이렇게 고백해 보자. 이것이 우리가 살아야 할 목적이고 우리가 걸어가야 될 길이다. 나의 작은 사랑이 세상에 조금이라도 도움이 된다고 생각한다면 행복한 일이 아닌가?

네번째 Item

가까이 or 멀찍이

마가복음 14장 50절에 보면 '제자들이 다 예수를 버리고 도망하니라'는 말씀이 있다. 제자들은 예수님을 따랐지만 도망갈 수 있는 만큼의 자리에서 따라갔다.
본문의 뒷부분을 보면 베드로가 멀찍이 예수님을 따라가는 모습이 나온다.
나도 예수님을 따라갈 때 언제든지 뒤돌아설 수 있는 위치를 두고 적당히 따라가고 있지는 않은가? 이 프로그램은 활동을 통해서 본문의 의미를 느끼고 생각할 수 있는 기회를 부여해 줄 뿐만 아니라, 주님을 가까이에서 따라갈 수 있도록 도전을 줄 것이다.

1. 진행하기

조별 대항 형식으로 진행하는데 두 조씩 대결하여 승자가 올라가는 토너먼트 형식으로 경기를 진행한다. 실내, 외에서 사용할 수 있는 프로그램이다.
출발선과 도착선 사이를 20m 정도의 간격을 유지하여 그린다. 상황에 따라서 폭을 좁히거나 넓힐 수 있다. 그리고 그 사이를 청 테이프를 이용해 m표시를 한다.

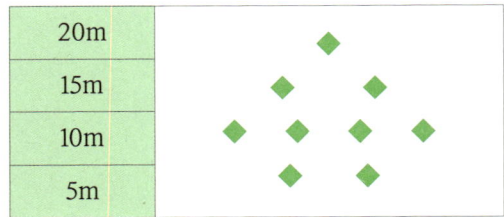

① 게임설명

◇표시의 조원들은 출발선에 한 줄로 선다.

◆표시의 조원들은 5m-20m의 거리 중 원하는 곳에 서 있는다. 사회자가 시작신호를 보내면 ◇표시의 조원들은 ◆표시의 조원들이 도착선에 도착하기 전까지 잡을 수 있고, ◆표시의 조원들은 붙잡히지 않도록 빨리 도착선까지 와야된다. 여기서 꼭 기억해야 될 것은 ◆표시의 조원들은 자신들이 원하는 곳에 설 수 있는데, 내가 이 정도의 거리에서 뛰면 ◇표시의 조원들에게 붙잡히지 않겠다고 생각될 정도의 거리에 서 있는 것이다.

② 승패를 결정하는 방법

승패를 가리는 방법은 어느 조가 붙잡히지 않고 많이 들어 왔는가가 아니라, 살아남은 사람들의 점수를 합해서 점수가 많은 조가 승리하게 된다.

③ 점수를 계산하는 방법

20m에서 뛰어 살아남은 사람은 200점

15m에서 뛰어 살아남은 사람은 100점

10m에서 뛰어 살아남은 사람은 50점

5m에서 뛰어 살아남은 사람은 10점

살아남은 사람들이 어디에서 출발했느냐에 따라 점수를 계산한다. 프로그램 시작 전, 조별로 아이디어 회의를 통해서 전략을 세운다. 한 번만 진행하지 말고, 2-3회 정도 진행한다. 이와 같은 방법으로 진행하는데 1회전에서 탈락한 조의 경우 끝날 때까지 아무것도 하지 않고 기다리면 지루하고 리듬이 깨지기 때문에 최고의 승리 조를 가릴 뿐만 아니라 꼴찌하는 조도 가릴 수 있도록 진행한다. 한 장소에서 하기가 벅찰 경우에는 같은 프로그램은 두 장소에서 나누어 진행할 수 있다.

[은혜로운 코멘트]

적들의 가장 가까이에서 주님을 따른다는 것은 그만큼 위험부담이 클 수 있다. 그렇지만 성공하고 난 후의 기쁨은 다른 사람들과 비교할 수 없는 큰 영광을 얻게 된다. 하지만 적들에게서 가장 먼 곳에서 주님을 따른다는 것은 위험부담이 없고, 쉬운 방법으로 주님을 따라갈 수 있다. 그러나 부끄럽고, 큰 영광을 누리지 못하게 될 것이다. 나는 지금 어디쯤에서 주님을 따라가고 있는가? 영화 쿼바디스의 마지막 부분을 보면 로마에서 무서운 핍박이 일어난다. 그리스도인들이 체포되어 짐승의 밥이 되고 인간 횃불이 되어 순교한다. 성도들이 지도자 베드로에게 간청한다.
'당신은 살아남아야 합니다. 성도들과 교회의 미래를 위해서 로마를 빠져 나가세요!'
베드로가 종자 하나를 데리고 아피아 가도를 걸어 로마를 탈출하는데 한 줄기 빛이 비치면서 베드로의 눈에 환상이 보인다. 예수님이 로마로 가시는 게 아닌가. 베드로가 묻는다.
'쿼바디스 도미네?'(주님, 어디로 가십니까?)
'네가 지기 싫어서 버린 십자가를 지려고 로마로 간다.'.
베드로가 무릎을 꿇는다.
도망치던 베드로는 다시 로마로 간다. 십자가를 지러!

다섯번째 Item

의미 부여하기

산돌중앙교회 섬김이 카페에 다음과 같은 글이 올라왔다.
+ - ÷ = ↕ ♡ ♪ --; ^^ =><= , ! ? . 의 의미. 클릭해서 그 내용을 살펴보고 정말 기발한 아이디어라 생각되어 프로그램으로 연결시켜 보았다.

1. 진행하기

다음에 나오는 부호들을 활용하여 재미있는 이야기를 꾸며보자. + - ÷ = ↕ ♡ ♪ --; ^^ =><= , ! ? . 앞에서 소개하는 부호들이나 개교회별로 좋은 아이디어를 만들어서 진행해 보자. 사회자가 부호들을 정해 주어도 좋고, 개인별로 5개 이상 자신들이 원하는 부호를 선정해서 만들어 보도록 한다.

사회자는 컴퓨터에 부호로 사용할 수 있는 내용들을 미리 뽑아서 파워포인트나 아이패드로 보여 주거나, 나누어 주는 자료에 보기로 넣어 주어야 된다. 다 만들어진 후에는 조별로 발표하고, 잘된 것을 뽑아서 전체 앞에서 발표하도록 한다.

'의미 부여하기' 역시 뽑힌 것만 전시하지 말고, 전체를 수련회 기간 동안 전시한 후 간단한 회지 형식의 책자를 만들어 수련회의 기념이 되게 하자.

2. + - ÷ = ↕ ♡ ♪ --; ^^ =><= , ! ? .의 실제

\+ 삶에 플러스 되는 일들을 열심히 하면서

\- 지나친 욕심을 버리고

÷ 어려운 사람들과 함께 나누며

= 편견없는 동등한 생각과

↕ 자기 자신을 높이지도 낮추지도 말며

♡ 진실되고 아름다운 사랑을 나누면서

♪ 자기 마음의 즐거움을 찾을 줄 알고

--; 슬픈 미소는 이제 그만

^^ 활짝 웃는 미소 띤 얼굴로

=> 앞으로 전진하는

<= 때로는 한발 물러설 줄 아는

, 쉼표가 있는 자리에서 삶에 대한 여유로움과

! 느낌표가 있는 자리에서 세상과 자신이 하나가 되어

? 물음표가 있으면 끈기와 인내와 노력으로 파헤쳐 나가며

. 앞으로의 삶을 의미 있고 뜻있게 마침표를 찍어 보시기 바랍니다.

여섯번째 Item

썩어 없어지는 삶 or 닳아 없어지는 삶

사람은 크게 두 종류가 있다고 한다. 자신의 것을 사용하지 않고 숨겨 두거나 남겨 두어 재능을 썩히는 삶이 있고, 쓰고 또 쓰고 자꾸 사용해서 닳아 없어지는 삶이 있다. 나는 썩어 없어지는 삶인가, 아니면 닳아 없어지는 삶인가?

1. 진행하기

'썩어 없어지는 삶 or 닳아 없어지는 삶' 프로그램의 의미를 설명한 후 메모지 정도 크기의 카드 10장과 <써먹으세요>의 글을 A4 용지에 기록하여 나누어 준다. 그후 <써먹으세요>의 글을 읽게 하고, 나누어 준 10장의 카드에는 내게 있는 것 중에서 하나님과 세상을 위해 사용할 수 있는 것을 기록하게 한다. 한 장에 하나의 제목만 쓰도록 하고, 현재는 없어도 앞으로 생길 것이라 생각되는 것을 기록하도록 한다. 이제 각 카드에 다음과 같이 기록해 보자.

나는 현재 이것을 어디에 사용하고 있었는가?

앞으로는 어떻게 사용할 것인가?

긴 문장으로 기록하지 말고, 간단 명료하게 쓰도록 한다.

완성되었으면 조별로 모여서 내가 쓴 카드의 내용을 한 장씩 소개하면서 이야기를 나눈다. 조별 모임이 끝나면 한 명씩 나와서 해당되는 통(BOX)에 넣는다.

썩어 없어지는 재능들은 '썩어 없어지는 삶'의 통에 넣고
평생 사용하겠다고 결심한 비전들은 '닳아 없어지는 삶'의 통에 넣는다.

모든 순서가 끝나면 사회자는 통을 하나씩 열고 그 안에 기록된 내용들을 천천히 읽는다. 그리고 썩어 없어지는 삶이 아니라 닳아 없어지는 삶을 살아갈 수 있도록 결단하기로 약속한 후 기도하며 마친다.

[은혜로운 코멘트]

써먹으세요
샘은 퍼야 마르지 않는다. 아무리 큰 샘이라 할지라도 물을 퍼내지 않으면 그 샘은 얼마 있다가 마르고 만다. 그러나 아무리 작은 샘이라도 물을 계속 퍼내는 한 마르지 않는다. 뼈가 부러져 한두 달 동안 기브스를 한 사람은 기브스를 푼 후에 한동안 근육을 제대로 쓸 수 없게 된다.
왜? 그동안 통 쓰지 않았기 때문이다. 돈도 써야 가치가 생겨난다.
항아리에 몰래 엽전을 모으는 방식으로는 진정한 돈의 가치를 살릴 수 없다. 아이스크림을 사 먹을 때 돈을 주고 사먹는 소비자는 아이스크림을 먹어서 좋고, 파는 가게 주인은 이익이 생겨 좋고, 아이스크림 공장은 또 아이스크림을 팔 수 있게 돼 좋고, 공장의 노동자는 계속 일거리가 생기니까 좋고, 따져 보면 돈의 쓰임에 따라 그 가치는 계속적인 연쇄작용을 일으킨다는 것을 알 수 있다. 작은 깨달음도 그저 알고 있는 정도에 머무르게 하는 것이 아니라 삶에 써먹어야 그 진가가 나타나는 것이다. 많이 아는 것보다 적게 알더라도 그것을 유효적절하게 잘 써먹는 사람이 지혜롭지 않을까? 좋은 생각도 자신의 머리 속에만 남겨 두지 말고 꺼내어 지금 이 시간 그것을 문자로 기록해 놓는다면 나중에라도, 혹 다른 사람이라도 써먹을 수 있는 것이 아닌가! 남겨 두지 말고, 숨겨 두지 말고 가진 것을 자꾸 써먹고 나누어야겠다.
- [묵상지 '보시기에 좋았더라' 발췌]

일곱번째 Item

거짓말 정복하기

누군가 나에게 '거짓말 한 적 있으세요?'라고 묻는다면 '나는 태어나서 한 번도 거짓말하지 않았어.'라고 대답할 수 있는 사람이 있을까? 어쩌면 '선의의 거짓말은 해도 돼.' 라면서 스스로를 위로할지도 모르겠다. 거짓말은 인간관계의 최대 걸림돌이 될 수 있다. 다음은 산돌중앙교회 화평이 카페에 펌글로 올라온 '정직한 자의 삶'이라는 글에서 아이디어를 얻었다. 미국 타임지 표지에 '거짓말!…모든 사람이 하고 있다.'의 문구와 함께, 미국인이 하는 10가지의 주요 거짓말 조사통계 자료가 나왔다고 한다.

1. 미국인이 하는 주요 거짓말 10가지

10위 일 분 안에 음식이 나와요.

9위 이 치수는 모든 사람에게 어울립니다.

8위 이 일은 당신보다 나에게 훨씬 피해를 줍니다.

7위 늦어서 죄송합니다. 길이 막혀서요.

6위 수표가 도착하는 중입니다.

5위 이 가격은 선착순 50명에게만 해당됩니다.

4위 돈이 문제가 아닙니다. 문제는 일의 원칙입니다.

3위 5분이면 됩니다.

2위 내일부터 다이어트를 시작할 거예요.

1위 세무서(IRS)에서 나왔습니다. 당신을 도우러 왔습니다.

2. 진행하기

수련회 전, 주변 사람들에게 우리들이 가장 잘 사용하는 거짓말이 무엇인지 설문조사를 통해 자료를 준비하고 프로그램으로 정리해 둔다. 정리하는 방법은 다음과 같다.

내가 잘 사용하는 거짓말 베스트 5, 또는 베스트 10으로 설문지를 조사한다.
조사한 내용을 가지고 1위~10위까지 통계를 낸다.
아이패드나 PPT를 이용해 순위별로 기록해 둔 후, 하나씩 가려 둔다.
사회자는 별도의 종이에 순위를 기록해서 가지고 있어야 된다.
프로그램을 진행하면서 10위부터 퀴즈 형식으로 거짓말 정복하기를 시작한다.

'거짓말 정복하기' 프로그램을 시작할 때 그 의미를 소개한 다음 미국인이 하는 주요 거짓말 10가지를 PPT를 통해 하나씩 보여 준다. 그후 조별로 모여서 거짓말 베스트 10을 기록하도록 한 후, 기록이 끝나면 전체를 대상으로 거짓말 정복하기를 시작한다.

진행하는 방법은 각 조에서 가위바위보를 잘하는 한 사람을 선발하여 앞으로 나오도록 한다. 각 조의 대표자가 가위바위보를 해서 이긴 조에게 정답을 먼저 말할 수 있는 기회를 준다. 정답을 맞추었을 경우에는 PPT를 다음 순위로 넘긴다.

점수는 1위를 맞히면 100점, 10위를 맞히면 10점, 기타 독특한 방법으로 점수를 줄 수 있다. 만약 틀렸다면 가위 바위 보에서 2위를 한 조에게 기회를 준다. 틀릴 때마다 순위별로 기회를 준다. 이러한 형식으로 진행하면서 10위 중 하나라도 맞히면, 다시 가위바위보를 하는 형식으로 반복한다. 가장 점수를 많이 얻은 조가 승리한다.

3. 마무리

'거짓말 정복하기' 게임이 끝나면 다음과 같이 진행한다.

성경 시편 34장 12-13절 말씀을 읽는다. '생명을 사모하고 장수하여 복 받기를 원하는 사람이 누구뇨 네 혀를 악에서 금하며 네 입술을 궤사한 말에서 금할지어다'

이제 이 말씀을 조원들이 함께 암송하도록 한다. 조원들이 한 목소리로 정확하게 암송해야 된다. 각 조에서는 조원들이 성경구절을 다 암송했다고 생각이 들면 사회자를 불러서 테스트를 받는다. 여기에서 성공하면 순위가 결정되고, 만약 실수로 틀렸으면 간단한 벌칙 후 다시 암송하도록 한다. 언제까지? 모두 외울 때까지. 우리의 입술이 거짓말로 채워지지 않고, 아름다움으로 채워질 수 있도록 기도한 후 마친다.

여덟번째 Item

인생을
다섯 글자로 말하기

인생을 다섯 글자로 말하기 또는 다섯 글자로 표현할 수 있는 글짓기를 해 보자.

1. 진행하기

덩달이 시리즈의 글쓰기 편을 이야기한다.

덩달이가 계속 엉뚱한 글쓰기를 해 오자 선생님도 많이 지치셨다. 선생님은 학용품을 선물로 준비해 덩달이를 만났다. "덩달아, 이건 내가 너에게 주는 선물이다. 자, 어른에게 이런 선물을 받았을 때는 어떻게 말하지? 다섯 자로 대답해 봐, 맨 끝자가 '다' 야." 그러자 덩달이는 자신있게 대답했다. "뭐 이런 걸 다". 대부분 '고맙습니다, 감사합니다'라고 대답하겠지만 덩달이는 의외로 상식을 뛰어넘는 기발한 대답을 했다.

"자, 우리도 덩달이처럼 독특하면서도 기발한 표현으로 인생을 다섯 글자로 표현해 보겠습니다."라고 하며 조별로 진행한 후, 조원들끼리 쓴 것을 발표하고, 그 중 최고의 작품은 전체가 모인 자리에서 발표하도록 한다.

모든 작품은 수련회 기간 동안 전시한다.

2. 인생을 다섯 글자로 말하기 실제

산돌중앙교회 학생회 소식지인 PM지에 교사로 섬기고 있는 조성하 선생님의 인생을 다섯 글자로 표현한 글이다.

    10대 표현한다면 "걱정이없다"

    20대 표현한다면 "파란만장해"

    30대 표현한다면 "주님만난것"

    40대 표현한다면 "중후한인격"

이 프로그램을 개인별로 '내가 생각하는 인생 5글자로 표현하기' 또는 '지나온 자신의 모습을 시대별로 나누어서 5글자로 표현하기' 프로그램으로 활용해 보자.

아홉번째 Item

특별한 시간

특별한 시간은 수련회 기간 동안 개인이나 그룹, 교사나 특별한 사람을 위해 특별 이벤트를 준비하는 프로그램이다. 특별한 사람이란 먼 곳으로 이사를 가거나, 유학을 가거나 기타 어떤 특별한 이유로 앞으로 함께 생활하지 못하는 사람을 말한다. 이들을 위해서 임원들이나 동기들이 특별한 이벤트를 하여 그에게 감동을 주는 프로그램이다.

1. 진행하기

특별한 시간은 오늘의 주인공인 특별한 사람을 위해서 동기들이나 선후배들, 교사가 봉사하며 섬기는 프로그램이다. 준비하는 과정을 축복받는 사람들이 모르게 준비하고, 이 일을 위해서 아이디어 회의도 갖는다.

준비하는 방법이 정해진 것은 아니다. 특별한 사람을 생각하면서 가장 감동을 줄 수 있는 프로그램을 준비한다.

2. 응용하기

① '특별한 시간'을 특정한 사람을 대상으로 하지 않고 수련회 기간 중 조별 또는 나이별로 다른 조와 다른 사람들을 섬길 수 있는 기회로 만들어도 좋다.

② 이벤트를 준비해 보자. 준비과정이 다른 곳으로 새나가지 않도록 보안에 주의하고 섬김을 받는 사람들은 어떻게 준비하는지 알려고도 하지 말자.

③ 캠프장으로 출발하기 전에 어느 조를 또는 어느 그룹을 축복할 것인지 준비해도 좋고, 개회예배시 조별 추첨을 통해서 진행할 수도 있다.

④ 추가로 가장 감동적으로 준비했던 조를 시상하는 시간을 가져도 좋겠다.

⑤ 마무리는 늘 주변에 있는 사람들은 내게 특별한 사람임을 기억하고, 사랑하는 사람에게 늘 좋은 것을 주고 싶고 깜짝 놀랄 만한 이벤트를 만들어 주고 싶은 것처럼, 하나님 안에서 하나된 형제 자매를 위해 이벤트를 만들어 보자.

열번째 Item

나에게 용기를 주는 글

동아일보 신문에 『세상 모든 꿈을 꾸는 이들에게』의 책이 소개되었는데 그 글을 읽으면서 '나에게 용기를 주는 글'이라는 아이디어를 얻었다. 이 프로그램은 내가 가장 힘들었을 때, 슬펐을 때, 좌절했을 때, 내게 용기를 주었던 분의 말이나 글을 기록하고 나눔으로 우리의 삶을 업그레이드하는 데 있다.

1. 진행하기

'나에게 용기를 주는 글' 프로그램의 목적을 먼저 소개한 후 『세상 모든 꿈을 꾸는 이들에게』의 책 내용을 멘트로 이야기한다.

'나에게 용기를 주는 글'이라고 쓴 자료를 나누어 준 후, 내 생애에 용기를 준 글이나 말을 적어 보자. 또 어떤 상황에서 그 말을 들었을 때 용기를 얻게 되었는지 그 배경도 기록해 보자.

조별로 발표한 후, 모두 모였을 때 자발적으로 발표할 수 있도록 한다. 그리고 그것을 하나로 묶어서 '나에게 용기를 주는 글'이라는 제목으로 회지를 만들고 수련회의 기념품이 되게 하자.

2. 『세상 모든 꿈을 꾸는 이들에게』이야기

"커트, 나도 네 동생이 죽지 않았으면 좋겠어. 하지만 그 애가 죽는다면 내가 대신 네 형제가 되어 줄게."

"채드, 넌 내가 취했다는 걸 알고 차 열쇠를 빼앗았지. 차를 달려 돌아오지 않을 작정이었어. 네가 내 생명을 구한 거야."

10대 시절에 세상이 고민으로 가득 차 있지 않다면 감히 말하건대 비정상이다. 사소한 실수나 불운이라도 격렬한 감정의 소용돌이를, 자포자기의 절망까지도 불러올 수 있는 질풍노도의 시기.

누군가 따뜻한 말을 건네고, 바른 도움말을 준다면 인생의 방향이 바뀔 수 있을 것이다. 어른이나 선생님이 아니라도 괜찮다. 친구가 더 큰 역할을 할 수도 있기 때문이다.

저자는 미국 전역을 돌며 타인의 따스한 배려로 위로와 용기를 얻은 10대들의 수기를 수집했다. 그는 '누구나 남에게 테이스트 베리가 될 수 있다'고 말한다.

'테이스트 베리'란 어떤 음식에 넣어도 맛을 놀랍게 바꿔 준다는 상상의 과일이다. 그리스도인은 환경에 잘 적응해 나가는 사람이 아니라, 환경을 새롭게 창조하고 바꿀 수 있는 사람이어야 한다. 나는 누구에게 '테이스트 베리'가 되었는가? 또 나에게 '테이스트 베리'가 되어 준 사람은 누구인가?

열한번째 Item

이런 선물 처음이야

수능 때만 되면 톡톡 튀는 수능 선물들이 쏟아져 나오고 있다. 수험생들의 합격과 고득점을 기원하는 기발한 입시 상품들은 신세대의 발걸음을 멈추게 하고 구입하고 싶은 충동을 느끼게 한다. 그 수능 상품을 보고 아이디어를 얻었다. 수련회 마지막 프로그램으로 추억에 남는 선물을 하나씩 나누어 주는 시간을 갖는 것이다.

1. 진행하기

'이런 선물 처음이야'의 의미를 설명하면서 그 선물을 받는 사람이 참 좋으면서도 의미 있는 선물을 받았다고 생각 할 수 있게 준비할 수 있도록 지도한다. 준비물은 엽서와 칼라펜. '이런 선물 처음이야'를 다음과 같이 활용해 보자.

엽서에 그림과 함께 재미있는 글도 쓰자.
내가 받은 것을 조원들에게 발표해 보자.
수련회 기간 동안 전시한다.

수련회 기간 동안 교사들은 우리 조, 또는 우리 그룹원들에게 한 명도 빼놓지 않고 엽서를 만들어 보내야 된다.

엽서를 통에 넣었다가 집으로 돌아가는 차에서 한 장씩 꺼내 나누어 주는 방법을 활용해도 좋겠다. 전시를 할 경우 가장 멋진 선물을 만든 사람을 위해 시상식도 마련한다. 혹시 내가 뽑혀서 선물을 받으면 내가 갖는 것이 아니라, 엽서의 주인공이 선물을 받도록 한다.

2. 수능 상품 아이디어 소개

시험에 확 붙으라는 뜻의 성냥
점수가 부풀기를 바란다는 소망을 담은 풍선껌
잘 굴리라는 기원이 담긴 주사위
정답을 잘 찍으라는 모형도끼
문제를 잘 풀라는 화장지
시험을 잘 보라는 손거울
잘 치라는 야구방망이 모형이나 테니스 라켓
대학에 꼭 들어가라는 격려를 담고 있는 열쇠고리
가서 돼라는 카스테라
점수폭발 다이너마이트 엿
무지무지 잘 찍히는 무지(MUJI)필름 엿 등 단순하지만 의미심장한 애교가 담긴 선물들이다.

3. 응용하기

고3 수험생을 위하여
① 고3 수험생들을 위하여 특별한 관리와 프로그램이 필요하다. 수능 100일을 남겨 놓고 마시는 100일주, 시험 전 날 여는 엿 파티, 수능시험 뒤의 뒷풀이…이 모든 것들을 기

독교적인 시각에서 어떻게 극복해 나갈 것인가는 우리의 과제이다. 이렇게 하면 어떨까?

② 매월 1회 자녀들을 위한 기도회를 갖는다.

③ 수능 100일 전에는 교회에서 학부형들이 모여 멋진 식사를 준비하며 그들을 격려하는 시간을 가져 보자.

④ 수능 바로 전 주일에는 '엿 파티'가 아니라 후배들이 선배들을 위해 릴레이 편지나 롤링페이퍼, 깜짝 기도회를 준비해보자.

⑤ 시험이 끝나는 날에는 정동진이나 부산 태종대로 일일 기차여행을 떠나거나, 철야 콘서트(찬양캠프에서 소개), 토요일부터 주일까지 이어지는 고3 수능생을 위한 1박 2일 위로수련회를 준비해 보자.

열두번째 Item

그리스도인의 행동법칙 만들기

오래 전 '그리스도인의 행동 법칙 만들기'라는 글을 읽고 너무 좋아 메모해 두었던 것을 프로그램으로 만들어 보았다. 아래에 소개된 글은 성경에 나온 내용을 정리한 그리스도인의 행동 법칙이지만 내가 생각하는 그리스도인의 행동 법칙, 우리 조가 생각하는 그리스도인의 행동 법칙을 만들어서 습관화시키는 데 그 목적이 있다.

1. 그리스도인의 행동 법칙 만들기 소개

서로 사랑하라 (롬 12:9), 서로 관심을 갖고 존중하라 (롬 12:9)

서로를 위해 기도하라 (롬 12:2), 서로 대접하라 (롬 12:13)

그리스도의 몸(교회)의 하나됨을 이루라 (롬 12:16)

영적인 면에서 서로 세워 주라 (롬 14:19)

있는 모습 그대로 다른 사람을 받아들이라 (롬 15:17)

서로 권면하라 (롬 15:14), 서로 섬기라 (갈 5:13)

서로 짐을 져 주라 (갈 6:2), 인내하라 (엡 4:2)

친절과 용서를 베풀라 (엡 4:32), 서로 위로하라 (살전 4:18)

서로 격려하라 (히 3:13), 죄를 고백하라 (약 5:16)

서로 사귀라 (요일 1:3), 서로를 나보다 낫게 여기라 (빌 2:3)

주 안에서 같은 마음을 품어라 (빌 4:2)

선한 일을 도모하라 (롬12 :17)

2. 진행하기

위에서 소개하는 '그리스도인의 행동 법칙 만들기'를 파워포인트를 이용해 보여주거나, 조별로 복사해서 나누어 준 후 아래에서 소개하는 방법 중 교회의 형편에 가장 알맞은 방법을 선택해서 진행한다.

그리스도인의 행동법칙들과는 별도로 우리 조가 생각하는 그리스도인의 행동법칙을 만들어 기록한 후 발표한다.

위에서 소개하고 있는 내용 중 한두 가지만 선택해서 집중적으로 분석하는 방법도 있다. 예를 들면 '서로 위로하라'를 정했으면 어떻게 위로할 것인지…구체적인 내용을 작성해 나가는 형식으로 기록한 후발표한다.

조별로 모여서 그리스도인의 행동 법칙으로 소개하고 있는 20가지 중 10가지를 선택한 후, 조원들이 한 목소리로 암송하는 방법으로 진행한다. 그리스도인의 행동법칙을 CF도 만들어 보고, 오래 기억에 남을 수 있는 노래말도 만들어 발표하는 시간을 가진다.

수련회가 끝난 후에는 발표한 내용들을 중심으로 교회에서 '그리스도인은 이렇게 생활합니다' 캠페인 활동을 해 본다.

열세번째 Item

20대에 하지 않으면 안 될 50가지

오래 전 나카타니 아키히로가 쓴 『20대에 하지 않으면 안 될 50가지』의 책을 읽고 좀더 일찍 깨달았으면 좋았을 텐데 하면서 아쉬워했던 적이 있었다. 한참 베스트셀러로 화제가 되고 있을 때 1997년 동아일보 베스트셀러 추려 읽기 코너에 책에 대한 소개가 있었다. 이 프로그램은 그 때 소개된 것을 스크랩 해 두었다가 프로그램으로 활용한 것이다.

1. 20대에 하지 않으면 안될 50가지 소개

『20대에 하지 않으면 안 될 50가지』는 일본 신세대들의 정서와 감각을 대변하는 작가 나카타니 아키히로의 화제작이다.

저자는 성공하는 30대, 정상에 서는 40대를 위해서는 쓸모 없이 앞만 보고 달리는 실패투성이의 20대가 필요하다고 충고한다. 또한 인생이라는 광활한 들판에서 자기 몫의 진정한 삶을 좇아 최선을 다하지만 쓴맛을 다시는 20대는 아름답다고 말한다. 20대에 하지 않으면 안 될 50가지를 추려 보면 다음과 같다.

신문 잡지의 두 줄 짜리 광고를 주목하라. 예기치 못할 평생의 후원자를 만날 수도 있다.

선거운동원이 되어 정신 없이 뛰어 보라. 그 곳엔 일상에서 찾지 못할 삶의 이면이 숨어 있다.

하고 싶은 일을 분명히 정하라.

10개 이상의 자격증에 도전해 보라.

원하는 인생의 모델을 찾아라.

정상에 있는 사람과 만나 보라.

10년을 투자해야 이룰 수 있는 일을 시작하라.

현장에서 먼지 덮인 아침밥을 먹어 보라.

극장에서 안내원 아르바이트를 해 보라. 펜라이트로 관객을 안내하면서 자신의 미래도 비춰 보라.

부모와 함께 여행을 떠나 보라. 가족의 소중함이 인간애의 시작이다.

혼자만의 노래를 만들어라. 착각 속에 창조적 능력이 생겨난다.

1백 권의 책을 1년 안에 독파하라.

전자제품 하나를 완전히 분해해 보라. 조립과정의 시행착오를 통해 인생을 배운다.

하루에 원고지 한 장을 채워라.

가능한 한 많은 나라에서 똥을 누어 보라.

외국인과의 대화에는 언제나 용감하라.

자신의 무례함을 매일 반성하라.

사흘마다 작심삼일을 반복하라.

불행한 자들의 후원자가 되어 보라.

기력의 완전한 탕진을 경험하라. 분출할수록 더 커지는 에너지가 당신 안에 있다.

성경책을 완전히 독파하라.

가슴이 터질 듯한 불안을 사랑하라.

뒤뜰에 나무 한 그루를 심어라. 생명의 소중함을 배울 수 있다.

두려움을 주는 사람을 만나라. 대단한 사람을 만나면 제2의 나를 발견 할 수 있다.

당신을 침묵케 하는 사람을 만나라.

삶의 목표에 관한 한 불효자가 되어라. 내 인생은 부모의 것이 아니다.

10년 후의 나와 대화해 보라.

가장 위험한 직업현장에 가 보라.

혼자만의 시간을 따로 두어라. 자신과의 고독한 대화는 삶을 더 넓게 해 준다.

2. 진행하기

『20대에 하지 않으면 안 될 50가지』이야기를 파워포인트를 통해 소개하거나, 예쁜 엽서나 종이를 이용해 위에서 소개하는 내용들을 기록한 후 코팅해서 나누어 준다. 이제 그 내용을 가지고 다음과 같이 다양하게 진행해 보자.

위에는 20대에 하지 않으면 안 될 50가지 이야기지만 이 프로그램을 진행하는 대상에 따라서 10대에 하지 않으면 안될 50가지 또는 30가지 등을 직접 만들어 발표한다. 다른 사람들이 발표할 때 내가 미처 생각하지는 못했지만 좋은 내용이라고 생각되는 것은 계속 추가할 수 있다. 내 생애에 하지 않으면 안 될 50가지를 기록해 보고 발표하자. 내 생애에 해서는 안 될 50가지는 무엇일까? 반대되는 내용들로 진행해 보자.

3. 응용하기

① '학창시절, 이것만은 꼭 하자' 프로그램을 만들어 진행한다.

② 먼저 설문지로 '학창시절에 이것만은 꼭 하고 싶다'라는 내용을 가지고 조사해보자.

③ 교사가 직접 학교 앞이나, 청소년들이 모여 있는 장소에서 조사할 수도 있고, 학생들을 통해 학교 친구들을 중심으로 설문지를 조사해 오도록 해보자. 물론 그때는 이러한 프로그램이 있다고 얘기해서는 안 되고 꼭 필요한 일이 있다고 하면서 준비해 보자.

④ 준비된 자료를 가지고 수련회 기간 중 토크쇼 형식으로 재미있게 진행해 보자.

열네번째 Item

옥의 티를 찾아라

교회 주보를 만들고 있는데 한 청년이 와서 하는 말이 '저는 예배시간마다 주보에 난 오타를 찾는 게 특기거든요. 내일도 예배시간에 옥의 티를 찾아볼까요?' 라는 말을 했을 때 번뜩이는 아이디어가 생각났다. '옥의 티를 찾아라'가 그것이다.

예수님께서 '남의 눈의 티는 보면서도 네 속에 있는 들보는 왜 보지 못하느냐?'고 말씀하신 적이 있다. 어쩌면 우리는 내 이웃을 볼 때 잘하는 모습보다는 잘 못하고 실수하는 모습만 내 눈에 들어올 수 있다. 혹시 나도 남의 티만 보고 살지는 않았는가?

우리는 사람들을 대할 때 옥의 티를 찾는 것이 아니라, 숨겨진 재능, 아직 발견되지 않는 능력들을 찾아서 권면하고 용기를 줄 수 있는 장기를 찾아낼 수 있어야 된다.

1. 진행하기

조별 대항으로 진행하거나 다양한 방법으로 '옥의 티를 찾아라'를 준비한다.

숨은그림 찾기 형식으로 누가 빨리 찾나.

신문에서 '옥의 티를 찾아라' 글자 찾아내기.

주보나 준비된 자료에서 오타 찾아내기.

비슷한 그림 두 장을 준비한 후, 틀린 곳 찾기.

빨리 찾아낸 조의 승리.

2. 응용하기

① 앞에서는 옥의 티를 찾아냈지만 이번에는 좋은 것을 찾는 프로그램으로 각 조에서 한 명씩 앞으로 나오게 하여 앞 사람을 칭찬하는 프로그램을 갖는다.

한 마디씩 주고받는 방법으로 진행하되 말을 못 하는 사람은 실격이 된다.

조별 토너먼트 형식으로 진행한다. 이 때 칭찬하는 대상은 내 앞에 있는 사람이 되겠다.

또는 각 조의 대표가 동시에 자기 조의 조원들을 칭찬하는데 큰 소리로 해야 된다.

만약에 소리가 작거나, 우물쭈물거리면 실격하게 된다.

② 빌립보서에서 '기쁨' 글자 찾기.

③ '옥의 티를 찾아라' 프로그램을 통해서 좋은 것만 발견하고, 좋은 것만 듣고, 좋은 것만 말하기로 결단하는 기도를 드린 후 마친다.

열다섯번째 Item

이것이 인생이다

KBS '이것이 인생이다'라는 프로그램을 보면 보통사람의 비범한 얘기가 감동을 준다. 울고 웃고 사는 인생, 저마다 각별한 사연들을 가지고 있다. 소설 몇 권으로 담을 수 없는 기고한 삶들을 살아가고 있지만 내일이 있기에 오늘을 꾸려 가는 사람들이다.

'이것이 인생이다'에서 소개된 내용들이 많이 있지만 행려 병자로 전전하다 음성 꽃동네에서 새로운 인생을 찾은 사람, 열차 사고로 두 다리를 잃은 아내를 지순한 사랑으로 돌본 남편, 평생 넝마주의로 남고 싶은 사람의 인생 유랑, 가난 때문에 헤어져 살다 38년 만에 상봉한 쌍둥이 자매 등 보통 사람의 평범하지 않은 얘기로 시청자들을 울렸다. 그런 인생의 휴먼다큐를 보면서 아이디어를 얻게 되었고, 이것을 프로그램으로 만들었는데 다음과 같이 진행해 보자.

자신의 지나온 길을 뒤돌아보면서 하나님이 나를 어떻게 인도하셨는지 그 은혜를 발견하는 시간을 갖는데 둘째 날 마지막 프로그램으로 활용하면 좋겠다.

진행하는 방법은 간증이나 찬양, 기타 자유로운 방법으로 하되 앞에 나온 사람이 편안하게 이야기할 수 있도록 무대 중앙에 의자와 탁자를 준비하고, 그 위에 꽃으로 장식한 후 마실 물을 놓는 것도 잊지 말자.

객석의 전등은 소등하고, 무대 중앙에만 비출 수 있는 조명을 사용한다.

자유롭게 자신의 이야기를 나누고 싶은 사람이 앞으로 나와서 이야기하도록 하고, 이야기가 끝나면 그를 위해 함께 기도하는 시간을 갖는다.

한 사람의 이야기가 끝나면 또 다른 사람이 나와서 자신의 삶을 나눌 수 있도록 하되, 사회자는 시간에 매이지 않도록 이끌어 준다.

한 번으로 끝내지 말고, 수련회의 전체 기간 중 시간을 나누어서 진행하거나, 하루에 2번 정도 분위기 있는 시간을 고려해서 진행한다. 아니면 밤을 새면서 마지막 밤을 보낸다면 어떨까?

1부, 공동체 프로그램 아이템

6

신앙독서캠프수련회
공동체프로그램

Intro　여섯번째 아이템 활용 가이드

독서캠프 아이디어 발견

송광택이 쓴 『좋은 독서가족 만들기 31일』을 보면서 독서캠프를 생각하게 되었기에 책 속에 소개된 글 중 저자로 하여금 독서캠프를 결심하게 했던 내용을 소개한다.

「우리 문화의 전성기였던 세종 때에는 '사가독서'라는 게 있었다. 나라에서 말미를 주어 관리에게 책을 읽게 하는 제도이다. 세종은 이에 앞서 집현전을 설치하고 인재를 양성하려고 했으나 대부분이 조정 업무에 시달려 학문에 전념하지 못하는 것을 보고 재주 있고 행실이 좋은 젊은 선비들에게 긴 휴가를 주어 집에서 편안하게 글을 읽게 한 것이다. 이것을 '장기 독서 휴가'라고도 했는데 여기에 뽑히면 장래가 보장되어 모두들 부러워했다.

영국에서는 빅토리아 여왕 치하에 '세익스피어 휴가'로 불렸던 독서휴가제가 실시되고 있다. 우리 나라로 치면 국장급 이상의 정책을 결정하는 고관들을 3년에 한 번 꼴로 한 달 남짓의 유급휴가를 보내는데, 그동안에 주로 세익스피어의 작품 5편을 선택해 정독하게 하고 독후감을 써내도록 의무화한다는 것이다.」

우리들에게 독서 휴가를 주자. 부모님에게도, 선생님에게도 그리고 교역자에게도 독서 휴가를 주자.

1. 주제 정하기

수련회 기간 동안 공동으로 읽을 책 제목을 주제로 정한다.

① 아들아, 머뭇거리기에는 인생이 너무 짧다
② 위에서 정상을 본다

③ 지금 시작하자 늦었다고 생각한 순간이 가장 빠른 때다

2. 조편성

① 조 이름은 책제목으로 하되 요약해서 만들게 한다.

『피스메이커』를 영문약자 PM으로 만들어 'PM조'

『하나님이 찾으시는 사람』을 요약해서 '하람조'

『가시고기』의 경우는 '가시고기조'

② 조별 발표회는 그 책의 내용을 간략하게 소개한다. 평범하게 소개하지 말고, 독특하고 개성 있게 소개하도록 한다.

예를 들어 가시고기조라면 조원들의 이름 앞에 애칭을 한 가지씩 둔다. 아빠○○, 아들○○, 엄마○○, 친구○○ 등 등장인물의 이름을 직접 기록한다.

책의 핵심되는 내용을 CF로 만들거나, 하이라이트 부분만 드라마로 만들어서 소개하는 형식으로 발표한다.

3. 신앙독서캠프 다양하게 진행하기

① 식사 전 암송하는 밥절은 독서의 명언으로 한다.

② 수련회의 시상식은 책이나 도서상품권으로 한다.

③ 주제로 정한 책의 저자를 초청하여 특별 이벤트를 만들어 본다.

④ 글쓰기 특강으로 강사를 초청, 생활일기, 독서일기, 논술하는 법 등 참가자들에게 유익한 특강을 준비하자.

⑤ 독서캠프 수료증서를 만들어 주자.

⑥ 수련회 기념으로 책을 한 권씩 선물하거나, 수련회를 마치고 돌아오는 날 대형서점을 방문하여 친구에게 서로 책 한 권씩 선물하기 행사를 만들어 보자.
⑦ 또는 시립도서관에 방문하여 직접 책이나 자료를 찾아보고 독서하는 시간을 가진 후 마친다. 도서관은 일류의 일기장이다.

4. 응용하기

교회에서 그룹이나 부서별로 계획을 세워서 독서하는 '책을 사랑하는 사람들(책사모)'을 만들어 보자.
① 모임은 한 달에 1, 2회 정도
② 수칙은 일단 모임에 들어온 사람은 성실하게 읽고 서로의 발전을 위해 쑥스러움을 무릅쓰고 발표하도록 한다.
③ 모임 날짜는 책 읽을 시간이 그래도 많은 토요일이나 주일, 국경일 등으로 정하고 학교에서 모일 경우에는 수업이 끝난 후에 만나자.
④ 모임에 지도교사도 함께하면 더욱 좋겠다.
⑤ 교회에서는 정기적으로 독서발표회를 계획한다.
⑥ 독후감은 회지형식의 책으로 만들어 기념이 되게 하자.

첫번째 Item

책속의 주인공에게 편지쓰기

'책 속 주인공에게 편지 쓰기'는 책의 종류에 따라서 다르겠지만 소설이나, 신앙간증집, 동화같이 아름다운 이야기의 책을 읽고 나면 내게 감동을 주었던 주인공이나 기억에 남는 인물이 있을 것이다. 그에게 편지를 써 보는 프로그램이다.

1. 진행하기

그 주인공이 실제의 인물이라면 그분에게 편지를 써서 보내자. 실제인물이지만 연락처를 알 수 없거나, 상상 속의 인물이라면 책의 주인공에게 편지를 쓴 후 읽은 책 속에 꽂아 두거나, 독후감 노트에 넣어 둔다.

2. 응용하기

① 책의 저자에게 편지를 써 보자.

② 쓴 편지의 내용을 공개하고 싶은 사람은 전체 앞에서 읽게 하고, 그렇지 않을 경우에는 모아서 출판사나 저자의 집으로 발송한다(저자에게 직접 편지를 써서 저자의 작품 몇 권의 책을 선물로 받는 행운도 얻으리라).

두번째 Item

소설 드라마

소설 드라마는 읽은 책 속의 이야기를 조원들과 함께 드라마로 만들어 보는 활동이다. 조원들이 알고 있는 책을 중심으로 드라마의 인물을 설정하고, 그 내용을 가지고 드라마를 만든다.

1. 진행하기
조별로 모여 기획회의를 통해 어떤 책의 내용으로 드라마를 만들 것인지를 결정한다. 결정이 끝났으면 배역을 정하고 촌극형식의 드라마를 만든다. 교사와 함께 전원이 참석해야 된다. 다른 조의 사람이나, 조를 맡고 있지 않는 교사들 중에 게스트로 참여를 시켜도 좋겠다. 준비할 시간을 적당히 주고, 약속된 시간에 도착한 조에 점수를 더 주거나, 가장 늦게 시킨다. 발표 전 드라마의 제목과 준비된 과들을 소개한 후 시작한다.

2. 응용하기
① 가장 잘 된 드라마는 수련회를 마친 후, 저녁예배나 금요기도회 시간을 이용해 앵콜공연을 할 수 있도록 진행해 보자.

② 학생회 주체로 진행하는 문학의 밤 형식의 발표회 때 앵콜공연을 한다.

세번째 Item

Upgreade 동화 만들기

동화를 우리들이 직접 만들어 보자. 평소에 알고 있는 책을 선정해서 동화로 꾸며도 좋고, 한층 업그레이드 된 동화를 꾸며 보는 것도 좋겠다. 예를 들면 '토끼와 거북이'의 경주에서 첫 번째 시합에 진 토끼가 거북이에게 재 시합을 요청하는 내용의 스토리를 전개하면서 제목과 내용을 각색해 보자.

1. 진행하기

업그레이드 동화의 의미를 설명한 후, 조별로 기획 회의를 갖는다. 동화를 만드는 방법은 다음과 같다.

동화 속의 내용을 파워포인트나, 아이패드를 이용해 그림을 찾아 넣거나 그린다.

그림(파워포인트나 아이패드)을 보여주면서 동화를 진행하기 때문에 그림에 소질이 있으면 좋겠지만 없어도 표현할 수 있으면 된다.

파워포인트나 아이패드로 그린 그림에 색깔도 칠해 보자.

발표는 파워포인트나 아이패드로 만든 그림을 보여 주면서 동화 이야기를 해 나가는데 라디오 생방송을 진행하는 것처럼 그림만 보여 주고 조원들은 성우가 된다.

음악을 만들면 더욱 좋겠다. 음원을 활용하거나 피아노를 직접 칠 수 있다면 더욱 좋겠다.

이와 같은 방법으로 한 조씩 발표해 보고 시상식도 빼놓지 말자.

2. 응용하기

① 업그레이드된 동화의 내용이 아닌 어른들에게 들려주는 동화형식의 책을 읽고 그 내용으로 진행할 수도 있다.

② 교회 2부 프로그램으로 활용하면 좋다.

네번째 Item

한장의 그림으로 표현하기

책 속의 줄거리를 한 장의 그림으로 표현해 보는 프로그램이다. 우리가 책을 읽어도 핵심을 놓치고 읽거나, 읽은 후 금방 잊어버린다면 독서 습관을 고쳐야 될 것이다. 내가 읽은 책의 내용을 한 장의 그림으로 표현하기가 쉽지는 않겠지만 표현함으로써 오래 기억할 수 있도록 도와줄 것이다.

1. 진행하기

A4용지와 크레파스나 색연필을 나누어 준 후 내가 읽은 책의 줄거리를 한 장의 그림으로 표현해 보도록 한다. 그림을 잘 그리려고 하지 말고, 이 그림을 보면 책의 내용이나 주제를 생각나게 해 줄 수 있는 그림을 그려보자.

그림 밑에는 반드시 그 그림의 제목을 기록해야 된다.

2. 퀴즈로 활용하기

① 사회자는 그림을 그리게 한 후 모두 걷어서 퀴즈로 진행한다. 진행하는 방법은 다음과 같다.

그림을 그린 후 바로 퀴즈로 진행하는 것이 아니라, 다른 프로그램을 진행하고 난 다음에 퀴즈로 진행한다. 퀴즈를 준비하는 시간을 갖기 위해서 그렇게 하는 것이다.

좋은 작품들, 애매한 작품들, 재미있는 작품들을 뽑아서 아이패드나 핸드폰으로 사진을 찍어둔다.

출제되는 문제가 퀴즈 전에 공개되는 일이 없도록 하고, 퀴즈를 진행할 때 문제 출제에 뽑힌 사람들은 절대로 답을 말하지 못하도록 주의를 준다.

퀴즈를 진행하는 방법은 준비된 아이패드나 핸드폰으로 찍은 사진을 보여주면서 '이 그림의 책은 무엇일까요?'하고 질문하면 된다.

한 사람이 여러 번 손을 들 수 있고, 중간 중간에 힌트를 주면서 진행한다.

퀴즈 상품도 다양하게 만들어서 진행하자.

② 응용방법으로는 참가자들이 만든 작품들을 수련회 기간 동안 캠프장에 전시한다.

③ 퀴즈로 진행하지 않고, 조별로 모여서 나의 작품을 이야기하면서 대화의 시간으로 이끌어가도 좋겠다.

다섯번째 Item

독서 정보 퀴즈

독서 정보 퀴즈는 캠프 시작 전 인터넷을 이용하여 독서정보를 많이 준비하게 한 다음, 준비된 자료를 가지고 캠프 기간 동안 퀴즈 프로그램으로 진행하는 활동자료이다.

1. 준비하기

신앙도서, 일반도서, 베스트셀러 등 목록을 정한 후 베스트 10을 조사해 오도록 한다.

조별로 베스트셀러 중 한 가지를 선택해서 책과 관련된 자료를 정리해 오게 한다.
최근 베스트셀러 순위를 조사하여 오도록 한다.(기독교서적, 청소년부분, 일반도서 등)
세대별로 최근 가장 좋아하는 책, 싫어하는 책 등 설문조사하기.

캠프 시작 전 조 편성이 되어 있어야 진행하기가 수월하다. 각 조에는 교사와 조장도 선정이 되어 있어 정보를 준비하는 데 돕는 역할을 한다. 사회자는 독서퀴즈의 문제를 뽑아 놓고, 재미있게 진행할 수 있도록 다양한 퀴즈 방법을 연구한다.

2. 정보를 찾아라

① 퀴즈를 시작하기 전에 조별로 모여서 준비된 자료를 앞에 놓도록 한다.

② 사회자가 지명하는 정보가 있는지 확인한다. 사회자가 지명하는 정보가 있으면 (+) 점수를 얻게 된다.

③ 이 시간은 사회자가 퀴즈에 필요한 자료를 잘 준비해 왔는지 확인할 수 있는 시간이다. 사회자는 각 조에서 준비를 소홀히 할 수도 있기 때문에 필요한 자료들을 완벽하게 준비해 둔다.

④ 만약 준비가 안 된 조에서는, 사회자나 자료 준비가 잘된 조를 찾아가서 부탁을 한 가지씩 들어 주고 자료를 얻을 수 있도록 한다. 한 가지의 부탁을 들어 주어야 되는데 실현 불가능한 것은 안 되고 그 현장에서 가능한 것이어야 한다.

⑤ 또한 자료를 복사하는 것이 아니라 시간 제한을 주고, 필요하다고 생각되는 정보만 능력껏 기록할 수 있도록 한다.

3. 독서 정보 퀴즈

① 사회자는 준비된 자료를 가지고 퀴즈를 진행한다. 혼자 진행하기보다는 두세 명이 함께 진행하면 좋고, 일반적인 형식으로 퀴즈를 진행하지 말고, 다양한 도구들을 자료로 사용하여 진행한다.

② 중간쯤에는 조별로 조사해 온 자료를 가지고 한 조씩 나와서 3, 4개 정도의 퀴즈를 낼 수 있도록 한다.

③ 베스트셀러 순위 맞히기

베스트셀러 순위 맞히기는 독서 정보 퀴즈의 마지막 순서를 장식하게 한다.

파워포인트나 진행판 위에 베스트셀러 순위를 기록해 둔 후 포스트잇으로 가린다.

11위~20위까지의 순위를 알려 준 후 1위~10위까지의 순위를 맞추게 한다.

맞추는 방법은 가위바위보로 우선 순위를 정한 후, 조원들이 순위 안에 들어 있을 만한 책제목을 결정하여 한목소리로 외친다.

이 때 정답이면 포스트잇을 떼어 내고, 틀렸으면 다음 조에게 기회가 간다.

이와 같은 형식으로 베스트 10위권의 책들을 퀴즈로 소개한다.

④ 형편이 된다면 10위권의 책을 맞출 때마다, 정답을 맞춘 책을 선물로 그 조에 준다. 그 책은 조에서 정보를 제공한 사람에게 주도록 한다. 한 번 받은 사람은 또 받을 수 없다.

여섯번째 Item

친구에게 책 소개하기

찰스 스펄전의 말이다. '바울은 성령충만함을 받았으나 책을 원했습니다. 그는 적어도 30년 간을 설교했으나 책을 원했습니다. 그는 부활하신 주님을 직접 보았음에도 불구하고 책을 원했습니다. 그는 대부분의 사람들보다 더 많은 경험을 가진 사람이었지만 책을 원했습니다.

그는 셋째 하늘에 이끌리어 올라가 누구에게도 알려서는 안되는 말을 들었지만 그러나 책을 원했습니다. 그가 신약성경의 많은 부분을 기록했음에도 그는 책을 원했습니다. 나는 책을 원하고 있습니까?' 내가 가장 감명 깊게 읽었던 책을 소개해 보자.

조별로 원형으로 모이되 가장 편안한 자세를 취하도록 한다. 옆에 다른 조가 없는 공간이면 더욱 좋겠다.

한 사람씩 조원들에게 가장 감명 깊게 읽었던 책을 소개한다. 그 책들이 최근에 읽었던 것이어도 좋고, 꼭 신앙서적이 아니어도 된다. 혹은 교과서나 만화책도 좋다. 조원 중에서 한 명이 자원하여 조원들이 이야기하는 책을 메모하도록 한다.

조별 모임이 끝나면 전체가 한 자리에 모여서 피드백을 한다.

일곱번째 Item

나를 감동시킨 명언 한 마디

독서캠프에 책 읽는 시간이 빠져서야 되겠는가? 특강형식으로 또는 토론형식으로 아니면 조별로 모여서, 자유롭게 책 읽는 나만의 노하우를 소개하는 시간을 가진다.
또한 '나를 감동시킨 명언 한마디' 코너를 통해 책을 읽다가 유익했던 점이나 중요하게 생각되는 점들을 기억해 두었다가 다른 사람에게 알려 주는 나눔을 갖는다.

1. 진행하기

먼저 이 프로그램을 어떻게 진행할 것인지의 결정에 따라서 진행하는 방법이 달라진다. 특강형식으로 진행할 경우에는 리다아 로버츠의 글을 소개하면서 진행한다.

조별로 토론형식으로 진행할 경우에는 조별모임을 먼저 가진 후, 전체가 모인 자리에서 각 조의 대표가 나와 조원들이 발표한 이야기를 소개한다. 그리고 그 후에 리다아 로버츠의 글을 소개한다.

조별로 모여서 나를 감동시켰던 명언들을 이야기해 보자.
고정관념의 틀에 매이지 말고 자유롭게 진행한다. 그후 전체가 모인 자리에서 함께 피드백을 나눈다.

[반짝! 아이디어발견]

리다아 로버츠의 '책을 읽기 위한 시간을 얻는 법'

① 말을 적게 하라.

② 가방에 책을 넣고 다녀라.

③ 밤에 당신 베개 밑에 책을 넣어 두고 잠이 안 오면 그것을 읽으라.

④ 매일 아침 15분만 일찍 일어나서 책을 읽으라.

⑤ 부엌에 있을 때나 혹은 전화를 걸 때, 지니기 간편한 책을 지녀라.

⑥ 시간을 잘 지키지 않는 사람과 시간 약속을 했을 경우에는 책을 가지고 가라.

⑦ 병원 의사나 변호사를 만나러 갈 때는 당신의 책을 가지고 가라.

⑧ 교통이 혼잡할 때나 차 수리를 하는 동안 기다리는 시간을 위해서 당신 차에 아직 읽지 않은 책을 넣어 두라.

⑨ 여행 다닐 때 책을 소지하고 가라. 옆에 앉은 사람과 잡담하지 않을 것이다.

⑩ 당신의 손 안에 있는 책 한 권은 서점에 꽂힌 두 권의 책보다 가치 있다는 사실을 기억하라.

1부. 공동체 프로그램 아이템

7

성경다이어트
캠프수련회
공동체프로그램

Intro 일곱번째 아이템 활용 가이드

1. 주제 정하기
① 늘 새롭게 하소서
② 365. 24. Jesus. com(365일 24시간 주님과 함께)

2. 조편성
① 다이어트 방법이나 상품 이름으로 조 이름을 만든다.
② 성령의 아홉 가지 열매로 조 이름을 정한다.
③ 조별 발표회는 조원 중 한 명이 내가 알고 있는 다이어트 비법을 한 가지씩 소개한 후, 조원들이 합심하여 다이어트 노래, 다이어트 체조를 만들어 발표한다.

3. 다이어트 특강
① 새벽에는 다이어트 체조로 하루를 시작한다.(레크댄스 프로그램 참고).
② 오전에는 특강으로 우리들의 신앙생활에서 있어야 할 것과 있어서는 안 되는 것들을 중심으로 특강을 한다.
③ 초청강사로 다이어트에 성공한 사람들의 사례를 들어보는 시간을 가져본다.

다이어트에 성공한 사람 초청.

오랜 방황을 끝내고 믿음으로 돌아선 성도의 간증시간

④ 오후 다이어트 프로그램으로는 극기훈련이나 서버이벌 게임과 같이 땀을 많이 흘리는 활동 중심의 프로그램을 진행한다.

4. 성경다이어트 캠프 응용하기

① 성경 다이어트에 성공한 사람들을 위해 간단한 시상식을 갖는다.

개회예배 때 몸무게를 잰다.

다이어트 캠프 마지막 프로그램으로 몸무게를 잰다. 이 때 다이어트에 성공한 사람들에게는 준비된 상품을 주도록 한다.

② 성경다이어트 캠프의 기념품을 만든다.

색깔 있는 A4 용지를 나누어 준 후 나를 표현할 수 있는 이미지를 윗면에 그리고 이름을 쓴다.

그 밑에는 내 삶에서 빼야 될 것과 더해야 될 목록들을 작성한 후 사인한다.

이제 조별로 모여서 성경다이어트를 통해 결단한 나의 결심을 이야기한다.

이야기가 끝나면 내가 작성한 글 뒷면에 롤링페이퍼 형식으로 조원들은 그의 결심이 이루어지도록 격려의 글을 한 마디씩 적어 기념이 되게 한다.

첫번째 Item

비움과 채움

'비움과 채움'은 나의 신앙생활에서 빼야 될 것은 무엇이고 채워야 될 것은 무엇인가를 정리하는 프로그램이다. '우물가의 여인처럼 난 구했네'의 찬양을 보면 우물가의 여인이 구하기는 구했는데 헛되고 헛된 것들을 구하였다고 기록하고 있다. 그리고 결론부분에 가서는 '오 주님 채우소서 나의 잔을 높이 듭니다'라고 고백한다. 내가 먼저 비워야 할 것은 무엇이고, 내 속에 채워야 될 것은 무엇인가?

1. 준비하기
'비움과 채움'은 개회 예배의 주제 설교로 활용할 수 있는 프로그램이다. 두 개의 상자를 준비하여 하나는 비움이라 쓰고, 또 하나는 채움이라고 쓴다. A4 용지를 반으로 접어서 한 쪽에는 '비움' 반대 쪽에는 '채움'이라고 쓴 후 복사하여 나누어 준다.

2. 진행하기
'우물가의 여인처럼'의 찬양을 다함께 부른 후, 비움과 채움의 의미를 설명한다.
그리고 나주어 준 자료에 비움과 채움을 기록하도록 한다. '비움'은 내 안에 비워야 할 것은 무엇인지 기록하도록 하고, '채움'은 비운 후 내 속에 채워야 할 것은 무엇인지를 기록하도록 한다.

여기에서 무엇보다도 중요한 것은 내 생애를 걸쳐서 해야 할 것도 있겠지만, 수련회 기간 동안 자신이 결단함으로써 비우고 채워야 할 것을 기록해야 된다.

기록이 끝났으면 양쪽에 모두 내 이름을 기록하고, 종이를 오려서 비움은 '비움'이라는 통에 넣고, 채움은 '채움'이라는 통에 넣는다.

사회자는 '비움'이라는 통에서 이름은 밝히지 않고 하나씩 꺼내서 읽는다. 다 읽고 나면 기도한다. "하나님, 우리 안에 이러한 것들이 비워지기를 원합니다." 합심해서 기도한 후 대표로 마무리 기도를 한다.

이번에는 '채움'이라는 통에서 한 장씩 꺼내 읽는데 이름을 밝혀도 괜찮다. 다 읽고 난 후에 기도한다. "하나님 우리 안에 예수 그리스도로 채워지게 하시고, 꼭 필요한 것들만 채워질 수 있도록 인도해 주소서."

채움에 대해서 진행할 때, 모두가 공유할 수 있는 사람이 있다면 그 사람을 위해 함께 중보기도를 해도 좋겠다. 예를 들면, 아버지가 일찍 돌아가신 학생이 있는데 그의 '채움' 속에 '하나님이 나의 아버지가 되어 주세요.'라고 기록했다면 함께 그를 위해서 중보기도 할 수 있는 깨어있음이 필요한 것이다.

다함께 '깨끗이 씻겨야 하리' 찬양을 부르고 결단의 시간을 갖고 마무리하도록 한다.

3. 응용하기

① 비움과 채움을 통에 넣지 않고 적어서 안쪽 벽면에는 비움을, 한쪽 벽면에는 채움을 붙이도록 한다. 수련회 기간 중 하루 2회 정도 한 바퀴를 돌면서 읽고 기도하도록 한다.

② 마지막 날 비움과 채움에 대해서 피드백 하면서 한 명씩 다짐과 결단의 시간을 갖는다.

두번째 Item

내 안에 컴플렉스를 죽여라
(특강)

'내 안의 콤플렉스를 죽여라'는 <비디오문화> '비디오로 보는 콤플렉스'에서 아이디어를 얻은 것이다. 재미있게 비교하기 위해서 기록된 내용이지만 우리에게 많은 생각을 주는 자료이다. 이렇게 세상이 우리에게 가져다 주는 콤플렉스의 내용들을 보면서, 그 콤플렉스가 내 신앙에 어떤 영향을 미치는지 생각해 보고 신앙으로 콤플렉스를 극복할 수 있도록 지도하자.

1. '내 안의 콤플렉스를 죽여라' 이렇게 활용하자

아이디어 발견에서 소개하고 있는 내용을 파워포인트나, 아이패드를 이용하여 강의로 진행한다. 파워포인트나, 아이패드에는 '남성의 콤플렉스'라고 제목을 쓴 후, 그 밑에는 목록을 하나씩 적어 둔다.

카사노바 콤플렉스, 마더 콤플렉스, 온달 콤플렉스, 변강쇠 콤플렉스라고 쓴 후 포스트잇으로 가렸다가 하나씩 떼면서 활용한다. 포스트잇을 하나씩 떼면서 그 내용에 해당되는 이야기를 전달하는 형식으로 활용한다.

특강이 끝나면 '콤플렉스를 잡아라', '내 마음대로 기준 정하기' 프로그램을 진행한다.

2. '내 안의 콤플렉스를 죽여라' 내용소개

대체로 사람들은 타인에 비해 무언가가 뒤떨어져 있거나 결여되어 있다고 생각될 때 콤플렉스를 느낀다. 콤플렉스의 사전적 의미는 '복합' '착종' '복합체'로서 건강한 사람들에게도 한두 가지씩 콤플렉스가 있다고 한다. 콤플렉스는 어떻게 승화시키느냐에 따라 자아 발전의 계기가 되기도 하지만 반면 자기 모멸로 가는 지름길이 되기도 한다.

루즈벨트, 나폴레옹, 토스카니니가 자신의 콤플렉스를 슬기롭게 승화시켰다면 아마데우스의 살리에르는 **비교 콤플렉스**로 인해 파멸하고 만 비운의 인물이다. 무엇보다도 우리 안에 존재하는 콤플렉스를 인정하고 극복하는 것이 현명한 선택일 것이다. 다음은 비디오에 나타난 콤플렉스이다.

1) 남성의 콤플렉스

카사노바 콤플렉스

정력에 좋다는 음식이라면 사족을 못 쓰는 남자. 여기서 한 발 더 나아가 '세계는 넓고 꼬드길 여자는 많다'고 생각하는 남자라면 십중팔구 이 콤플렉스에 사로잡혀 있다. 겉으로는 화려한 여성편력을 구가한 카사노바를 비난할지언정 속마음으로는 그렇게 되고 싶어 하는 콤플렉스.

마더 콤플렉스(마마보이)

정도의 차이는 있겠지만 대개의 남자들은 무의식중에 마더 콤플렉스를 가지고 있다. 마더 콤플렉스를 이해하는 일이야말로 남자를 이해하는 첫 관문이라고 할 정도로 모든 남자에게 어머니의 영향은 실로 대단하다. 중요한 일을 결정할 때마다 항상 어머니와 상의 한다면 보통 수준의 마더 콤플렉스이지만, 때와 장소를 가리지 않고 어머니와 관련된 것을 화제로 삼는다면 중증의 마더 콤플렉스라고 할 수 있다.

온달 콤플렉스

한 마디로 남성판 신데렐라 콤플렉스라고 할 수 있다. 능력 있는 여자와 결혼해서 신분 상승의 고속 엘리베이터를 타려는 남자들이 이 유형에 속한다. '겉보리 서 말이면 처가 덕은 안본다'라는 사내 대장부 콤플렉스와는 정반대의 경우라고 할 수 있다. 이 콤플렉스에 빠진 사람들은 결혼해서 처가 덕을 보는 것도 능력이라고 주장한다.

변강쇠 콤플렉스

성기의 크기 혹은 정력에 대해 열등감을 갖는 콤플렉스를 남성들이 민감하게 반응하는 콤플렉스 중 하나이다. 남들과 비교해서 좀 뒤쳐진다 싶으면 그 때부터 고민이 시작된다. 목욕탕이나 화장실에서 자신 있게 행동하지 못하며 옆 사람을 곁눈질하며 부러워하는 증세를 보인다.

2) 여성의 콤플렉스

외모 콤플렉스

한 외모하는 헐리우드 스타들도 자신만이 느끼는 외모 콤플렉스가 있는 걸 보면, 외모 콤플렉스에서 100% 자유로운 여성은 거의 없다고 해도 무방할 것 같다. 50세가 넘은 나이에도 여전히 아름다운 킴 베이싱어는 두꺼운 입술, 거칠고 못생긴 손, 큰 키에 훌쭉한 체형이 자신의 콤플렉스라고 이야기한다.

신데렐라 콤플렉스

타인에게 의지하는 성향이 짙고 혼자서는 여행도 하지 못한다면 이 콤플렉스를 조심하라. 여기에 결혼 상대의 조건을 묻는 질문에 항상 '나보다 능력 있고 자상하며 연상의 남자면 좋겠다'고 대답한다면 이 콤플렉스에 이미 사로잡혔다고 볼 수 있다. 백마 탄 왕자를 꿈꾸는 이 유형은 결혼에 대한 환상이 남다르다. 결혼 상대자를 고를 때에도 학벌, 사회적 지위, 재산 정도를 반드시 검토한다.

슈퍼우먼 콤플렉스

일, 사랑, 가족, 친구, 어느 것 하나도 소홀히 하지 않으려는 사람은 이 콤플렉스에 빠져 있다고 볼 수 있다. 모든 면에서 완벽을 추구하기에 어느 한 부분이라도 잘못되면 크게 상처받을 수 있다.

남이 부탁한 일은 결코 거절하지 못하는 반면, 오히려 자신은 아무리 바빠도 남에게 부탁하는 법이 없다.

'나는 남보다 일 처리를 꼼꼼하게 잘한다'고 스스로를 믿기 때문에 남이 도와 주는 일은 미덥지가 않다. 그래서 이 콤플렉스에 빠진 사람들은 언제나 바쁘고 피곤하다.

세번째 Item

콤플렉스를 잡아라

사람마다 콤플렉스가 없는 사람은 없을 것이다. 다만 콤플렉스를 어떻게 극복하느냐에 따라서 삶이 신나고 즐거울 수 있고, 우울하고 짜증스러울 수 있는 것이다. 나의 콤플렉스를 잡아라.

1. 준비하기

예쁜 종이 상자를 포장한 후 '콤플렉스 상자'라고 쓰고 한 사람당 한 장씩 쪽지를 나누어 준다. 그리고 자신에게 있는 콤플렉스를 적어서 '콤플렉스 상자'에 넣는다. 이 때 자신의 이름은 쓰지 않아도 괜찮다. 하지만 꼭 쓰고 싶은 사람은 써도 된다.

2. 진행하기

'콤플렉스를 잡아라'는 시간을 정해 놓고 진행할 수도 있지만 수시로 할 수 있는 프로그램이다. 프로그램을 진행할 경우에는 자신감과 자존감을 회복할 수 있는 찬양을 한 곡 부른 후 사회자의 기도로 시작한다.

사회자는 콤플렉스 상자에서 한 장의 쪽지를 꺼내서 읽는데, '나의 콤플렉스는 뚱뚱하다는 것입니다.'라고 적혀 있다면 이제 그것을 가지고 학생들과 함께 토론을 한다. 토론할 때에는 뚱뚱한 것 때문에 어려운 일을 겪었거나, 스트레스를 받은 사람의 이야기를 들어 보고, 예전에 그런 콤플렉스를 겪었는데 슬기롭게 이겨낸 사람들이 있다면 그들의 이야기를 들어보는 시간이다. 만약에 적당한 답이 나오지 않는다면, '그렇다면 어떻게 극복해야 될 것인가?' 하는 문제들을 토론하도록 한다.

이 시간을 통해서 하나님을 믿는 우리들에게 콤플렉스가 있다면, 어떻게 극복해야 되고, 내가 어떻게 해야 하나님이 기뻐하시는가를 토론함으로써 콤플렉스를 신앙으로 이기고 자신감 있는 삶을 살아가도록 이끌어 준다.

3. 응용하기

① 수련회 기간 중 2시간 정도 정해진 순서 안에서 진행할 수 있지만, 실내에서 진행하는 프로그램이 있을 때마다 제비뽑기를 통해서 한 가지씩 토론하고 진행할 수 있다.
② 수련회 기간 동안 못다한 이야기들은 교회2부 활동이나, 온라인 혹은 SNS 채팅방을 통해서 토론할 수 있도록 진행한다.

[은혜로운 코멘트]

개그우먼 강남영의 이야기
"성형외과엘 갔어. 날씬한 입술, 오똑한 코를 만들어 달랬지. 그랬더니 의사가 가정환경조사서 한 장만 갖다 달래. 왜냐구? 이런 무지막지한 얼굴은 학회에 보고해야 된대."
"뭘 믿고 그렇게 생겼니?" 여자는 그저 평범하게만 생겨도 용서가 안 된다는 세상에서 안 예쁜 여자로 살기를 선언한 개그우먼 강남영의 인터뷰 내용이다. 그는 외모로 설움 받는 여성의 고통을 웃음을 통해 대변해 준다. 가장 무서운 적은 못난 생김새가 아니라 열등감이라고 말하면서 "못생긴 건 무죄, 기죽는 것 유죄"라고 말한다. 나는 무엇을 빼야 될 것인가? 개그우먼 강남영과 같이 내 모습이 다른 사람들과 비교해 볼 때 부족함이 있어 보여도 세상이 보는 기준으로 살아가지 않고 하나님 앞에서 자존감을 회복하면서 자신의 재능을 발견하고 활용할 수 있는 사람으로 살아가야 된다.

네번째 Item

내 마음대로 기준 정하기

세상이 정해 놓은 기준에 의해서 많은 사람들이 웃기도 하고, 슬퍼하기도 한다. 만약 내 마음대로 정한 기준이 세상의 표준이라면 얼마나 좋을까? 분명 그 기준은 나를 중심으로 만든 기준이 될 것이다. '내 마음대로 기준 정하기'는 세상이 사람들에게 정해 준 신체의 기준을 무시하고 내가 내 마음대로 기준을 만들어 보는 프로그램이다.

1. 진행하기

① '나는 이런 여자가 좋더라'의 이야기 소개: 오래 전 변진섭은 20대에 이런 노래를 불렀다. '청바지가 잘 어울리는 여자, 밥을 많이 먹어도 배 안 나오는 여자, 내 얘기가 재미없어도 웃어 주는 여자, 난 그런 여자가 좋더라'라고 노래했다. 이젠 나도 노래부른다. (아내의 노래)'청바지가 잘 어울리는 남편, 밥을 많이 먹어도 배 안 나오는 남편, 내 얘기가 재미없어도 웃어 주는 남편…난 그런 남편이 그립더라'

② 사회자의 멘트: "남자들에게 묻습니다. 변진섭이 얘기한 그런 여자가 좋지요? 여자들도 그런 남자들을 좋아합니다. 그렇다면 이제 우리들의 이야기를 해보겠습니다."
먼저 내가 생각하는 기준을 내 마음대로 정해 보겠습니다. 남자는 남자의 기준을, 여자는 여자의 기준을 생각해서 적어보겠습니다. 외모나 성품이나 내가 생각하고 있는 모든

것들을 그 안에 넣어서 나만의 기준을 만들어 보세요."

나만의 기준이 만들어지면 조별로 모여서 발표하고 조별 모임을 통해서 나온 이야기들을 정리하여 다음과 같이 발표해 보자.

우리 조에서 생각한 사람들의 기준의 남·여 모델을 만들고 우리조에서 발표된 나만의 기준을 전지에 기록한다. 주의사항은 모델을 만들 때에는 우리 조에서 이야기한 나만의 기준을 기준으로 그와 닮은 사람을 만들어야 된다.

이제 한 조씩 나만의 기준에 대해서 준비한 자료들을 발표한다.

2. 응용하기

① 발표가 끝난 후 가장 멋지게 기준을 정한 사람을 선정해서 시상한다.

② 기준이라는 것은 때와 장소에 따라서 달라질 수 있다. 북한에서는 뚱뚱한 사람이 미인이라는 것이다. 우리들이 만든 기준을 정리하면서 성경에서 말씀하고 있는 사람들과 미인의 기준을 공부해 보자.

다섯번째 Item

독특한 나

1. 진행하기

전체 원형으로 앉은 상태에서 A4 용지를 한 장씩 나누어준다. 맨 위에 '독특한 나'라고 기록한 후 나만이 경험했거나, 나만이 할 수 있는 내용을 3가지 이상 쓰게 한다.

예를 들면 '나는 중국에 갔다왔다. 나는 맹장수술을 했다. 나는 전교 1등이다. 나는 전국 미술대회에서 입상했다. 나는 기타를 잘 친다.' 등 다른 사람들에게는 없고 내게만 있는 것을 기록하는 것이다.

기록이 끝났으면 한 명씩 일어나 '독특한 나'를 발표한다.

사회자는 한 가지씩 발표할 때마다 똑같이 기록한 사람이 있는지 확인해 본다. 발표하는 사람이 '저는 중국에 다녀왔습니다.'라고 발표했다면, 사회자는 '중국에 다녀왔다고 쓴 사람 있습니까?'라고 질문해서 똑같이 쓴 사람이 있으면 (-) 점수를 주거나, 나중에 벌칙을 주도록 한다.

이렇게 한 명씩 발표하는 동안 가장 독특하게 아무도 기록하지 않고, 발표하지 않은 것을 기록한 사람에게는 (+)점수를 주거나, 간단한 선물을 준다.

이는 남들보다 내가 낫다는 것을 자랑하려는 것이 아니라, 생애를 사는 동안 나만이 가지고 있는 독특한 면도 있고, 남들이 경험하지 못한 것을 경험하고 있는 독특한 사람이라는 자부심을 갖기 위한 것이다.

2. 응용하기

① 이 프로그램이 끝나면 바로 이어서 장기자랑을 진행할 수 있다.

② 남들과 똑같이 기록한 것이 있는 사람에게는 가벼운 벌칙으로 정신교육(?)을 시킨다. 한 개를 똑같이 쓴 사람, 전부 똑같이 쓴 사람 등.

여섯번째 Item

나는 내 멋대로 산다

누군가를 흉내내면서 살아간다는 것은 참으로 어려운 일이다. 유행따라 살지 않고 자기만의 멋을 만들어 살 수 있는 사람, 나의 개성을 살리고, 나의 성격을 살려서 내게 꼭 필요한 일을 할 수 있는 사람. 그런 사람이 될 수 있도록 도와 주는 프로그램이다.

1. 진행하기

이 프로그램은 실내에서 진행할 수 있는 프로그램이다. 사회자는 다음에 소개하는 글을 A4 용지에 기록한다.

잘난 체하는 사람

잘 다투는 사람

말이 적고 수줍어하는 사람

쉽게 실증을 내고 딴 짓을 하는 사람

남의 말을 잘 듣고 이해해 주는 사람

변명하고 핑계가 많은 사람

까불고 수다스러운 사람

고집이 센 사람

이제는 기록한 이 글들을 일정한 간격으로 벽에 붙인다. (사람들이 모이는 장소로 활용되기 때문에 너무 가까이 붙여서는 안 된다.)

사회자는 다음과 같이 말한다. "이 프로그램은 나는 내 멋으로 산다는 프로그램입니다. 이 글들은 나의 성격을 말하는 것입니다. 한 번씩 돌아가면서 읽어 본 후에 나와 가장 가깝다고 생각되는 곳에 가서 모이면 되겠습니다."

각자 원하는 곳으로 모였다면 사회자는 다음과 같은 과제를 준다.

우리의 성격이 가지는 장점들

우리의 성격이 가지는 단점들

우리의 성격이 앞으로 비전으로 삼고 할 수 있는 직업들을 생각해 보고 생각나는 대로 기록해 보자.

기록이 끝났으면 한 사람을 대표로 선정해서 전체 앞에 자신들의 성격의 장점과 단점, 유망 직업들을 소개하고 발표하는 시간을 가진다. 그후 전체 앞에서 개인적인 피드백 시간을 가진다. 이 시간에는 내가 닮고 싶은 성격들을 이야기할 수도 있고, 현재의 성격 때문에 유익했던 일이나, 어려웠던 자신의 경험들, 또는 나의 성격 때문에 상대방이 피해를 입었거나, 도움이 되었던 이야기들을 나누어 보자.

2. 응용하기

교회마다 규모가 다르고 학생들의 재능도 다른데, 작은 교회가 큰 교회에서 진행하는 행사를 보면서 마냥 부러워하기만 한다면 빨리 침체되고 말 것이다. 이제는 개인이 아니라, 우리들의 모임이, 우리들의 교회가 지니고 있는 장점과 단점들을 찾아보고, 현재 우리의 상황에서 하나님을 기쁘시게 해 드릴 수 있는 것은 무엇인지 생각해 보고 실행하기로 결심하는 시간을 갖자.

일곱번째 Item

나를 도우시는 하나님

찬송가 388장 3절에 '너를 도와 주시려고 서서 기다리시니 너 어서 나오라'는 가사가 있다. 하나님이 나를 도와 주신다는 것이다. 나를 돕는 자가 앉아서 나오라는 것이 아니고, 지금 나가기만 하면 도와 주시려고 서서 기다리신다고 한다. 우리는 이 활동을 통해서 우리 인생에 도움이 되시는 하나님을 만나게 된다.

1. 진행하기

조별로 원형으로 앉은 후 사회자의 지시에 따라서 한 명씩 원 안으로 들어간다.
사회자는 "이 활동은 원 안에 있는 사람을 조원들이 힘을 합해 들어 올리는 프로그램입니다." 라고 소개한 후 조에서 가장 키가 큰 사람을 나와서 눕도록 한다.
원 안에 누워 있는 사람은 힘을 빼고 차렷 자세로 누워 있는다. 그 상태에서 사회자는 다양한 지시를 할 수 있다. "한 바퀴 돌고 자리에 앉으면서 할렐루야 하세요, 세 바퀴 돌고 자리에 앉으면서 박수를 세 번 치세요, 사람을 높이 들고 있는 상태에서 '오 이 기쁨' 찬양을 하세요." 등 상황에 따라서 다양한 방법으로 지시한다.
질서 정연하게 진행되는 조에게 점수를 주면서 활동한다면 프로그램의 효과를 높일 수 있다. 이와 같은 방법으로 한 번 진행하되 재치 있는 말솜씨가 필요하다. "가장 날씬한 사람이 나오세요, 가장 잘 생긴 사람이 나오세요." 결국에는 전체가 다 나오게 되지만 한 명씩 지명하면서 참여하도록 한다.

2. 응용하기

① 다이어트 캠프답게 이 활동을 극기코스의 훈련으로 활용할 수 있다. 위에 올라간 사람을 들 수 있는 나무 봉으로 생각하여, 조원 전체가 이 사람을 들고 반환점을 돌아오는 경기를 할 수 있다.

출발선을 그린다. 조원들은 한 줄로 서서 위에 올라갈 사람을 정한다. 3명, 5명 등 조원이 몇 명으로 구성되었느냐에 따라 정한다. 모든 조가 동시에 시작하면 혼란할 수 있으므로 장소에 따라서 2조나 4조가 동시에 경기를 할 수 있도록 한다.

릴레이 형식으로 진행함으로써 위에 올라가기 위해서 준비하고 있는 사람들을 모두 출발선까지 안전하게 데려오면 승리하게 된다. 단 중간에 떨어지거나, 무너지면 그 자리에서 다시 한다.

② 수련회에 참석한 참가자들이 두 줄로 원을 만들고 앞사람과 서로 손을 마주잡는다. 이제 손을 마주잡은 그 위로 교역자 또는 임역원 등 상황에 따라서 헹가래를 치는 형식으로 손마차에 태워서 한 바퀴를 돌게 한다.

여덟번째 Item

레크댄스 만들기

사람들에게 춤만큼 그들을 신나게 하는 것이 또 있을까? '레크댄스 만들기'는 빠르고 경쾌한 곡을 선정해서 그들만의 율동 곡을 만들게 하는 프로그램이다. 율동은 신나고 재미있게 만들어야 효과를 볼 수 있으므로 이 부분을 강조해 진행하도록 한다.

1. 진행하기

조별로 모여서 어떻게 만들것인가를 회의한다. 빠르고 경쾌한 복음성가나 최신가요, 동요, 만화주제곡 등을 중심으로 재미있는 레크댄스를 만들어 보게 한다. 기존의 율동형식은 안 되고 에어로빅 또는 포크댄스나 다양한 춤이 들어가는 형식의 레크댄스를 만들어야 된다. 선정한 곡의 음원을 틀어놓고 레크댄스를 춰야 함으로 필요한 준비물은 수련회 전에 준비해 오도록 한다. 발표로 할 때에는 조별로 복장을 통일하면 더욱 좋고, 레크댄스를 만드는 시간을 너무 오래 주지 않고 짧은 시간에 만들어 발표할 수 있도록 한다. 레크댄스를 재미있게 만들기 위해서는 빠르고 경쾌한 곡을 선정해야 되고, 모션은 작은 동작보다는 큰 동작으로 표현해야 더 실감나게 할 수 있다.

2. 발표하기

각 조별로 준비된 음악을 따라 레크댄스를 발표한다. 발표할 때 만들어진 레크댄스의 이름을 정하고 곡은 누가 선정하고, 안무는 누가 했는지 이야기한다. 발표가 끝나면 즉석에서 시상식을 갖는데, 우수상, 안무상 등 재치있는 상들을 만들어 보자.

1부. 공동체 프로그램 아이템

⑧

일반 캠프수련회
공동체프로그램

첫번째 Item

일반캠프,
이렇게 생각해보자

각종 사회단체들은 다채로운 프로그램을 개발해 많은 이들을 불러 모으고 있다. 겨울캠프 중 최고 인기를 누렸던 스키캠프는 이벤트 단체마다 개설해 놓고 있다. 청소년들의 관심이 세분화되면서 연극, 영화, 철학, 과학, 미술, 탐사 전문캠프도 생겨나고 있다. 철학캠프, 별자리캠프도 역사현장에 가서 보고 생각하고 토론하는 형식으로 현장을 중요시한다.

또한 어려운 형편을 고려하여 일일캠프도 많이 들어나고 있는데 도자기 문화 기차캠프, 선인들의 발자취, 백제유적을 찾아 떠나는 문화캠프, 전통예절-민속캠프, NIE 신문활용 캠프 등 꼭 밖으로 나갈 필요가 없는 강좌는 특강으로 해결한다.

문화탐방단, 과학탐방단 등은 국립중앙과학관, 서대문 형무소역사관 등 주요시설을 돌아보는 일일 특강형식이다. 짚-풀 생활사 박물관의 문화학교, 철원 평야 두루미 탐조와 땅굴답사도 독특한 프로그램이다. 혹한을 뚫고 걸어 국토를 순례하는 극기형 캠프도 꾸준히 선을 보이고 있다. 다양하게 소개되고 있는 일반캠프 프로그램을 보면서 기독교인으로서 할 수 있는 캠프의 범위는 어디까지인지 생각해 보자.

일반캠프를 보면서 기독교에서만 할 수 있는 독특한 우리의 것을 찾아 발전시켜 나가야 된다. 일반캠프 프로그램을 보면서 우리 교회에서 응용할 수 있는 프로그램은 무엇이 있는지 생각하면서 아이디어를 얻어 보자.

1. 자연탐험 캠프

경관이 수려한 강원도 일대를 탐방하는 캠프로서 야생호, 민물고기, 문화유산을 집중적으로 소개하는 캠프이다. 강원도 철원, 화천, 춘천, 동해 등을 차량과 도보로 샅샅이 답사한다. 자연계의 생태계를 확인하는 캠프로서 체험학습은 두루미, 독수리 등의 철새 탐험과 비무장지대의 자연 생태계를 탐사하고 통일을 느끼는 캠프이다.

2. 역사탐방 캠프

서울청소년 수련관에서는 전남 해남 일대를 답사하는 역사탐방 캠프를 열었다. 정약용 유배지, 대흥사 등 문화유적지와 5일장 등을 체험하는 캠프이다.

3. 봉사캠프

한국청소년마을에서는 결식아동 돕기를 위한 모금 활동에 참여할 학생들을 모았다. 이 행사에 참여하는 학생들은 모금함도 직접 만들고 현장에서 팜플렛을 나눠 주고 율동 등과 함께 참여한다. 인천시청소년회관의 청소년자원봉사단은 체계적인 활동으로써 골목 주위 불량식품 고발, 환경 지킴이 활동, 양로원 등 사회복지 시설에서의 봉사활동을 위주로 활동한다.

4. 취미캠프

겨울 스포츠인 스키캠프와 함께 스키강습과 실습 외에 심성계발활동, 레크리에이션, 캠프파이어. 수원시민광장은 언론에 관심 있는 중·고생들을 대상으로 수원 청소년 기자학교를 열었다. 수원청소년 문화센터에서 진행되는 이 프로그램에는 현직 기자들이 강사로 나서 글쓰기에서 인터넷 저널리즘까지 실무를 가르친다.

5. 생명과학 실험캠프
생명과학연구소에서 실시하는 생명과학 실험캠프. 생명체의 탄생에서 최신 유전자 조작까지 생명과학의 기초를 배울 수 있는 기회를 제공해 주고 있다. 프로그램은 실험기구의 이해, 마이크로의 세계, 동물해부의 세계, 세포의 세계, 유전자의 세계, 표본 제작 등이 있다. 무작정 밤하늘을 올려다보기보다 캠프에 참가하면 천체관측 요령을 쉽게 배울 수 있는 방법을 알려 주는 천문우주과학캠프. 프로그램으로는 망원경 실습, 별자리 관측, 천체관측활동과 함께 눈썰매타기, 물로켓 발사, 천체 슬라이드 상영, 별 퀴즈 대회, 천체 비디오관람, 겨울철새를 관람하는 관찰 프로그램 등이 있다.

6. 119 극기캠프
119대원들과 함께 극기 훈련과 소방훈련을 체험한다. 이 캠프는 자신감과 공동체의식 함양시키고 극기훈련으로 강인한 체력을 길러, 일상생활에서 발생하는 각종 사고에 신속히 대처할 수 있는 능력을 기르기 위한 취지로 마련한 것이다.
(문의:소방재난본부 홍보팀. 031-249-5122)

7. 비만 캠프
비만 때문에 고민중인 학생들을 위한 비만캠프이다. 홍사단에서 어린이 비만 클리닉을 열었다. 참가자는 캠프 입소 후 비만도를 검사하고 한방, 운동, 식이요법, 극기훈련 등으로 체중을 감량한다.

8. 민속놀이 캠프
한국 민속촌에서 진행하는 민속놀이 캠프 프로그램이다.

① 첫째 날 : 입소식, 민속관 관람, 도깨비집 이용, 민속놀이 체험(전통 썰매타기 외), 떡메치기(인절미 만들어 먹기)-저녁에는 사물놀이, 우리 악기 배우기, 부모님께 엽서쓰기
② 둘째 날 : 가족공원 눈썰매 타기, 자유시간, 한국민속촌 전통문화체험, 농악놀이 관람, 줄타기 공연관람, 전통생활 체험(새끼꼬기), 장기자랑, 전통문화 감상문쓰기
③ 셋째 날 : 박물관 관람, 한국민속촌 가족공원놀이 이용 후 퇴소식

9. 스포츠캠프

대학 체육학과 졸업자나 재학생들이 강사로 섬기면서 학교 운동장이나 체육관에서 기초체력 운동부터 구기 종목에 이르기까지 다양한 운동을 가르친다. 상황에 따라서, 새벽, 오전, 오후로 나누어서 진행한다. 컴퓨터나 TV 앞에만 앉아 있는 이들을 위해서 함께 뛰놀 수 있는 기회를 제공해 주는 것이다. 학생들은 평소 학원 스케줄로 친구들과 가까이 지내기도 쉽지는 않다. 특별한 기술을 익히기보다는 운동에 대한 흥미와 체력을 높이는데 취중하며 뛰놀면서 스트레스를 푼다. 비오는 날에는 수영장이나, 탁구장, 볼링장 등을 이용하기도 한다. 방학기간 동안에 스포츠 한 가지씩 정복하기.

10. 교양학교

교양 있는 사람을 만들기 위한 일명 예절학교이다. 예절을 배울 수 있는 학교를 말한다. 부모, 교사, 웃어른을 공대하는 방법, 형제와 친구간의 예절, 대화 방법, 식사예절, 전화예법, 선물을 주고받는 방법 등 현대 예절을 비롯하여 전통예절을 배우는 학교이다.

11. 버스로…도보로…문화체험 떠나기

한국관광공사(www.visitkorea.or)에서 겨울에 떠나 볼 만한 국내의 배낭여행코스를 소개한 내용이다.
① 중부 내륙 도보여행

<코스> 법주사-문장대-화양동-수안보온천

속리산 일대는 충청도와 경상도가 만나고 나뉘는 곳, 버스를 타고, 때론 걷기도 하면서 우리 국토 중부내륙의 절경과 문화유적, 그리고 예스러운 마을들을 만난다. 충북 보은 법주사를 돌아본 후 속리산 문장대를 넘어가면 경상도 상주땅이고 여기서 북쪽으로 돌아가면 수려한 계곡미를 갖춘 화양계곡이 있다. 계곡 탐승을 한 뒤 돌아오는 길에 수안보 온천에 들러 뻐근해진 몸을 풀 수 있다.

② 강원산골 버스여행

<코스> 태백산-삼수령, 광동호-임계, 삽당령-왕산 저수지-주문진-오색약수, 온천

산골 중의 산골인 강원 내륙 산골마을을 버스 타고 돌아보는 코스이다. 강원도 남쪽 태백에서부터 백두대간 속살과 어깨를 짚어가며 여행한다. 영서 내륙의 고산 태백산 정상에서 호연지기를 느끼고, 버스로 한강, 낙동강, 오십천의 세 물줄기가 갈라지는 백두대간 삼수령(피재)을 지나 삼척 땅으로 넘어간다.

산속의 호수인 광동호를 지나 정선군 임계면 산골마을에 이르고, 다시 강릉행 버스로 갈아타면 또 다른 백두대간 상의 고개 삽당령을 넘게 된다. 왕산저수지를 지나면 역사와 문화의 고장 강릉이다. 해안국도를 따라 올라가다가 주문진에서 내리면 전형적인 강원도 어촌의 풍경을 만날 수 있다. 다시 북으로 올라가 남설악지구 오색에 들러 일정을 마무리하면서 오색약수와 온천으로 여행의 지친 몸을 풀 수 있다.

③ 백제문화 탐방

<코스> 부소산성-장곡사-덕산도립공원-덕산온천

충남 부여 일원은 백제의 숨결이 깃들인 역사 문화 탐방지다. 부여에는 고란사, 낙화암 등 많은 백제 유적들이 산재해 있다. 부여를 떠나 북쪽 방향으로 여정을 잡으면 청양군 칠갑산 언저리에 많은 문화재를 보유한 고찰 장곡사를 둘러볼 수 있다.

청양, 홍성을 지나 예산에 이르면 충남의 소금강이라는 덕산도립공원과 수덕사, 덕산온천 등의 명소가 기다린다.

④ 남도답사 기행
<코스> 백련사-월출산 경포대-운주사-화순 온천
남도답사 일번지라는 전남 강진과 방랑시인 김삿갓의 방랑 종착지인 화순일원으로 남도답사여행을 떠난다. 강진읍 남쪽에는 동백숲이 아름다운 고찰 백련사가 있고, 바로 옆 만덕산 숲소에는 정약용의 유배지였던 다산초당이 있다. 강진 월출산 남쪽에도 '경포대'가 있는데 부근 월남사지와 무위사의 백제유적을 돌아볼 수 있다. 나주를 거쳐 화순으로 올라가면 운주사의 천불천탑과 와불을 만날 수 있다. 화순 적벽, 백아산 등과도 연계, 다양한 여행일정이 가능하다. 화순온천에 들러 온천욕으로 여행을 마무리한다.

12. '평범한 건 싫어~'이색축제

피서철에 맞춰 전국의 해수욕장과 관광지들이 다양한 볼거리와 즐길거리를 마련한다. 피서길에 산과 바다에서 열리는 축제장을 찾으면서 휴가를 보낸다면 알찬 여행을 즐길 수 있을 것이다.

① 영월 동강뗏목 축제
동강 주변의 소나무를 서울까지 운송했던 영월지방 떼꾼들의 애환과 정취를 살려서 뗏목띄우기 시연, 맨손으로 송어 잡기, 찰옥수수 빨리 먹기, 수박씨 멀리 뱉기 등의 부대행사도 있다.

② 동해 늘푸른 바다축제
테크노댄스 대회, 해군군악대 초청 연주회, 해변댄싱대회가 한여름밤의 망상해수욕장에서 펼쳐진다. 오징어 축제, 오징어 잡이 배들의 폭죽을 쏘아올리며 해상 퍼레이드의 장관을 연출한다. 해변에선 오징어요리 경연대회, 오징어 대감행사, 오징어 맨손잡기 등

의 행사가 열린다.
③ 강진 청자 문화제
강진의 9개 마을에 183개의 고려청자 도요지가 남아 있다. 청자 빚기 현장체험, 명품전 등의 행사를 갖는다. 구강포 갯벌에서 맛조개 잡이도 할 수 있다.
④ 봉화 은어축제
봉화군 내성천은 낙동강 최상류 은어 서식지, 반두를 들고 은어를 잡는 체험을 할 수 있다. 시식회와 장터도 열린다.
⑤ 부산 바다축제
부산의 해운대, 광안리, 다대포 등 6개 해수욕장이 함께 펼치는 축제, 수레 행진, 가장행렬 등 해변 퍼레이드를 벌이고 폭죽을 터트려 해수욕장의 밤하늘을 화려하게 수놓는다. 록페스티벌과 재즈댄스공연, 요트대회, 해양 래프팅 대회, 전통 어촌민속놀이, 해변 현대 무용제, 윈드서핑 대회 등이 해수욕장별로 열린다.
⑥ 신안 개펄축제
전남 신안군 우전 해수욕장. 신안 개펄과 머드 화장품을 홍보하기 위한 이벤트로 개펄 분장대회, 진흙 마사지 시연, 머드 화장품 전시, 판매 등으로 꾸며진다.
⑦ 영덕 해변축제
영덕군 고래불, 대진, 장사 등 3개 해수욕장에서 열리는데 모래조각 경연, 조개줍기, 모래찜질, 바나나보트 체험 등 다채로운 체험 프로그램이 마련된다.

13. 김제 지평선 축제

'하늘과 땅이 만나는 오직 한 곳, 김제로 오세요' 김제기평선축제의 3일간 프로그램이다.

① 농경문화 체험
황금벌판 우마차 여행: 벽골제 부근의 황금들판을 우마차 타고 둘러본다.

농촌체험 : 40가족이 1박 2일 간 자매 결연한 농가에 머물며 농사체험과 테마답사(금산사- 벽골제-망해사)를 한다.
허수아비 만들기 대회 : 기본재료는 제공하고, 나머지는 예쁘게 꾸며 보자. 우리 가족을 모델로 만들어 본다면 어떨까?
대장간 체험 : 삽, 호미 등 농기구 제작과정을 본다.
전통 농기구 체험 및 전시 : 도리깨질, 키질, 지게지기 등 체험
불우 아동과 함께하는 지평선 논길 걷기
쌀로 만든 음식 판매 관람하기

② 전통문화재현
입석줄다리기 : 풍년기원 남녀대항 줄다리기
쌍룡놀이 : 벽골제 축조놀이
지평선 연날리기 : 100팀에 연 무료제공
우수쌀 진상식 : 전통 우마차를 이용한 진상행렬 재연
철인농민 5종 경기

③ 해양행사
왕조개 캐기 : 지평선과 수평선을 모두 감상할 수 있는 심포항 갯벌
망둥어 낚시대회 : 청하면 만경대교

④ 문화행사
전국의 시군 농악대 참가
김제서예 300년전 : 김제서예의 변천사를 보여 줌
벽천미술관 개관식 및 작품전

⑤ 농경문화의 진수 선보이는 이벤트

개막식과 폐막식 축하공연

두드림, 그 신명의 세계 : 사물놀이 난타공연

열기구 타기

14. 꽃길 걸으며… 꽃 길 행사

봄이 되면서 꽃길을 걷고 달리는 봄맞이 행사이다. 행사장은 유채꽃이 핀 제주도, 100리 벚꽃길 전주, 천년고도 경주 등 모두 꽃길이 아름다운 명소이다.

① 서귀포 칠십리 국제걷기대회

한국 체육진흥회와 서귀포시는 '서귀포 칠십리 국제걷기대회'를 연다. 일본과 홍콩, 중국, 미국 등에서 약 5,000명이 참가하는 행사로 유채꽃이 만발한 해안도로를 따라 서귀포 월드컵 경기장까지 이어지는 코스를 걷게 된다.

자신의 체력에 맞게 코스를 정할 수 있으며 누구나 참여할 수 있다. 걷기 행사기간 동안 국제 친교의 밤, 제주 민속공연, 풍물놀이 공연, 에어로빅 시범공연, 청소년 댄스경연대회, 퍼레이드 페스티벌 등 다양한 부대행사도 마련된다.

② 경주 벚꽃 마라톤 대회

전라북도에서는 전주-군산 국제 마라톤 대회를 열고, 경주에서는 경주 벚꽃 마라톤 대회를 여는데 이들의 부대행사로는 음식축제와 벚꽃길을 코스별로 걷는 행사가 있다.

Intro

2부. 성경복습게임

1. 성경복습게임이란 무엇인가?
2. 성경복습게임 운영방법

Intro 성경복습 게임이란 무엇인가?

1. 성경복습게임의 정의

성경복습게임이란 성도들로 하여금 성경을 재미있게 공부할 수 있도록 돕는 효과적인 학습 방법으로 놀이기구나 흥미로운 게임 도구들을 이용하여 오늘 배운 하나님의 말씀을 기억하고 삶에 적용시키도록 이끌어주는 교육방법이다.

2. 성경복습게임의 목적

첫째, 확인

성경복습게임은 오늘 배운 하나님의 말씀이 설교자와 교사가 의도한대로 바르게 전달되었는지 확인하는데 있다.

둘째, 교정

성경복습게임을 진행하면서 정답을 잘못 맞추거나 본문을 다르게 이해한 성도들이 있을 때는 이를 교정해주는 역할을 하게 한다.

셋째, 시선집중

성경복습게임은 성도들로 하여금 설교시간과 공과공부 시간에 하나님의 말씀에 온전히 집중할 수 있도록 돕는 데 있다.

3. 성경복습게임의 활용

① 설교시간과 공과공부시간에 활용하기

설교시간과 공과공부 시간에 효과적인 집중방법으로 성경복습게임의 도구를 가지고 설교하면서 중간 중간 퀴즈형식으로 활용할 수 있다.

② 교회학교 2부 프로그램으로 활용하기

매주 예배와 공과공부를 마친 후 전체 어린이가 모인 자리에서 성경 복습게임 시간을 갖거나, 월 1회 마지막주에 그 달에 배운 것을 종합해서 특별 프로그램으로 진행할 수 있다.

③ 교회 이벤트 행사 자료로 사용하기

성경복습게임을 주일예배 프로그램으로만 국한시키지 말고 교회 학교에서 실시하는 '어린이 초청잔치', '전도대회', '성경학교' 등 특별 이벤트 프로그램의 자료로 활용할 수 있으며, 어린이 프로그램뿐만 아니라 학생회, 청년회, 교회 전체행사 중 '성경퀴즈대회', '찬송경연대회', '전교인수련회' 등 활동자료에 부분적으로 참고할 수 있다.

④ 레크리에이션과 특별 프로그램의 자료로 활용하기

성경복습게임의 많은 부분들이 게임과 놀이기구들을 사용하고 있기 때문에 레크리에이션 시간이나 미니올림픽, 추적게임 등 특별프로그램의 자료로 활용하는데 좋은 정보를 제공할 것이다.

4. 주의사항

① 좋은 자료 선택하기

주제와 시간, 장소에 알맞는 자료를 준비할 때 성경복습게임을 효과적으로 진행할 수 있다. 주제와 너무 동떨어진 자료나 장소에 비해 자료가 너무 적은 경우, 또는 실외에서 해야되는 자료를 실내에서 진행할 경우에는 교육의 효과가 떨어지게 된다.

② 준비된 질문하기

즉흥적인 질문은 가급적 피하고 철저하게 준비된 질문을 해야 한다. 배운 말씀에 대해 어린이들이 바르게 이해했는지 확인하는 시간인데 즉흥적인 질문은 중요한 부분들을 놓칠 수 있기 때문이다.

③ 균형 이루기

교육과 흥미가 균형을 이루어야 한다. 하나님의 말씀을 바르게 교육하기 위해서 놀이라는 도구를 사용하는 것인데 내용은 없고 재미만 있거나, 반대로 흥미가 없는 가르침은 교육의 효과를 떨어뜨리는 요인이 될 수 있다.

④ 배려하기

모든 성도들이 참여할 수 있도록 배려해야 한다. 모든 프로그램에 100%의 호응은 기대하기 어렵지만 만약 성경복습게임에 참여하지 못하는 성도들이 흥미를 갖지 못하는 이유가 문제가 너무 어렵거나 성경을 잘 아는 사람 중심으로 진행되고 있기 때문이라면 분위기를 바꿀 수 있는 지혜가 필요하다.

⑤ 지혜롭게 진행하기

성경복습게임에는 선물, 점수, 상품이 기다리고 있어서 지나친 승부욕으로 인해 다툼을 일으킬 수도 있기 때문에 공정하고 지혜로운 진행이 필요하다.

5. 성경복습게임 연구를 위한 제언

성경복습게임은 놀이가 중심이 아니라 성도들이 놀이를 통해서 성경과 친근해지고 선생님이나 설교자가 가르치고자 하는 말씀을 더 명확하게 해주는 데 있다. 이를 위해 성도들이 적극적으로 참여할 수 있도록 재미있는 놀이를 이용하여 높은 학습의 효과를 기대하게 되는 것이다. 앞으로 성경복습게임을 계속 연구하며 효과적으로 진행하고자 하는 분들을 위해서 몇 가지 제안을 하고자 한다.

첫째, 끊임없이 연구해야 한다. 기존의 것을 모방하거나 단순히 자료를 이용하는 것은 쉽지만 내 것을 만들기까지는 많은 시간이 필요하기 때문이다. 우리가 관심을 가지고 있게 되면 책 속에서, TV에서, 신문에서, 심지어는 어린이들의 놀이속에서도 창조적인 프로그램들이 개발될 것이다.

둘째, 사랑만큼 좋은 프로그램은 없다. 우리가 그들을 사랑할 때 그들의 욕구가 보이고 우리의 눈이 낮아지는 것이다. 영혼을 변화시키는 것은 프로그램이 아니라 그들을 향한 우리의 뜨거운 사랑과 열정이다.

셋째, 경건훈련이 중요하다. 성경복습게임을 진행하는 설교자와 교사의 성령충만한 생활, 영적인 생활은 우리로 하여금 교육에 대한 목마름을 갖게 하고 끊임없이 연구하며 영혼들을 사랑하는데 필요한 능력을 공급해주기 때문이다.

Intro 성경복습게임 운영방법

1. 진행을 위한 준비

1. 자료준비

주제를 표현할 수 있는 자료준비
교훈적인 내용이나 성경본문을 중심으로 복습게임을 진행할 때는 본문에 알맞는 자료를 준비해야 된다. 성도들은 '선악을 알게 하는 나무'에 대해서 배웠는데 복습게임은 '물이 변하여 포도주됐네'라는 자료를 사용한다면 교육의 효과가 떨어질 뿐만 아니라 본문의 말씀과 동떨어진 자료가 된다. 주제에 알맞는 자료란 성도들이 아브라함에 대한 설교를 듣거나 공과공부시간에 배웠다면 복습게임은 '동서남북을 바라보라'는 자료를 선택함으로 주제를 강화시키고 배운 것을 확인시켜줄 수 있는 자료를 말하는 것이다.

환경에 알맞는 자료선택
아무리 좋은 자료라 할지라도 환경에 맞지 않으면 소용이 없다. 예를 들어 물풍선을 이용한 복습게임이 흥미로워도 실내에서는 사용할 수 없고, 종이비행기를 이용한 복습게임이 재미있어도 너무 좁은 공간이나 바람이 심하게 부는 날에는 사용할 수 없다. 자료를 정할 때는 장소와 공간활용, 복습게임을 하는 대상자들을 고려해서 선택해야 된다.

질문할 문제의 준비
성경복습게임을 효과적으로 진행하기 위해서는 즉흥적인 방법이 아니라 치밀하고 계획성있게 준비된 문제를 가지고 질문해야 된다. 즉흥적인 방법으로 진행할 경우 복습게임에 대한 일관성이 없거나 꼭 확인해야 될 핵심문제를 놓쳐버리기 쉽기 때문에 질문할 문제를 철저하게 준비하는 습관을 가져야 한다.

진행에 필요한 도구준비

선물, 점수판, 메달, 왕관, 달란트, 우승기 등 교회와 성도들의 상황에 알맞는 도구들을 준비해서 복습게임을 진행하는 동안 흥미와 긴장을 늦추지 않도록 해야 한다.

2. 팀구성

① 각 반(공과시간)에서 진행할 경우
　　- 개인별, 파트너별, 남·녀별로 구분

② 전체를 대상으로 진행할 경우
　　- 개인별, 학년별, 팀별, 남·녀별로 구분

2. 성경복습게임의 종류와 구분

1. 성경복습게임의 종류

성경복습게임의 종류는 교회교육의 현장에서 성경복습게임을 활용할 때에 성도들에게 다양하고 재미있는 방법으로 접근할 수 있도록 분류해 놓은 것이다. 한 가지 방법보다는 늘 새롭고 신나는 방법들을 제공함으로써 성도들이 지루해하지 않고 성경복습게임에 대한 기대감을 가질 수 있기 때문이다.

① 목표 달성하기 : 정해진 목표를 향해 한 칸씩 전진함으로 목적지에 먼저 도착하는 팀이 승리하는 방법이다.

② 점수내기 : 문제를 맞출 때마다 (＋)또는 (－) 점수를 줌으로 써 점수가 높은 팀이 승리하는 방법이다.

③ 퍼즐 완성하기 : 주제에 알맞는 그림이나 모양을 퍼즐형식으로 준비해 문제를 맞출 때마다 하나씩 완성해 나가는 형식으로 퍼즐을 먼저 완성하는 팀이 승리하는 방법이다.

④ 짝 맞추기 : 진행판에 가려놓은 그림이나 모양 또는 글자 중 하나를 선택해서 그것과 똑같은 것을 찾는 방법이다.

⑤ 보물찾기 : 제비뽑기와 비슷한 형식으로서 진행을 위한 게임자료에서 보물을 찾게 하는 방법으로 선물을 준다.

⑥ 놀이도구 이용하기
다트 : 목표물 맞추기, 선물 맞추기, 점수내기 등 다양한 방법에 사용한다.
종이 비행기 : 멀리 날리기, 비행기 잡기, 기록 재기 등의 방법으로 사용한다.
풍선 : 레크리에이션 형식으로 진행할 때 주로 활용한다.
주사위 : 목표 달성하기, 점수내기 등에서 주로 사용한다.
깡통 : 탑쌓기, 점수내기에서 사용한다.
농구골대, 링, 훌라후프 : 점수내기 형식으로 사용한다.

⑦ 선생과 설교자의 창조적인 아이디어 : 모든 일에 대해 고정관념의 틀을 깨고 새로움

에 대한 열정과 목마름을 가질 때 교회교육이 새로워질 수 있다.

2. 성경복습게임의 구분
성경복습게임의 구분은 복습게임을 진행하는 선생님들을 위한 것으로써, 어린이들에게 흥미를 더해줄 수 있는 방법이라 할지라도 주제와 멀어진 활동자료를 사용한다면 어린이들은 좋아할지 모르나 교육의 효과는 떨어지게 된다. 이것을 방지하고 교육의 효과를 높이기 위해 주제와 내용에 따라 자료를 활용할 수 있도록 구별해 놓은 것이다.

① 놀이도구를 이용한 성경복습게임
어린이들의 주변에서 쉽게 구할 수 있으면서도 재미있는 놀이가 되는 도구들을 중심으로 성경복습게임 자료를 만든 것이다. 이 활동자료는 성경복습게임뿐만 아니라 교회학교 2부 순서나 성경학교 특별 프로그램인 미니올림픽 또는 추적게임 등의 자료로 활용할 수 있다.

② 레크리에이션을 중심으로 한 성경복습게임
성경복습게임은 게임의 성격을 가지고 있기 때문에 어린이들이 좋아하는 게임의 방법들을 중심으로 만들어진 자료이다. 이 활동자료는 레크리에이션 중 '대표자 게임'이나 '팀별 대항 게임' 또는 '팀별 점수내기' 등으로 활용할 수 있으며 특히 설교시간이나 공과공부 시간에 남, 녀 또는 두 팀으로 나누어서 말씀을 잘듣게 하는 방법으로 활용하면 더욱 좋다.

③ 성경학교와 캠프에서 사용할 수 있는 성경복습게임
성경학교와 캠프 또는 이벤트로 활용할 수 있는 자료들을 중심으로 정리되어 있다. 성경복습게임 자료 중 가장 재미있었던 내용들을 중심으로 정리했기 때문에 활동범위가

넓고 다양한 도구들을 사용하고 있다. 특히 캠프와 전도를 위한 특별 이벤트로 활용할 수 있도록 야외 프로그램 중심으로 정리하였다.

④ 성경본문을 중심으로 한 성경복습게임
성경본문을 배경으로 자료를 만든 것으로써 재치있는 진행과 신선하고 재미있는 자료를 통해 성도들로 하여금 본문에 대한 이해의 폭을 넓히고 오래 기억될 수 있는 방법들을 사용하고 있다.

⑤ 주제에 따른 성경복습게임
성도들의 경건생활에 꼭 필요한 주제들을 중심으로 자료화한 것으로써 말씀생활, 믿음생활, 기도생활, 구제생활, 선교생활 등 하나님을 섬기는 성도들의 삶의 모범들을 게임의 형식으로 교훈하고자 한 것이다. 이 프로그램에서 주목할 내용은 복습게임에 참여하는 성도들이 선교를 위해 직접 기도하고 받은 선물을 가지고 사랑을 실천할 수 있도록 기획되었다.

3. 질문하는 좋은 방법

초등학교시절 많은 친구들 앞에서 내가 모르는 문제를 선생님이 질문했을 때, 얼굴이 붉어지면서 당황스러워했던 경험들이 있는가? 그때의 심정은 말하기 싫을 정도로 부끄럽고 창피하고 고개를 들 수 없었을 것이다. 더구나 사춘기가 빨리오는 요즘 어린이들에게 이런 일이 있다면 얼마나 당황스러워하겠는가? 마찬가지로 질문하는 방법에서는 성도들의 자존심을 건드리는 과거의 방법이 아니라 창조적이면서 그들에게 용기와 자신감을 심어주는 방법들을 소개하고 있다.

1. 문제를 낼 때 주의해야 할 일

① 문제를 어렵게 내지 말아야 한다.
종종 문제를 선택할 때 성도들에게 '이런 문제를 내면 헷갈리겠지? 이건 못맞출거야'라는 생각으로 문제를 내서는 안된다. 성도들이 문제를 못맞춘 것을 기분좋게 생각하는 것보다 모든 성도들이 맞출 수 있는 문제들을 중심으로 출제해야 된다.

② 계획되어진 문제를 내야 된다.
사회자가 즉흥적으로 문제를 낼 수도 있지만 여기에는 많은 부작용이 있다. 꼭 확인하고 복습해야 될 중요한 문제들을 놓칠 수 있으며 진행 중 문제를 생각하느라 전체적인 흐름과 분위기를 보지 못하는 실수를 범할 수 있기 때문이다. 그러나 준비된 문제로 진행을 한다면 복습해야 될 부분들을 강화하면서 흥미있는 분위기로 이끌 수 있을 것이다.

③ 성도에게 개인적으로 질문할 때는 그 성도가 대답할 수 있는 문제로 질문해야 한다.
처음 나온 사람이나 말씀에 대한 지식이 없는 성도에게 많은 사람들 앞에서 너무 어려운 문제를 낸다면 자존심을 상하게 할 수 있기 때문이다. 오히려 그 사람에게 알맞는 질문을 함으로써 자신감을 가질 수 있도록 도와주어야 한다.

④ 오늘 배운 것을 중심으로 질문해야 한다.
오늘 배운 설교 말씀과 공과 공부시간을 통해서 배운 것 위주로 질문할 때 모든 성도들이 참여할 수 있다. 그러나 매월 마지막 주에 하는 성경복습게임과 성경학교에서 하는 성경복습게임은 계속 반복해서 진행할 수 있다.

2. 질문하는 방법

① 사회자가 직접 문제내기
일반적인 방법으로 사회자 혼자 진행하면서 준비된 문제를 내는 방법이다.

② 인형극 형식으로 진행하기
인형극을 상영하는 것과 같은 모양으로 높은 곳에 인형들을 설치하고 선생님 중 한 명이 인형을 가지고 질문하는 방법이다. 인형 혼자서 질문할 수 있지만 사회자와 인형이 대화하는 형식으로 진행한다면 흥미있는 시간이 될 것이다. 단, 어린이들에게는 절대 인형을 들고 있는 선생님을 모르게 해야 한다.

③ 성경인물로 분장하기
선생님 중 한 명이 오늘 배운 주제의 성경인물로 분장해서 등장한다. 자신의 이야기를 하면서 자연스럽게 문제를 낸다.

④ 파워포인트를 이용해서 문제내기
문제를 파워포인트를 만들어 사회자가 "문제 주세요."라고 말하면 보조 진행자는 준비한 파워포인트를 스크린에 띄운다. 정답을 아는 성도는 자기 이름을 크게 부른다.

⑤ 제비뽑기
팀을 나누어서 진행할 때 사용한다. 색종이 안에 문제를 적고 예쁜끈으로 살짝 묶은 후 문제들을 모아둔다. 각 팀의 팀장이 지명한 성도가 나와서 문제를 뽑고 그 안에 기록된 문제를 낸다. 이때 색종이 안에는 '문제를 맞추면 선물, 문제를 맞추면 점수 2배, 문제는 없고 그냥 선물만 받으세요'등 앞에 나온 사람이 문제도 낼 수 있고 선물도 받을 수 있는

기회를 주는 방법이다.

⑥ 풍선불기

팀을 나누어서 진행할 때 사용한다. 문제는 풍선을 크게 분 후에 유성싸인펜으로 풍선에다가 문제를 쓰고 바람을 뺀다. 팀별로 모여서 앉게 하고 보조진행자는 각팀의 조장에게 준비된 풍선을 나누어 준다. 조장은 풍선을 불어서 그 안에 기록된 문제를 읽고 팀원들과 함께 맞추는 방법이다.

4. 정답을 맞추는 좋은 방법

성경복습게임을 진행하다보면 가장 소란스러울 때가 정답을 맞추려고 어린이들이 소리를 지를 때이다. 어떤 어린이는 일어나거나 앞으로 나오고, 장난을 치면서 소리를 지르는 등 잘못하면 아수라장이 되고 진행자는 곤욕스러워 하게 된다. 물론 소리를 지르고 일어나게 하는 등 진행의 묘를 살리는 프로그램이 있지만 이러한 방법들은 정해진 틀 안에서 이루어지기 때문에 어수선하지 않다. 다음에 소개하는 방법들은 모두가 즐겁게 참여하면서도 질서있고, 소리를 지르면서도 어수선하지 않는 방법이다.

1. 전체를 대상으로 진행할 때

① 선물꾸러미

모든 성도들을 원형으로 앉게 한다(큰 원 그리기). 원형의 한가운데에 인형이나 과자, 선물 중 한 개를 준비한다. 정답을 아는 성도는 빨리 뛰어나와 준비된 선물을 먼저 잡아야 한다. 선물을 잡은 성도가 정답을 맞추었을 경우 그것을 가지고 들어가고 못 맞추면 벌칙을 준다.

② 침묵 속의 외침
사회자는 정답을 맞추기 위해 절대로 소리를 내서는 안됨을 강조하고 소리가 나면 발표할 기회를 주지 않는다고 말한다. 문제를 내면 소리없이 마음 속으로 외치면서 입모양만 말하게 하고 손을 들게 한다. 사회자는 침묵 속에서 진행을 해야한다.

③ 머리 두드리기
정답을 알면 말소리는 내지 않고 손바닥으로 자기 머리를 두드리게 한다. 말이나 행동이 아니라 계속 자기 머리를 두드리는 성도에게 기회를 준다.

④ 풍선불기
사회자는 풍선을 적당한 크기로 불어서 묶어둔다. 어린이들에게 풍선을 한 개씩 나누어주고 정답을 알면 풍선을 부는데 사회자가 가지고 있는 풍선의 크기 만큼 불어서 묶지는 말고 흔들게 한다. 사회자는 비슷한 크기의 풍선을 든 어린이를 지명한다.

⑤ 목소리 테스트
정답을 알면 손을 들면서 자기 이름을 크게 부르게 한다. 사회자가 이름을 알아듣고 시킬 때 까지 부른다.

⑥ 사회자 맘대로
진행을 하다보면 성경을 잘 아는 사람이나 적극적인 사람 중심이 되는 등 한쪽으로 치우치는 경향이 있기 때문에 이런 것을 방지하기 위해서 사회자는 다양한 제스처를 취할 수 있다. 정답을 아는 사람은 '하품하세요', '윙크하세요', '기지개를 펴세요', '다리를 긁으

세요'등 사회자 마음대로 표현을 하되 손을 잘 못드는 성도를 중심으로 정답을 맞추도록 한다. 참고사항은 그 성도가 사회자가 시키는대로 하지 않았어도 사회자는 눈치껏 '예, 제일 먼저 윙크했습니다'하면서 정답을 유도한다.

2. 팀별로 나누어서 진행할 때

① 외치기
정답을 맞추기 위해 한 성도가 손을 들면 그 팀 전원이 사회자가 시킬 때까지 큰 소리로 자기팀 이름을 부른다(예를 들면 : 사랑팀의 어린이가 손을 들면 '사랑팀, 사랑팀!'하면서 소리를 지른다). 손을 먼저 들었어도 그 팀의 목소리가 작거나 안하는 사람이 있으면 지명하지 않는다.

② 사선에서
팀을 섞어서 동그랗게 둘러앉게 한다. 문제를 맞추는 방법은 한 손은 허리, 한 손은 머리에 손을 올리게 하고, 정 가운데 손수건이나 손으로 집을 수 있는 물건을 하나 놓는다. 정답을 아는 성도는 "정답!"이라고 외치면서 손수건을 빨리 들고 흔들어야 된다.

③ 양보하지마
사선에서와 형식은 같지만 각 팀별로 동그랗게 모여 앉고 가운데 수건을 놓는다. 정답을 아는 성도가 먼저 수건(팀 깃발)을 들면서 흔든다.

④ 동네 한 바퀴
각 팀별로 동그랗게 앉아 있고 정답을 아는 성도는 자기 팀 이름을 크게 부르면서 그 자리에서 벌떡 일어나 자기 팀을 한바퀴 돌고 자리에 앉는다. 이때 같은 팀원들은 박수를

쳐주고 자리에 앉을 때 팀원이 전체 '할렐루야'하고 외쳐야 된다. 가장 먼저 도착한 팀을 시킨다.

⑤ 무조건 손들기
사회자가 문제를 내면 성도들은 모두 "저요!"하면서 손을 들어야 한다. 이때 손을 들지 않으면 그 팀에 벌칙을 주고 가장 늦게 손 든 사람부터 시킨다고 말한다. 문제를 내면 손을 먼저든 팀 중 아무나 지명한다. 또는 가장 늦게 손을 든 성도를 지명해서 정답을 맞추도록 한다.

⑥ 풍선 터뜨리기
팀별로 동그랗게 앉고 풍선을 나누어준다. 정답을 알면 풍선을 불어서 엉덩이로 터뜨리게 하고 먼저 풍선을 터뜨린 팀을 지명한다.

⑦ 냄비들의 합창
팀별로 냄비, 솥뚜껑, 쇠밥그릇 중 1개와 수저를 1개씩 나누어 준다. 정답아는 팀은 냄비가 '벨'이라고 생각하고 두드리고, 가능하다면 팀별로 각각 다른 모양의 벨을 준비하면 더욱 좋다.

⑧ 할렐루야
정답을 알면 팀원이 합심해서 '할렐루야'라고 외쳐야 한다. 혼자 외치거나 목소리가 중구난방이면 안되고 팀원 중 정답을 아는 성도가 '하나, 둘, 셋' 구호를 외치면 함께 '할렐루야'를 외친다. 사회자는 팀웍이 잘 맞는 팀을 지명한다.

5. 선물을 주는 좋은 방법

문제를 맞추게 되면 상품으로 선물을 주는데, 준비된 선물을 진행자가 직접주는 방법보다는 창조적이면서도 흥미를 끌 수 있는 방법들을 이용하는 것이 더욱 좋을 것 같다. 선물은 문제를 맞추었을 때 즉시 주는데 다음과 같은 방법들이 있다.

1. 선물을 주는 방법들
① 준비된 선물을 진행자가 선택해서 주는 방법
② 선물을 진열한 후 문제를 맞춘 사람이 가져가고 싶은 선물을 선택하는 방법
③ 선물을 감추어 두었다가 찾는 방법
④ 받은 선물을 내가 갖는 것이 아니라 사랑하는 친구, 미워했던 친구, 사귀고 싶었던 친구, 선교지나 불우한 이웃에게나누어 주는 방법
⑤ 장기를 한 가지씩 보여주고 선물을 받는 방법
⑥ 선물에 포장을 하거나 하지 않고 주는 방법

선물을 주는데 있어서 위와 같은 방법들이 좋은 점은 선물에 대한 불평이 없다는 것이다. 진행자가 직접 선물을 골라 주게 되면 선물을 받는 대상에 따라서 진행자가 잘 알거나 좋아하는 사람에게는 좋은 것이나 비싼 것을 주고 처음 나왔거나 잘모르는 사람에게는 덜 좋은 선물을 주기 때문이다. 그러나 자신이 직접 선택하게 되면 선물의 크고 작은 것에 대한 불평이나 불만이 없어지게 된다.

2. 선물 대신 줄 수 있는 방법
①달란트 시장을 하는 교회라면 선물대신 달란트를 준다.
②어린이들에게는 선물대신 메달이나 왕관을 씌워준다.

③선물대신 점수를 기록해서 최후 승자에게만 또는 최고 우승팀에게만 선물을 준다.
④성경학교나 캠프로 진행하는 경우에는 마지막날까지 종합해서 개인 1, 2, 3등이나 팀별 1, 2, 3등만 시상한다.

3. 선물에 대한 규칙정하기
성경복습게임을 진행하다 보면 교회를 오래 다닌 성도들이나 성격이 활발한 성도들이 주로 선물을 받게 되고, 처음 나온 새신자나 교회에 적응이 아직 덜된 성도들은 선물을 받을 기회가 적다는 사실을 실감하게 된다. '규칙정하기'는 이런 의미에서 어느 특정한 성도가 선물을 많이 받거나 독주하는 것에 대해서 제동을 걸 수 있는 방법이다. 성경복습게임은 가능하면 많은 성도들이 참여하고 선물도 나누어 가지면서 성경을 배울 수 있는 시간이 되도록 해야 한다.

① 성경학교, 캠프 등 행사 기간 중에는 1인당 한 개의 선물만 가질 수 있고
② 선물을 이미 받은 성도가 문제를 맞출 경우 선물을 받지 못한 사람에게 주도록 유도한다(이때 만약 점수제와 동시에 진행한다면 선물을 준 친구에게는 (＋)점수를 준다).

4. 선물을 주는 다양한 방법들의 실제

① 선물뽑기

1	2	3	4	5
6	7	8	9	10
11	12	13	14	15
16	17	18	19	20
21	22	23	24	25

각 번호를 열어볼 수 있도록 만들되 뒷면에는 선물의 내용을 적어 놓는다.
선물의 내용은 다양하게 하고 중간 중간에 '꽝'도 만들어 넣는다. 정답을 맞추면 번호를 선택하고 열게 한 후 기록된 선물을 준다.

② 선물 진열하기

선물을 복습게임에 참여한 사람들이 볼 수 있도록 진열한다. 선물 앞에는 번호를 기록하고 정답을 맞춘 사람이 원하는 번호의 선물을 가져갈 수 있도록 한다.

③ 같은 모양 흉내내기

문제를 맞추면 사회자 옆에 서게 한다. 사회자가 '하나, 둘, 셋'이라고 외치면 보조 진행자와 정답을 맞춘 사람은 손으로 ○, 혹은 ×표시를 머리 위에서 하게 한다. 이때 두 사람이 모두 ○를 하거나 ×를 하면 선물을 주고, 서로 다른 모양이 나오면 벌칙을 주거나 선물을 주지 않는다.

④ 제비뽑기

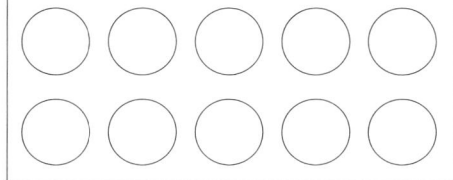

색상지로 원 모양의 카드를 만든 후 뒷면에는 선물, 꽝 등을 나누어서 기록한다. 이때 선물에는 선물의 내용물을 기록해 두어도 좋다. 정답을 맞춘 사람이 나와서 직접 뽑도록 해서 선물을 주는 방법이다.

⑤ 사다리타기

칠판에 사다리를 그린 후 번호를 기록한다. 사다리의 끝부분에는 엽서 봉투를 붙여놓고 그 안에는 선물의 내용물을 기록해 둔다. 정답을 맞추면 성도가 원하는 부분을 선택해서 나오는 부분의 선물을 가져가게 한다.

⑥ 피아노 의자는 선물 보따리
선물을 다양하게 준비해서 각 선물마다 오색끈을 오려 붙인다. 선물은 피아노 의자 안에 집어넣고 끈만 의자 밖으로 나오게 한다. 문제를 맞추면 원하는 끈을 잡아당겨서 나오는 부분의 선물을 가져간다.

⑦ 선물맨 등장
보조 진행자를 '선물맨'으로 정하여 분장을 한 후 선물을 가지고 등장하게 한다. 문제를 내기 전 박스안에 선물을 감추어 두고 박스를 보여주면서 이번 문제를 맞추면 이 선물을 준다고 말한다. 이 방법은 선물이 무엇인지 모르기 때문에 궁금하기도 하고 호기심을 가질 수 있는 좋은 방법이다. 정답을 맞추면 박스에서 선물을 꺼내 전달한다.
만약 정답을 맞추지 못했다면, 그 박스는 그냥 두고 다른 박스를 가지고 나와서 이번 문제를 맞춘 사람이 두 개의 선물을 가져가게 하는 방법이다.

⑧ 왕관 씌워주기
정답을 맞추면 앞에 나와 퀴즈왕의 자리에 왕관을 쓰고 앉게 한다. 문제를 맞출 때마다 퀴즈왕의 자리를 차지한다. 물론 현재 왕의 자리에 앉아 있는 사람도 문제를 풀 수 있다. 최종 문제에는 퀴즈왕의 자리에 앉아 있는 사람에게만 선물을 주거나 또는 문제를 맞출 때마다 메달을 하나씩 걸어주고 퀴즈왕의 자리에 앉게 함으로써 메달을 제일 많이 걸고 있는 사람에게 선물을 준다.

⑨ 사회자와 대결하기
사회자와 가위 바위 보를 해서 이기면 선물을 준다.
또는 사회자와 뽕망치 대결하기 : 사회자가 '하나, 둘, 셋'하면서 뽕망치를 오른쪽이나 왼쪽으로 향하게 할 때 같은 방행으로 고개를 돌리면 벌칙을 받고(뽕망치로 한 대 맞기) 다른 쪽으로 고개를 돌리면 선물을 받는다(사회자와 문제를 맞춘 사람이 교대로 한다). 문제를 맞춘 사람이 자신이 제일 잘하는 것을 사회자와 겨루게 함으로써 이기면 선물을 받는다.

⑩ 선물 빙고

1	2	3	4	5
6	7	8	9	10
11	12	13	14	15
16	17	18	19	20
21	22	23	24	25

(앞면)

※	★	♨	♨	♡
◆	◆	※	♨	♨
★	※	♨	♡	◆
♡	♨	♡	※	♡
◆	★	※	◆	★

(뒷면)

준비된 번호를 두 개 선택해서 열어보게 한다. 같은 모양의 그림이 나오면 선물을 받고 다른 모양이 나오면 꽝이 된다. 또는 사회자가 먼저 한 개를 열고 같은 것을 찾게 하는 방법이다(흐름에 따라 두 번, 세 번의 기회를 준다).

⑪ 선물뺏기

모두가 볼 수 있는 공간에 2m정도의 정사각형을 청테이프로 표시하고 그 안에 준비된 선물을 흐트러 논 후 보조 진행자는 수건으로 눈을 가리고 그 안에 서 있는다.

문제를 맞춘 성도는 제한 시간 안에 선물을 가져야 하고, 보조 진행자는 선물을 못 가져가도록 팔을 좌우로 흔든다.

⑫ 선물 맞추기

학용품, 인형, 과자 등 상품으로 줄만한 것들을 공으로 던져서 맞출 수 있도록 군데 군데 진열해 놓는다. 문제를 맞추면 일정한 선에서 볼풀공이나 테니스공 등 가벼운 공을 던져 상품을 맞추거나 쓰러뜨리면 가져간다.

⑬ 주사위 던지기
박스로 주사위를 만들고 숫자대신 선물, 꽝 등을 기록하거나 상품의 내용을 구체적으로 기록해도 된다. 던져서 나온 부분을 선물로 준다.

6. 점수를 주는 좋은 방법

점수를 주는 방법은 팀을 나누어서 진행할 때 활용하는 방법이다. 기존의 방법들은 사회자가 말로 '○○점 짜리 문제입니다'라고 말을 하거나, 진행판에 나와있는 점수를 선택해서 문제를 맞추면 주는 방법을 사용해 왔다.
그러나 여기서 소개하는 방법들은 독특하고 다양한 방법으로서 게임을 통해 점수를 가져갈 수 있도록 하는 방법들이다. 아래에서 소개하는 방법들은 언제든지 역전이 가능한 방법들이며 점수에 대한 기대감을 주기 때문에 성경복습게임을 더욱 흥미있고 진지하게 진행하는데 양념과 같은 역할을 해줄 것이다.

1. 창던지기

10	30	70	100	50
80	100	20	90	80
60	20	100	90	30
50	100	90	50	100
90	80	70	80	90

① 다트에 원을 중심으로 점수를 적어놓는다(100점, 90점……).
② 던져서 나온 만큼 점수를 준다.

2. 볼링
① 페트병에 물을 반쯤 담아놓고 볼링핀처럼 세워놓는다.
② 공을 굴려서 쓰러뜨린 만큼 점수를 준다.
③ 핀 중앙에 '사탄'표시를 해두고, 핀 끝부분에는 '십자가'표시를 해둔다.
④ '사탄'을 쓰러뜨리면 쓰러뜨린 만큼 점수가 되고, '십자가'를 맞추면 쓰러진 핀 수의 2배를 점수로 준다.

3. 오재미 던지기
① 일정한 거리에 원을 만들거나 방석을 놓고 던지는 선을 그려놓는다.
② 문제를 맞출 때마다 오재미를 원 안에 던져서 들어간 수만큼 점수를 준다(몇 개를 던질 것인가는 상황에 따라서결정한다).

4. 저울과 줄자
① 제비에 몸무게, 키, 발, 허리, 허벅지 사이즈, 가슴둘레 등 신체를 측정할 수 있는 내용을 기록해 둔다.
② 문제를 맞추면 제비뽑기를 해서 나온 부분을 저울과 줄자를 통해서 확인하고 기록만큼 점수를 준다(예 : 몸무게 35kg이면 35점).

5. 가위 바위 보
① 정답을 맞추면 사회자와 가위 바위 보를 한다.
② 사회자를 이겨야만 점수를 받는데, 바위로 이기면 100점, 가위는 50점, 보는 30점으로 한다.

6. 주사위 던지기
① 박스로 주사위를 만들고 그 안에 점수를 기록한다(10점 단위로 기록).
② 주사위를 던져서 나온 점수를 준다.
③ 또는 주사위를 던지기 전에 예상 점수를 말하게 하고 주사위를 던진다. 예상점수가 나오면 점수의 2배를 준다.

7. 깡통 굴리기
① 일정한 거리에 점수판을 크게 만들고
② 출발선에서 깡통을 굴려 나온만큼 점수를 준다.

7. 벌칙을 주는 좋은 방법

벌칙은 게임의 규칙을 어겼거나 경기에서 실패했을 때, 또는 참여하는 이들로 하여금 재미와 즐거움을 주기 위해서 간단하게 사용한다. 그러나 벌칙이 너무 지나치게 되면 벌칙을 받는 사람이 상처를 입을 수도 있고 심하면 다시는 교회를 나오지 않는 일들도 생기기 때문에 신중하게 선택해야 된다. 성경복습게임을 진행할 때는 벌칙받는 일이 즐겁고 재미있어야 하기 때문에 즐겁게 받을 수 있는 벌칙, 벌칙을 받으면 선물이 생기는 방법들을 소개한다.

1. 고무링으로 삐삐머리 만들기
① O×퀴즈 형식으로 진행할 경우 정답이 틀린 사람들에게 삐삐머리를 하게 한다.
② 팀별로 진행할 경우에는 팀이 틀릴 때마다 팀장의 머리에 삐삐머리를 한다.
③ 게임이 끝나면 삐삐머리를 한 사람과 팀장을 앞으로 나오게 해서 찬양이나 율동대회

또는 누가 멋지게 삐삐머리 했나 등을 대결할 수 있다(이때 기념촬영을 해둔다).

2. 인디언 표시하기
① 팀을 나누어서 진행할 때 활용한다.
② 팀장이나 그 팀의 선생님을 앞으로 나오게 하고 팀이 못하거나 틀릴 때마다 검정테이프를 오려서 얼굴에 붙여 인디언 모양을 만든다.
③ 게임이 끝나면 가장 예쁜 인디언, 가장 불쌍한 인디언, 가장 용감한 인디언 선발하기 등 간단한 게임을 할 수 있으며 참여한 성도들에게는 선물을 준다.

3. 뿅망치 세례
① 뿅망치를 종류별로 준비한다(작은것부터 큰것까지).
② 사회자는 각 뿅망치에 번호를 정해놓고, 제비뽑기에 뿅망치 번호를 기록한 후 통에 넣는다.
③ 제일 큰 뿅망치 1번, 중간 뿅망치 2번, 제일 작은 것 3번, 하나님의 은혜(벌칙을 받지 않음)를 기록한다.
④ 법칙을 받을 성도가 나오면 제비뽑기를 하게 하고 나온대로 시행한다. 물론 '하나님의 은혜'를 뽑으면 벌칙을 받지 않는다.

4. 벌칙판을 만든다.
① 다트로 벌칙판을 만든다. 다트 안에 과녁을 중심으로 번호를 정한다. 1번 빗자루(교회청소), 2번 대걸레(복도청소), 3번 고무장갑(설거지), 4번 목장갑(쓰레기줍기), 기타 벌칙없음.
② 다트를 던져서 나온대로 시행하되 청소가 끝나면 간식을 준다.

5. 사회자와 가위 바위 보
① 벌칙 받을 어린이가 사회자와 '가위, 바위, 보, 하나빼기'를 한다.
② 사회자를 이기면 벌칙을 안받고, 지면 벌칙을 받는다.

6. 마주보기
① 보조 진행자와 벌칙에 걸린 성도가 앞을 보고 차렷 자세로 서 있는다.
② 사회자가 "하나, 둘, 셋!"하고 외치는 동시에 두 사람은 고개를 왼쪽이나 오른쪽으로 돌린다. 이때 같은 방향이 나오면 벌칙을 주고, 서로 다르면 벌칙을 면하게 된다.

7. 종이비비기
① 명함 크기의 종이를 준비한다.
② 벌칙을 받을 성도가 그 팀 팀장과 함께 나와서 발가락과 다리를 이용해 종이에 구멍을 낸다.
③ 이때 모든 성도들은 노래를 불러주고 성도가 이기면 선물을 준다.

8. 꼴찌들의 합창
① 팀을 나누어서 진행할 때 마지막 순서로 활용한다.
② 꼴찌팀은 전체가 연합하여 3층으로 인간탑을 쌓고 찬양을 한 곡 부른다.
③ 사회자가 '하나, 둘, 셋'하면 '우리는 할 수 있다'라고 외치면서 양팔과 다리를 앞뒤로 쭉 뻗으면서 무너진다.

2부. 성경복습게임

①

놀이기구를 이용한 성경복습게임

1. 과녁을 향하여

1. 준비물
다트, 뽕망치

2. 만들기
① 다트에 원을 중심으로 점수를 적어놓는다(100점, 90점……).
② 중간에 '한 번 더'라는 부분을 만들어 한 번 더 던질 수 있는 기회를 준다.
③ 원을 빗나간 부분에는 '꽝'이라고 써놓는다.
④ 유치부, 유년부, 초등부 청소년 등 학년에 따라서 던질 수 있는 기준 선을 정한다.

3. 진행하기
① 팀을 나누어서 진행한다.
② 문제를 맞추면 정해진 선에서 창을 던지게 한다.
③ 창을 던져서 맞춘 부분의 점수를 그 팀에 준다.
④ 빗나가서 꽝이 나왔을 경우에는 뽕망치로 벌칙을 준다.
⑤ 점수를 많이 내는 팀이 승리하는 게임이다.
⑥ 어느정도 시간이 지나면 팀 전체가 던져서 가장 많은 점수를 낸 팀이 승리.
⑦ 선생님과 어린이 대표를 뽑아서 진행할 수 있다.

4. 응용하기
미니 올림픽, 추적활동프로그램에서 활용

2. 나는 양궁선수

1. 준비물
다트, 풍선, 칠판

2. 만들기
① 풍선 수 만큼 종이에 점수를 기록한다(+점수와 -점수를 섞어서 기록한다).
② 풍선 안에 점수가 적힌 종이를 한 장씩 넣은 후 풍선을 분다.
③ 준비된 풍선을 칠판이나 게시판에 붙인다.

3. 진행하기
① (개인별로 진행할 경우) 풍선 속에 점수를 기록하는 것이 아니라 선물을 기록한다(선물을 받으세요, 안타깝네요, 선물을 받아서 다른 친구에게 주세요 등). 다양하고 재미있게 기록할 수 있다. 문제를 맞추면 풍선을 터뜨리게하고 그 안에 적혀 있는 선물을 준다.
② (팀별로 진행할 경우) 문제를 맞추면 정해진 선에서 창을던져 풍선을 터뜨리게 한다.
③ 풍선을 터뜨렸을 경우 그 안에 들어 있는 점수를 보게 하고 그 팀에게 점수를 준다. 풍선을 터뜨리지 못했을 경우에는 뿅망치로 벌칙을 받고 다시 그 선택권을 준다.

4. 응용하기
① 풍선을 맞출 때 어느 풍선을 맞추겠다고 말하게 하고, 맞추면 점수일 경우에는 점수를 두배로, 선물일 경우에는 선물을 두 배로 준다.
② 사회자가 지명하는 것을 맞추기.

3. 목표물 맞추기

1. 준비물
다양한 선물

2. 만들기
① 학용품, 인형, 과장 등 상품으로 줄 것들을 군데군데 진열해 놓는다.
② 각 상품 뒤에는 점수를 기록해 둔다.

3. 진행하기
① 문제를 맞추면 일정한 선에서 종이공이나 볼풀공 등 가벼운 공을 던져서 상품을 맞춘다. 이때 쓰러뜨려야만 성공한 것으로 본다.
② (팀별로 진행할 경우) 맞춘 상품은 본인이 가져가고 뒤에 나오는 점수는 그 팀에게 준다.
③ (개인별로 진행할 경우) 학년별로 던지는 거리를 정해 놓고 던지게 한 후 맞춘 것은 상품으로 가져간다.

4. 동서남북을 바라보라

본문 : 창세기 13 : 14~15

1. 준비물
다트, 전지

2. 만들기
① 전지를 9칸으로 만들고 각 칸에는 별을 그려 넣는다(별의 숫자는 다양하게).
② 다트를 앞에 설치하고 다트 안에 1~9번까지 번호를 기록한다.

3. 진행하기
① 팀을 나누어서 진행한다.
② 본문은 하나님이 아브라함에게 동서남북을 바라보게 하시면서 비전을 주시는 장면인데 우리도 동서남북을 바라보면서 비전을 품을 것을 교훈한다.
③ 문제를 맞추면 일정한 선에게 다트를 향해 창을 던지는데 "동서남북을 바라보라!"라고 외친 후 던지게 한다.
④ 다트에 꽂혀진 번호에 해당되는 별들의 숫자만큼을 그 팀의 점수로 주는 것으로써 많은 점수를 얻은 팀이 승리하게 된다.

5. 지구특공대

1. 준비물
종이 비행기, 전지 한 장

2. 만들기
① 전지에 지구를 크게 그린 후 지구 가운데를 오린다.
② 종이 비행기를 몇 개 만들어 놓는다.

3. 진행하기
① 전체를 대상으로 진행한다.
② 구멍이 뚫린 지구를 적당한 거리에서 보조 진행자가 들고 있는다.
③ 정답을 맞춘 성도는 원하는 종이 비행기를 선택해서 지구를 향해 던지게 한다.
④ 이때 그냥 던지지 말고 내가 지구를 위해 할 수 있는 일을 한마디씩 이야기 하고 던지게 한다. "난 지구의 환경을 보존하는 지킴이가 될거야."
⑤ 들어가면 선물이나 점수를 주고, 빗나가면 한 번 더 기회를 주거나 가벼운 벌칙을 준다.

6. 나도 선교사

1. 준비물
종이 비행기, 줄자

2. 진행하기
① 팀을 나누어서 진행한다.
② 종이 비행기에 한국, 미국, 북한, 일본, 중국 등 세계 여러 나라의 이름을 적어놓고 앞에 진열한다.
③ 문제를 맞추면 나와서 앞으로 여행하거나, 선교하고 싶은 나라의 비행기를 들고 앞을 향해 던지게 한다.
④ 던질 때 "하나님 나도 선교사가 되고 싶어요."라고 큰 소리로 외친 후 비행기를 던진다.
⑤ 보조 진행자는 줄자를 이용해 거리를 측정하고 그 거리에 해당하는 만큼의 점수를 (10m를 날아갔으면 10점) 주거나 선물을 준다.
⑥ 종이 비행기를 직접 넣어서 던지고자 하면 허락하고, 비행기를 던질 때 예상거리를 말하고 근접하면 두 배의 점수를 준다.

3. 응용하기
선교대회시 응용프로그램으로 활용

7. 비행기의 안전착륙

1. 준비물
종이 비행기, 청색테이프

2. 만들기
① 종이 비행기를 여러 개 접어놓고
② 아래와 같이 점수판을 만들어 일정한 거리에 놓는다.

10	30	70	100	50
80	100	20	90	80
60	20	100	90	30
50	100	90	50	100
90	80	70	80	90

3. 진행하기
① 팀을 나누어 진행한다.
② 문제를 맞추면 출발선에서 비행기를 던져 점수판 안에 착륙된 곳의 점수를 주는 것으로써 점수가 많은 팀이 승리.
③ 마지막에는 팀 전체가 함께 하고 보너스 점수를 준다.

8. 풍선 로켓

1. 준비물
여러 가지 모양의 풍선

2. 진행하기
① 전체를 대상으로 한다.
② 풍선을 요술 풍선, 파티 풍선, 물풍선 등 다양하게 준비하고
③ 정답을 맞춘 성도는 다양한 풍선 중 한 개를 선택해서 가지고 있는다.
④ 3~5명을 기준으로 지금까지 풍선을 들고 있는 성도들을 나오게 해서 풍선을 불게 한 후 묶지 않고 들고 있게 한다.
⑤ 풍선을 하늘로 향하게 한 후 놓게 해서 제일 늦게 떨어지는 사람이 승리하는 게임
⑥ 위와 같은 형식으로 반복해서 진행한다.
⑦ 만약 풍선을 두 개 이상 가진 성도들은 없는 성도들에게 나누어 주어 모든 성도가 참여하도록 한다.

3. 응용하기
레크리에이션 중 '대표자 게임'으로 활용
풍선잡기(날아가는 풍선) – 잡으면 선물 또는 앞에 나올 수 있는 특권을 준다.

9. 풍선 터뜨리기

1. 준비물

여러 가지 모양의 풍선, 쌀자루 큰 것 2개

2. 진행하기

① 팀을 나누어서 진행한다.

② 준비된 풍선을 성도들이 볼 수 있도록 진열하고, 정답을 맞출 때마다 앞에 있는 풍선 중 원하는 풍선을 한 개씩 선택하도록 한다.

③ 문제를 다 냈으면 각자 상으로 받은 풍선을 불게 한 후 자기팀 자루에 빨리 넣게 한 후 일정한 거리에 갖다 놓는다.

④ 빨리 풍선을 터뜨리는 팀이 승리하는 것이다.

3. 응용하기

① (팀별로 진행할 경우) 풍선을 흔들어 놓고 엉덩이로 빨리 터뜨리기

② 두 사람씩 짝을 지어 가슴으로 터뜨리기 등 터뜨리는 방법을 다양하게 할 수 있다.

③ 레크리에이션 중 '팀별 대항'으로 활용.

10. 넓이뛰기

1. 준비물
풍선, 방석

2. 진행하기
① 전체를 대상으로 진행한다.
② 출발선을 그려놓고 일정한 거리에 풍선을 방석 위에 놓는다.
③ 문제를 맞추면 출발선에서 넓이뛰기를 해 방석 위에 있는 풍선을 엉덩이로 터뜨리게 한다.
④ 한 번의 기회를 주며 빗나갔을 경우에는 가벼운 벌칙을 준다.

3. 응용하기
① 풍선에 일련 번호를 기록하고 (1번, 2번....)
② 풍선 안에는 밀가루와 선물 티켓 등을 다양하게 섞어 두고 풍선은 숨겨둔다.
③ 정답을 맞춘 성도는 풍선의 번호를 부르게 하고
④ 엉덩이로 터뜨리게 한다.
⑤ 풍선 안에 기록된 내용대로 점수나 선물을 준다.

11. 주는 기쁨

본문 : 누가복음 6 : 30

1. 준비물 풍선

2. 만들기
① 작은 종이에 +100점, -50점 등의 다양한 점수를 기록한 후
② 풍선을 불어서 점수가 들어 있는 종이를 넣는다.

3. 진행하기
① 팀을 나누어서 진행한다.
② '주는 기쁨' 성경복습게임은 다른 사람에게 줄 때 내게는 두 배의 기쁨이 되는 성경적인 교훈을 주는 것이다. 그 방법으로 +점수를 다른 팀에게 주면 두 배의 점수를 받고, -점수를 다른 팀에게 주면 그 팀에 해를 입혔다는 의미에서 -점수를 받게 된다.
③ 문제를 맞추면 풍선을 하나 선택해서 다른 팀에게 준다.
④ 풍선을 받은 팀은 두 사람이 나와서 가슴으로 풍선을 터뜨리고 그 안에 기록된 점수를 큰 소리로 부른다.
⑤ 이 활동은 성경학교나 캠프 때 저녁시간을 이용한 마무리 프로그램으로 +점수가 기록되었으면 문제를 맞춘 팀에게는 +점수의 두 배를 주고, 상대팀에게는 +점수만큼의 점수를 준다. 그러나 풍선을 터뜨렸는데 -점수가 기록되었으면 문제를 맞춘 팀에게만 기록된 -점수를 준다.
⑥ 우리가 이웃에게는 해를 끼쳐서는 안될 것을 게임 중간에 말하면서 반복해서 진행한다.

12. 보물찾기

1. 준비물
풍선, 종이쪽지

2. 만들기
① 종이쪽지에 보물과 꽝, 벌칙을 적당히 섞어 놓는다(보물을 많이 넣을 것).
② 그 쪽지를 풍선에 넣어서 불고 끈으로 묶어서 진열한다.

3. 진행하기
① 개인별로 진행할 경우에는 문제를 맞추면 앞에 있는 풍선 중 보물이 들었을 것이라고 생각되는 것을 껴안아 터뜨려야 한다.
② 터뜨리는 방법은 사회자와 함께 터뜨리기 또는 옆 사람과 함께, 혹은 혼자 등 다양하게 진행할 수 있다.
③ 터뜨렸을 때 보물이 나오면 선물을 주고, 벌칙이 나오면 벌칙을, 꽝이 나오면 그냥 들어간다.
④ 팀별로 진행할 경우에는 풍선 안에 점수를 기록해 두어 점수를 주는데, 중간중간에 선물과 함께 점수를 줌으로써 기대하지 못한 것을 얻는 기쁨을 얻도록 한다.

13. 장애물 통과하기

1. 준비물
풍선, 수건

2. 만들기
① 통로(교회 의자 사이)를 만들어 긴 줄 두 개를 앞뒤로 매단 후
② 그 줄에 풍선을 불어서 중간중간에 매달아 놓는다.
③ 풍선의 길이가 유치부 어린이들의 얼굴까지 내려올 수 있도록 해야 한다.

3. 진행하기
① 전체를 대상으로 진행한다.
② 문제를 맞추면 출발선에 서서 눈을 가린 후 도착지점까지 장애물(풍선)을 피해 통과해야 한다.
③ 장애물을 통과하면 선물을 주고, 실패하면 가벼운 벌칙을 준다.

4. 응용하기
레크리에이션 중 '팀별 대항'으로 활용

14. 비 사이로 막가

1. **준비물** 풍선, 수건

2. **만들기**
① 통로(교회의자 사이)를 만들어 긴 줄 두 개를 앞뒤로 매단 후
② 그 줄에 풍선을 불어서 중간 중간에 매달아 놓는다.
③ 풍선에는 점수 또는 벌칙들을 기록한다.
④ 풍선의 길이가 유치부 어린이들의 얼굴까지 내려올 수 있도록 해야 한다.

3. **진행하기**
① 팀을 나누어서 진행한다.
② 문제를 맞추면 출발선에 서서 눈을 가린 후 도착지점까지 장애물(풍선)을 피해 통과해야 한다.
③ 각 장애물에는 벌칙과 점수들이 기록되어 있는데 통과하다가 장애물을 건드리면 그 자리에서 실격이 되고, 건드린 풍선에 적혀 있는 벌칙을 수행한다.
④ 흥미있는 진행을 위해서 다음과 같이 할 수 있다. 상품을 건드리면 상품은 받고 그 자리에서 한 번 더 기회를 준다. 장애물을 잘 통과하면 그 팀에 +100점을 준다. 장애물을 건드리지 않고 통과하면 상대팀 한 명을 지명해서 통과할 수 있는 기회를 준다.
⑤ 점수가 많은 팀이 승리.

4. **응용하기**
레크리에이션 중 '팀별 대항'으로 활용

15. 풍선 던지기

1. 준비물
풍선, 줄자, 칠판

2. 만들기
던지는 선을 긋고 풍선은 불어 둔다.

3. 진행하기
① 문제를 맞추면 풍선을 던져서 거리를 측정한다.
② (개인별로 진행할 경우) 풍선을 던져서 나온 거리를 줄자로 측정해 칠판에 기록해 두고 순위를 정하여 시상식을 한다.
③ (팀별로 진행할 경우) 풍선을 던져서 머문 곳을 줄자로 측정해 나온 거리만큼 점수를 준다(예 : 5m일 경우 50점).
④ 점수가 높은 팀이 승리.

4. 응용하기
성경퀴즈대회나 점수가 필요할 때 점수를 주는 방법으로 활용

16. 조심조심 풍선 나르기

1. 준비물
풍선

2. 만들기
풍선을 10개 정도 불어서 정리해 둔다.

3. 진행하기
① 팀을 나누어서 진행한다.
② 정답을 맞춘 성도는 온몸을 이용해 풍선을 들고 반환점을 돌아온다(반환점이 너무 멀면 안됨).
③ 풍선을 들고 들어온만큼 그 팀에 점수를 준다(예 : 3개는 30점).
④ 그러나 너무 욕심을 부려 풍선을 많이 들고 가다가 한 개라도 떨어뜨리면 점수는 무효가 되고 실격된다.
⑤ 풍선을 많이 들고 온 팀이 승리

4. 응용하기
공동체 프로그램으로 활용

17. 사탕 나누기

1. 준비물

사탕

2. 진행하기

① 문제를 맞출 때마다 사탕을 나누어주고 모으도록 한다.

② 문제를 낼 때는 "사탕 한 개짜리 문제입니다.", "이번에는 다섯 개짜리 문제입니다." 라고 하면서 흥미를 유도한다.

③ 문제를 다 풀었으면 성도들이 받은 사탕을 나누어줄 수 있는 기회를 준다. 물론 주지 않아도 괜찮다.

④ (개인별로 진행할 경우) 내가 받은 사탕을 모두 입에 넣고 휘파람으로 찬양을 부르게 하고,

⑤ (팀별로 진행할 경우) 대표를 2, 3명 뽑아 그 팀의 사탕을 전부 입에 넣고 찬양을 부르게 한다.

⑥ 이때 끝까지, 바르게 부른 성도나, 팀에게 우승을 주고 선물로 사탕을 준다.

⑦ 만약 사탕을 나누어주었더라면 어렵게 노래를 부르지 않았을 텐데 하면서 성도들과 이야기를 나눈다.

18. 선물을 찾아라

1. 준비물
밀가루, 사탕, 선물

2. 진행하기
① 전체를 대상으로 진행한다.
② 접시 두 개에 밀가루를 붓고 그 중 하나의 접시에만 사탕을 넣어둔다.
③ 문제를 맞추면 두 개의 접시 중 하나를 선택해서 사탕을 찾게 한다.
④ 이 활동은 성경학교나 캠프 때 저녁시간을 이용해서 마무리 프로그램으로 사탕을 찾았으면 선물을 주고, 못 찾았으면 사탕 한개를 선물로 준다.
⑤ 가끔 사탕을 두 개나 세 개를 넣어두고 사탕을 찾은 수 만큼 선물을 주되, 혼자 갖는 것이 아니라 본인 것을 제외한 나머지의 것은 선물을 받지 못한 사람에게 나누어 주도록 한다.

3. 응용하기
레크리에이션 '팀별 대항'으로 활용

19. 선악을 알게 하는 나무

본문 : 창세기 3장

1. 준비물
나무그림, 사탕 쪽지

2. 만들기
① 전지에 큰 나무를 그리고 쪽지에는 '선', '악'이라는 글을 쓰고, 적당히 섞어서 접어놓는다.
② 나무의 열매가 되는 부분에 준비된 쪽지와 사탕을 붙여서 같이 나무에 매달아 놓는다. 이때 사탕의 숫자를 동일하게 하지 말고 다양하게 해야 한다.
③ 유혹을 위해 사탕이 많은 곳에 '악'을 기록해 놓고, 적은 곳에는 '선'을 기록해 두면 더욱 흥미있게 진행할 수 있을 것이다.

3. 진행하기
① 전체를 대상으로 진행한다.
② 문제를 맞추면 선악을 알게하는 나무의 사탕 열매를 한 개 선택하게 한다.
③ 사탕의 열매는 본인이 갖게 하고 쪽지를 열어보게 한다.
④ 이때 '선'이 나오면 선물이나 점수를 주고 '악'이 나오면 벌칙을 준다.
⑤ 어떠한 유혹 앞에서도 신앙을 지킬 수 있는 믿음의 사람이 되도록 교훈한다.

20. 사탕목걸이 완성하기

1. 준비물
목걸이 줄, 사탕

2. 진행하기
① 전체를 대상으로 O×퀴즈 형식으로 진행한다.
② 보조 진행자를 통해서 O×푯말을 만들고, 긴 끈을 준비해 O×사이를 나누는 곳에 사용하도록 한다.
③ 사회자가 문제를 내면 O×로 정답이라고 생각되는 곳에 서게 하고 준비된 끈으로 구분을 한다.
④ 사회자가 정답을 발표하면 보조 진행자는 정답 쪽에 서 있는 성도들에게 사탕을 나누어주고 목걸이에 묶도록 한다.
⑤ 위와 같은 형식으로 진행하면서 사탕 목걸이를 완성하는 것으로써 시상을 하는 것이다.
⑥ 특별시상을 원하면 참여한 성도들 중에서 사탕을 제일 많이 목걸이에 건 사람을 뽑을 수 있다.

3. 응용하기
캠프 특별 프로그램으로 활용

21. 목표를 향하여

1. 준비물
놀이판, 주사위, 예쁜 사람이 그려진 스티커, 점수판, 말판

2. 만들기
① 게임진행을 위한 놀이판 만들기

준비된 그림을 확대 복사한 후 놀이판 안에는 각 칸마다 사람 얼굴이 그려진 스티커를 1~5개 까지 자유롭게 붙여놓는다(그림을 그리거나 숫자만 적어도 된다). 흥미를 위해서 중간 중간에 꽝이나, 싸움, 한 번 쉬기, 속임, 뒤로 한 칸 등 재미있는 순서를 넣음으로써 흥미를 유발한다.

② 점수판 만들기

개인전으로 할 경우 점수판을 만든다. 두 팀으로 나눠서 할 경우에도 점수판을 만든다.

3. 진행하기
① 팀별 또는 주일학교 공과공부시 진행한다.
② 가위, 바위, 보로 순서를 정한 후 이긴 사람부터 출발한다.
③ 진행 방법은 주사위를 던져서 나온 숫자만큼 앞으로 가서 그곳에 말판을 놓는다.
④ 이때 그 자리에 있는 사람의 숫자 만큼 점수판에 스티커를 붙인다(1명 있으면 스티커 1개).
⑤ 싸움이나 바람직하지 못한 모습에 도착하면 한 번 쉬거나, 뒤로 2칸 물러 가기 등 진행의 재미를 더할 수 있다.

⑥ 위와 같은 방법을 통해서 목적지까지 도착한 사람이 생기면 게임은 끝나는 것이다.

⑦ 그러나 승패는 누가 먼저 도착했느냐로 결정나는 것이 아니라 도착 지점까지 오는 동안 얼마나 많은 친구들을 도와주고 구했는지 그 숫자가 많은 반이 승리.

⑧ 게임을 마친 후 이 활동을 통해서 우리는 생명의 중요성을 깨닫고 우리가 천국가는 그 날까지 많은 사람을 지옥에서 천국으로 인도하는 사람이 되어야 함을 강조한다.

22. + - × ÷

1. 준비물
주사위, 칠판

2. 만들기
① 종이 박스로 주사위를 만든다.
② 칠판에 그래프 형식의 판을 만들어 팀별로 진행할 수 있게 한다.

3. 진행하기
① 팀을 나누어서 진행한다.
② 문제를 맞추면 주사위를 높이 던지게 한다.
③ 주사위에 나온 숫자만큼 그래프에 색칠을 한다.
④ 먼저 목표를 달성하는 팀이 승리

4. 응용하기
① 주사위를 세 개 만들어서 그 중 하나의 주사위에는 +-×÷ 등의 표시를 해둔다.
② 숫자가 있는 주사위를 먼저 던지게 한 후, +-×÷표시의 주사위를 던지고, 다시 숫자가 있는 주사위를 던지게 한다(예 : 3 + 4 = 7칸 진행).

23. 선물은 내것이여

1. 준비물
주사위

2. 진행하기
① 전체를 대상으로 진행한다.
② 박스로 큰 주사위를 만들고 숫자 대신 선물, 벌칙, 꽝 등을 기록한다.
③ 선물은 빼빼로, 사탕, 다이어리 등 구체적으로 기록하고 벌칙이 나오면 몇 가지의 벌칙을 준비해 두었다가 시행한다.
④ 정답을 맞추면 주사위를 던지게 하고 나온대로 선물을 준다.

3. 응용하기
레크리에이션 중 '선물을 줄 때' 활용

24. 행운의 점수

1. 준비물
주사위

2. 진행하기
① 팀을 나누어서 진행한다.
② 정답을 맞추면 앞에 나와 주사위를 던지게 하고 나온 만큼의 점수를 그 팀에 준다(2가 나오면 20점).
③ 손을 들어서 정답을 말했는데 틀렸어도 주사위를 던지게 하고 나온 만큼의 점수를 그 팀에서 뺀다(-점수가 됨).
④ 중간쯤 진행이 되었으면 '행운의 점수'를 만들어 주사위를 던지기 전 내가 선택한 숫자가 나오면 점수를 두배로 주고, 틀린 사람이 자기의 숫자를 맞추면 -점수를 +점수로 그 팀에게 준다.

3. 응용하기
성경 퀴즈 대회시 점수를 주는 방법으로 활용

25. 내가 먼저

1. 준비물
팀별 주사위

2. 만들기
박스로 큰 주사위를 팀 수 만큼 만든다.

3. 진행하기
① 팀을 나누어서 진행한다.
② 정답을 맞춘 팀은 자기 팀의 주사위를 던지게 하고
③ 던져서 나온 부분을 크레파스나 매직으로 표시를 한다.
④ 위와 같은 방법으로 문제를 맞출 때 마다 자기 팀의 주사위를 던져서 표시를 하는데 한 번 표시한 곳이 나오면 무효가 된다.
⑤ 이 복습게임은 주사위의 6면을 먼저 표시하는 팀이 승리하게 된다. 만약 승부가 나지 않았을 경우에는 가장많이 표시한 팀이 승리하게 된다.

26. 포기할 수 없어

1. 준비물
주사위, 선물 6개

2. 만들기
① 박스로 큰 주사위를 만들고 1~6번까지 숫자를 기록한다.
② 각 번호에 해당되는 선물을 하나씩 준비해서 전시해 둔다.
(예 : 1번 – 필통, 2번 – 성경책 등)

3. 진행하기
① 전체를 대상으로 진행한다.
② 문제를 맞추면 주사위를 던지게 하고 나온면에 맞춘 사람의 이름을 매직으로 적어둔다.
③ 위와 같은 방법으로 진행하되 한 면에 2~ 3명이 겹쳐도 괜찮다. 던져서 나온 면에 던진 사람의 이름을 기록하는 것이다.
④ 문제가 끝나면 시상식을 하는데 1번에 1명의 이름이 적혀있으면 1번의 선물을 그냥 가져가면 된다. 그러나 2번에 3명의 이름이 기록되었다면 가위, 바위, 보 또는 간단한 게임을 통해서 이긴 사람이 그 선물을 가져간다.

27. 먼저된 자 나중되고

1. 준비물
주사위 놀이판, 주사위, 스티커

2. 만들기
① 주사위 놀이판을 만들고
② 진행하는 칸마다 점수를 자유롭게 기록하고 코팅한다.
③ 주사위는 박스로 만든다.

3. 진행하기
① 팀별로 나누어서 진행한다.
② 진행하기1 - 문제를 맞춘팀이 주사위를 던져서 나오는 만큼 진행하는 형식으로 목적지에 먼저 도착하는 팀이 승리한다.
③ 진행하기2 - 두 팀 뿐만 아니라 여러 팀이 동시에 할 수 있으며 팀별로 스티커 색깔을 구별하고, 주사위를 던진만큼의 진행한 칸에 스티커를 붙인다. 다음에 던질 때에는 스티커가 붙어 있는 자리에서 출발해 진행한 자리에서 다시 스티커를 붙인다.
④ 한 팀이 목적지에 도착하면 경기는 끝나는데 목적지에 도착한 팀이 승리하는 것이 아니고 목적지까지 오는 동안 자기 팀 스티커가 붙여진 자리의 점수를 합해서 점수가 많은 팀이 승리한다.

28. 점프 점프

1. 준비물

주사위 놀이판, 주사위, 스티커

2. 만들기

① 주사위 놀이판을 만들고
② 진행하는 칸마다 선물, 꽝, 한 번 더 선물, 2배, 벌칙, 찬양 한 곡 등 자유로운 내용들을 기록하고 코팅한다.
③ 주사위는 박스로 만든다.

3. 진행하기

① 팀을 나누어서 진행한다.
② 정답을 맞춘 팀이 주사위를 던져서 나온 숫자만큼 진행하는 형식으로 목적지에 도착할 때까지 보물을 캔다.
③ 문제를 맞추고 주사위를 던져서 나온 숫자만큼 진행한 자리에 자기팀 스티커를 붙이고
④ 진행판에 기록된 내용에 따라서 상품을 주거나 벌칙을 준다(예 : 상품이라 기록되어 있으면 상품을, 벌칙이라고 기록되어 있으면 벌칙을 준다).
⑤ 다음에 던질 때에는 스티커가 붙어 있는 자리에서 출발해 진행한 자리에 다시 스티커를 붙이는 형식으로 진행하면서 즉석에서 상품과 벌칙, 찬양 등 성경복습과 함께 즐거운 레크리에이션 시간을 보낼 수 있다.
⑥ 경기의 승패는 목적지까지 먼저 도착한 팀이 승리한다.

29. 볼링

1. 준비물
페트병 10개, 공

2. 만들기
① 페트병에 물을 반쯤 담아놓고 볼링핀처럼 세워 놓는다.
② 그중 중간에 있는 페트병에는 특별한 표시를 해 놓는다.

3. 진행하기
① 팀을 나누어서 진행한다.
② 정답을 맞추면 공을 굴려서 핀을 쓰러뜨리게 한다.
③ 쓰러뜨린만큼 점수를 준다.
④ 그러나 특별한 표시를 한 핀을 같이 쓰러뜨리면 -점수가 되게 한다.
⑤ 단 특별한 표시가 된 핀만 쓰러뜨리면 점수를 두 배 준다.
⑥ 특별한 표시가 된 핀은 던지는 사람의 원하는 곳에 놓을 수 있도록 한다.
⑦ 공을 다양하게 굴리기 : 일반적으로 공을 굴려 핀을 쓰러뜨리나 뒤돌아서 가랑이 사이로 굴리기, 발로차기, 던지기 등 문제를 맞춘 사람의 연령에 따라 다양하게 할 수 있다.

4. 응용하기
미니 올림픽, 추적활동으로 활용

30. 링 던지기

1. 준비물
링

2. 진행하기
① 팀을 나누어서 진행한다.
② 정답을 맞추면 앞에 나와 정해진 선에서 링을 던지게 한다.
③ 던지는 선을 여러 개 만들어 10점, 50점, 100점, 200점 등 거리가 멀수록 점수를 높게 한다.
④ 링을 던지는 숫자도 한 문제에 한 번 던지는 것이 아니라 두 번 정도 던질 수 있게 한다.
⑤ 또는 정답을 맞춘 후 제비뽑기를 통해 몇 개 던지기를 뽑게 하거나, 이번 문제는 몇 개 짜리 문제라는 것을 밝힌 후 문제를 내도록 한다.
⑥ 마무리 단계에서는 반 별로 10개씩 주어 어느 반이 가장 많이 링을 들어가게 하는지 경기를 할 수 있으며, 또는 점수가 높은 것으로 경기할 수 있다.

3. 응용하기
미니 올림픽, 추적활동으로 활용

31. 휴지통 농구

1. 준비물
휴지통, 오재미(볼풀공)

2. 진행하기
① 팀을 나누어서 진행한다.
② 보조 진행자는 허리에 휴지통을 매고 일정한 거리에 서 있도록 한다.
③ 정답을 맞추면 던지는 선에서 공을 던져 휴지통에 넣도록 하는 것이다.
④ 한 번에 3개의 공을 던지게 한다(물론 다양하게 할 수 있다).
⑤ 공이 그냥 들어가면 5점, 등에 맞고 들어가면 10점을 준다.
⑥ 점수를 앞에 기록하고 많이 넣은 팀에게 승리를 준다.
⑦ 마지막에는 전체 팀원이 한 번씩 던질 수 있도록 한다.

3. 응용하기
미니 올림픽, 추적게임에 활용

32. 슬램덩크

1. 준비물
미니 농구(문방구 구입), 제비

2. 진행하기
① 팀을 나누어서 진행한다.
② 미니 농구 골대를 앞에 설치한다.
③ 문제를 맞출 때마다 던지는 선에서 공을 던져 넣게 하는 것이다.
④ 흥미를 높이기 위해서 2번 던지기, 덩크슛하기, 3점 슛하기, 한 명 더 등 제비뽑기를 통해서 흥미를 높일 수 있다.
⑤ 마지막에는 팀 전체가 한 번씩 덜질 수 있는 기회를 줌으로써 역전할 수 있는 기회를 준다.

3. 응용하기
미니 올림픽, 추적게임으로 활용

33. 미니농구

1. 준비물
종이컵, 탁구공

2. 진행하기
① 팀을 나누어서 진행한다.
② 종이컵을 높고, 낮게, 가깝게, 조금 멀게 순으로 배열을 하고, 각 종이컵에 점수를 적어놓는다(전체를 붙여 놓아도 된다).
③ 정답을 맞추면 던지는 선에서 탁구 공을 던지게 하고 탁구공이 들어간 컵의 점수를 준다.
④ 한 번에 2개 이상의 공을 던지게 하고 문제에 따라서 던지는 횟수를 자유롭게 정할 수 있다.
⑤ 마지막에는 팀 전체가 한 번씩 던짐으로써 보너스 점수를 준다.

3. 응용하기
미니 올림픽에서 활용

34. 이건 힘들걸

1. 준비물
전지, 탁구공

2. 진행하기
① 전지에 크고 작은 여러 개의 구멍을 만들어 놓고 각 구멍에 적당한 점수나 선물의 내용을 적어 놓는다.
② (개인별로 진행할 경우) 정답을 맞추면 던지는 선에서 탁구공을 던지게 하고 골인된 부분의 선물을 준다.
③ (팀별로 진행할 경우) 탁구공이 골인된 부분의 점수를 준다.
④ 마지막에는 팀 전체가 한 번씩 던짐으로 보너스 점수를 준다.

3. 응용하기
미니 올림픽, 추적놀이

35. 깡통쌓기

1. 준비물
깡통, 제비

2. 진행하기
① 팀을 나누어서 진행한다.
② 정답을 맞추면 자기 팀의 깡통을 높이 쌓는다.
③ 이때 제비뽑기를 통해서 몇 개 쌓을 수 있는지 뽑게한다.
④ 높이 쌓는 팀이 승리

3. 응용하기
① 현재 우리팀이나 주변에서 가지고 나올 수 있는 물건을 중심으로 쌓기
② 문제를 맞추면 깡통이 아니라 아무거나 쌓을 수 있는 물건을 하나씩 놓게 한다.
③ 이 경기는 많이 쌓는 것이 아니라, 높이 쌓는 팀이 승리

36. 깡통징검다리 건너기

1. 준비물
빈 깡통

2. 만들기
① 빈 깡통 10개를 일렬로 진열해 놓는다(여유분의 깡통 준비).
② 각 깡통에 점수를 기록하는데 10점~100점까지 기록한다.

3. 진행하기
① 팀을 나누어서 진행한다.
② 정답을 맞추면 깡통 징검다리를 건너게 한다.
③ 건너가다가 깡통을 쓰러뜨리거나, 중간에 떨어지면 진행한 만큼의 점수를 그 팀에 주고
④ 끝까지 성공하면 100점에 보너스 선물까지도 줄 수 있다.
⑤ 단, 깡통을 부수거나 찌그러뜨리면 진행한 만큼의 -점수를 준다.
⑥ 이 활동은 성경학교나 캠프 때 저녁시간을 이용해서 마무리 프로그램으로(팀별로 진행할 경우) 점수로 승부를 가리고 (개인별로 진행할 경우) 누가 징검다리를 많이 건너갔나에 따라 특별 시상을 할 수 있다.

37. 훌라후프 돌리기

1. 준비물
훌라후프

2. 진행하기
① 문제를 맞추면 앞에 나와서 훌라후프를 돌리게 한다.
② (개인별로 진행할 경우) 유치부는 훌라후프 1개, 유년부는 2개, 초등부는 3개 식으로 성도의 연령에 따라 개수를 지정해 돌리게 한다.
③ 사회자는 정답을 맞춘 성도가 훌라후프를 돌리다가 훌라후프가 멈춘 시간을 기록해서 순위를 정해 시상한다.
④ 흥미있는 진행을 위해서 '도전 내가 최고' 형식의 경기를 진행하는데 훌라후프를 몇 개까지 돌릴 수 있는지, 경쟁할 수 있다.
⑤ 팀별로 진행할 경우에는 연령에 관계 없이 정답을 맞춘 성도가 훌라후프의 숫자를 자유롭게 결정해서 '20초' 동안 돌리면 통과한 것으로 기록한다(훌라후프 3개를 '20초' 동안 돌리면 30점).
⑥ 승패는 훌라후프를 많이 돌린 팀이 승리.

2부, 성경복습게임

2

레크리에이션 중심의
성경복습게임

1. 줄다리기

1. 준비물 줄다리기판(하드보드지로 만듦), 찍찍이, 색지

2. 만들기
① 하드보드지로 줄다리기판을 만든다. 줄다리기 그림을 그리고 가운데를 중심으로 찍찍이를 양쪽에 10개씩 붙인다.
② 색지로 기준이 될 수 있는 동그라미 모양이나 진행자의 사진을 코팅해서 그 뒷면에 찍찍이를 붙이고 줄다리기판의 한 가운데에 붙인다.

3. 진행하기
① 팀을 나누어 진행한다.
② 진행자가 질문을 하면 성도들은 모두 "저요!"하면서 손을 들어야 된다. 이때 손을 들지 않으면 반칙으로 다른 팀에게 우선권이 있음을 미리 알려준다.
③ 진행자는 손을 제일 늦게 든 성도에게 먼저 질문에 대답할 수 있는 기회를 주고, 후에 손을 먼저 든 성도에게 질문한다. 이때 정답을 맞추면 앞에 나와서 상대팀 중 한 사람을 지명한다.
④ 앞에 나온 두 성도가 가위, 바위, 보를 해서 정답을 맞춘 성도가 이기면 2칸을 자기 팀으로 가져오고, 비기면 1칸, 지면 상대팀 쪽으로 1칸 이동하게 한다.
⑤ 정답을 맞출 때마다 격려의 박수를 치게 하고 너무 과열되지 않도록 지도해야 하며, 한 사람이 계속해서 문제를 맞추지 않고 모든 성도들에게 기회를 제공해서 참여하지 못하는 어린이가 없도록 해야 한다.

2. 달려라 달려

1. 진행하기

① 팀을 나누어서 진행한다.
② 팀별로 넓이뛰기 선수를 한 명씩 선발한다.
③ 정답을 맞추면 그 팀의 순서가 출발선에서 제자리 넓이뛰기를 하고 그 자리에 서 있는다(한 번씩 뛰기).
④ 정답을 맞출 때마다 서있는 자리에서 넓이뛰기를 함으로 가장 멀리 간 팀이 승리하게 된다.

2. 응용하기

① 정답을 맞춘 성도가 출발선에서 넓이뛰기를 한다.
② 이때 넓이뛰기한 거리를 줄자로 재서 점수를 기록함으로써 가장 많은 점수를 기록한 팀이 승리

3. 만리장성

1. 진행하기

① 팀을 나누어서 진행한다.

② 출발선을 긋는다.

③ 정답을 맞추면 자기가 가지고 있는 소지품이나 악세사리 중 하나를 선택해서 길게 늘어뜨려 놓는다.

④ 바지, 윗도리, 양말, 머리띠 등 다양하게 적어놓고 제비뽑기를 통해 뽑은 것을 진열하도록 해도 된다.

⑤ 다음에 맞춘 사람은 계속 연결해서 놓되 묶어서 진열해야 한다.

⑥ 이렇게 해서 가장 길게 늘어뜨린 팀이 승리한다.

⑦ 진행자는 마지막에 끝 부분을 잡아당겨서 끊어지게 되면 그 중 긴 쪽으로 승부를 측정하게 한다.

2. 응용하기

① 문제를 맞출 때마다 문제를 맞춘 사람이 눕도록 한다.

② 문제를 맞춘 사람은 또 맞출 수 없고 다음에 맞춘 사람은 서로 끊어지지 않도록 누워야 된다.

③ 가장 길게 누워있는 팀의 승리.

4. 인간 사슬

1. 진행하기
① 팀을 나누어서 진행한다.
② 팀의 맨 앞에 장의자나 기둥이 될만한 곳을 중심으로 시작한다.
③ 각 팀이 한 줄로 서서 앞사람의 허리를 잡고 인간 사슬을 만든다.
④ 문제를 냈을 때 자기 팀에서 정답을 맞추기 위해 손을 든 사람이 있으면 자기팀 이름을 크게 외친다.
⑤ 제일 크게 외친 팀에게 사회자는 기회를 주고 정답을 맞추면 문제를 맞춘 사람이 자기 팀원 중 한 명을 더 데려와서
⑥ 다른 팀의 끝 부분부터 인간 사슬을 차례로 떼어낸다.
⑦ 시간 제한은 10초, 경우에 따라 20초도 가능하다.
⑧ 떨어진 사람은 자기팀 뒤에 앉아 있고 문제를 맞출 수 있다.
⑨ 여러 팀으로 나누어져 있을 경우 문제를 맞춘 팀이 원하는 팀을 지명해서 할 수 있다.
⑩ 가장 많이 살아있는 팀의 승리.

2. 응용하기
① 남자만 인간 사슬을 만들고 여자가 문제를 맞추어 떼어내기를 할 수 있다.
② 주일학교에서 이 게임을 할 경우 선생님들이 인간 사슬을 만들고 문제를 맞춘 팀의 모든 어린이들이 정해진 시간 안에 뒤에서부터 떼어내서 가장 많이 떼어낸 팀에게 승리를 줄 수도 있다(교회의 형편에 따라서 준비).
③ 레크리에이션 '팀별 대항'으로 활용

5. 선택하라

1. 준비물
물총, 간식

2. 진행하기
① 전체를 대상으로 진행한다. 아래 성찬상 뒤에 보조 진행자 두 명이 숨어 있는데 한 명은 물총을, 한 명은 간식을 가지고 숨어 있다. 현재 물총을 가지고 있는 보조 진행자를 1번이라 부르고 간식을 가지고 있는 보조 진행자를 2번이라고 한다.
② 정답을 맞추면 앞에 나와 서도록 한다(이때 성찬상과 적당한 거리에 서도록 청색 테이프로 미리 선을 긋는다).
③ 사회자가 몇 번을 선택할 것인지 말하라고 지시하면 '1번'이나 '2번' 중 한 가지만 선택하게 하고 1번을 선택했을 경우 '1번'이라고 크게 외치면 1번 보조 진행자는 물총을 들고 그를 향해서 쏜다. '2번'이라고 외쳤다면 2번 보조 진행자는 '뽕뽕뽀뽕'하고 외치면서 간식을 들고 일어나서 간식을 받게 한다.
④ 이와 같은 형식으로 진행하되 1번과 2번 보조 진행자는 가지고 있는 물총과 간식을 적절하게 교환해서 문제를 맞추는 이들에게 흥미를 유발시키도록 한다.

3. 응용하기
① 복습게임에 참여하는 숫자에 따라서 보조 진행자를 더 늘릴 수 있다. 물총과 간식뿐 아니라 뽕망치, 꽝, 선물 등 다양하게 진행할 수 있다.
② 레크리에이션에서 선물 줄 때 활용

6. 신앙의 온도계

1. 준비물 하드보드지, 찍찍이

2. 만들기
① 하드보드지를 세로로 하여 가운데 점수가 들어 있는 온도계를 만들고, 양 옆에는 찍찍이를 이용해 점수를 확인할 수 있는 화살표를 만든다.

3. 진행하기
① 팀을 나누어서 진행한다. 각 팀의 조장을 정하고 앞에 세운다.
② 문제를 낼 때는 2칸 짜리 문제, 1칸 짜리 문제 등 미리 말하고 출제한다.
③ 정답을 맞춘 팀에게는 해당되는 만큼의 온도계를 올린다. 손을 들고 정답을 이야기 했지만 답이 틀렸을 경우에는 문제에 해당되는 만큼 내려간다.
④ 이때 팀장에게는 틀릴 때마다 해당되는 칸수만큼 머리에 고무줄로 삐삐모양을 만들어 주고, 문제를 맞출 때는 해당되는 칸수 만큼 묶어진 삐삐모양을 풀어준다.
⑤ 온도계가 높은 팀의 승리. 진지한 경기 운영을 위해 문제를 맞출 때 팀의 함성과 응원을 점수에 반영하고, 다른 팀이 틀렸을 때 기뻐하면서 1칸씩 내린다. 또한 틀린 팀에게 격려의 박수를 보내거나, 맞춘 팀에게 박수를 보내주면 1칸씩 올라갈 수 있는 기회를 준다.

4. 응용하기
레크리에이션이나 다른 경기가 있을 때 위의 방법을 사용하면 효과가 있다(단 규모에 따라서 점수판을 크게 만들어야 된다).

7. 위험 수위 성경복습게임

1. 준비물
하드보드지, 찍찍이

2. 만들기
① 하드보드지를 가로로 하여 양쪽 끝에 찍찍이를 이용해 눈금을 그린다.
② 점수를 확인할 수 있는 화살표를 만든다(화살표 뒤에 찍찍이를 붙인다).
③ 적당한 위치에 빨간색으로 '위험 수위'라고 적어둔다.
④ 완성된 그림(오른쪽 아래 그림)

3. 진행하기
① 팀을 나누어서 진행한다.
② 정답을 맞추면 그 팀의 화살표를 한 칸씩 옮긴다.
③ 반대로 문제를 틀리거나 못 맞춘 팀은 자동적으로 한 칸씩 뒤로 옮긴다.
④ 만약 위험 수위에 화살표가 멈추게 되면 그 팀 전체에게 공동의 벌칙을 주고 2칸 앞으로 진행시킨다.
⑤ 많이 올라간 팀이 승리.

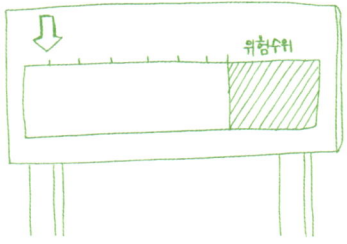

8. 승리의 깃발

1. 준비물
컵라면 통, 깃발

2. 만들기
① 이쑤시개를 이용해 깃발을 여러 개 만든다.
② 개인별로 진행할 경우에는 흰색 깃발을, 팀을 나누어서 진행할 경우에는 색깔을 구분해서 적당량 만든다.

3. 진행하기
① 앞에 컵라면 통을 뒤집어 놓고 문제를 맞출 때마다 깃발을 꽂는 것이다.
② (개인별로 진행할 경우) 정답을 맞추면 흰색 깃발에 자기 이름을 기록하게 한 후 꽂게 하고
③ (팀별로 진행할 경우) 이미 정해진 팀의 깃발을 꽂는다.
④ 깃발을 많이 꽂으면 승리

4. 응용하기
① 위와 같은 방법이나 컵라면통을 이용하지 않고 우리나라 지도를 스티로폼에 붙여서 문제를 맞추면 경기도에 꽂고, 평양에 꽂게 할 수 있다.
② 또는 스티로폼에 산을 그린 후 산을 정복하게 한다.

9. 언제나 찬양이 넘치면

1. 준비물

포스트잇, 칠판

2. 진행하기

① 포스트잇 앞에는 번호를, 뒷 면에는 다음과 같은 글씨를 써 놓는다.

- ○○ 찬양을 부르세요(찬양의 제목을 기록).
- ○○ 찬양의 율동을 하세요.
- 그냥 선물을 받으세요.
- 다른 사람을 지명해서 대신 부르게 하세요 등

② 정답을 맞추면 앞에 나와서 번호를 선택한다.

③ 개인별로 진행할 경우에는 선택된 번호에서 지시하는 내용을 통과하면 선물을 주고

④ 팀별로 진행할 경우에는 지시된 내용에 점수를 기록해 둔다. 통과하면 점수를 주지만 실패하면 다른 팀에게 기회를 준다.

10. 숨은 그림을 찾아라

1. 준비물
두꺼운 종이 2장, 찍찍이

2. 만들기
① 준비된 배경을 확대하거나 그린다.
② 배경그림에 동그라미를 10개 정도 만들어서 오려낸 후 준비된 다른 도화지를 뒷면에 붙인다.
③ 동그라미 속에는 다양한 그림을 그리거나 그려진 그림을 오려서 붙인다.
④ 오려진 동그라미는 찍찍이를 이용하여 그림을 가린다.
⑤ 숨은 그림의 목록을 적어서 옆에 기록한다.
- 성경책 : 100점
- 찬송가 : 선물 증정

3. 진행하기
① 전체를 대상으로 진행한다.
② 정답을 맞추면 숨은 그림의 목록에서 자신이 원하는 것을 선택하게 한다.
③ 배경 그림 중 하나만 열어보도록 한다.
④ 자신이 선택한 그림이 나왔으면 해당되는 선물이나 점수를 주고, 안나왔으면 그대로 덮어둔 후 다시 진행한다.

11. 자동차 놀이

1. 준비물
장난감 모터 자동차

2. 만들기
출발선을 표기하고 일정한 거리에 청테이프를 이용해 점수판을 기록한다.

3. 진행하기
① 정답을 맞추면 자동차를 출발선에서 출발시켜 점수판을 향하게 한다.
② 개인별로 진행할 경우에는 도착한 부분에 점수보다는 선물의 내용을 기록해 놓고 선물을 준다.
③ 팀별로 진행할 경우에는 자동차가 도착한 곳의 점수를 그 팀에게 주어서 점수가 많은 팀이 승리!

12. 워매 이럴수가

1. 준비물
포스트잇, 예쁜 그림 스티커, 종이

2. 만들기
① 포스트잇에 예쁜 그림 스티커를 붙여놓고
② 팀별로 똑같이 나눈 후 경계선을 두고 칠판에 붙인다.
③ 종이에는 1개, 2개, 5개 등 적당하게 기록해 둔다.

3. 진행하기
① 팀을 나누어서 진행한다.
② 이 게임의 방법은 다른 팀의 스티커를 자기팀으로 가져오는 것이다.
③ 정답을 맞추면 제비뽑기를 한다. 1개가 나오면 다른 팀의 스티커 한 개를 자기팀으로 옮겨놓는다(나온 숫자만큼 자기 팀으로 옮기기).
④ 스티커를 많이 가져오는 팀이 승리한다.
⑤ 만약 여러 팀일 경우에는 문제를 맞춘 팀에서 아무 팀의 것이든지 원하는 것을 가져 올 수 있다.

13. 기쁨 두배

1. **준비하기** 색지

2. **만들기**
① 색상지로 숫자를 기록할 수 있을 만큼의 크기로 동그라미를 만들어 오린 후 0~9까지 번호를 2개씩 기록한다.
② 다른 색지로 +−×÷를 기록한다.
③ 찍찍이나 테이프를 이용해 칠판이나 진행판을 만들어 붙인다.
④ 코팅해서 사용하면 더욱 편리하다.

3. **진행하기**
① 팀을 나누어서 진행한다.
② 정답을 맞추면 앞에 나와서 숫자와 기호를 각각 하나씩 선택하고, 사회자가 숫자를 하나 선택한다.
③ 숫자와 기호 숫자를 합해서 나온 숫자를 그 팀의 점수로 준다(예 : 2 + 5가 나오면 7점을 주고, 6 × 5가 나오면 30점).
④ 이와 같은 방법으로 점수가 가장 많은 팀이 승리.

4. **응용하기**
레크리에이션이나, 성경퀴즈, 점수를 주어야 될 때 위와 같은 방법을 사용한다면 점수에 대한 원망이 없을 뿐만 아니라 흥미있는 진행이 될 수 있다.

14. 오이 기쁨

1. 준비하기
선물(다양하게)

2. 진행하기
① 전체를 대상으로 진행한다.
② 선물을 여러 종류로 준비 해두고 문제를 낼 때마다 선물맨을 통해 한 가지씩 가지고 나온다.
③ 사회자가 "선물맨 등장!"하면 박수와 함께 함성을 지르도록 유도한다.
④ 선물맨은 선물은 포장을 하지 말고 선물이 보이지 않도록 큰 박스를 이용해 덮어서 가지고 나온다.
⑤ 개인별로 진행할 경우에는 문제를 내고 맞추면 즉석에서 그 선물을 보여주고 준다.
⑥ 만약 문제를 모두 못 맞추었을 경우에는 그 선물은 그대로 두고 두 번째 다른 선물을 등장 시켜서 문제를 맞춘 어린이가 두 개 다 가져가게 한다.
⑦ 팀별로 진행할 경우에는 선물에 간식을 다양하게 준비해 두었다가 문제를 맞춘 팀에게 간식을 선물로 주어도 된다.

15. 손으로 탑 쌓기

1. 준비하기
전지, 매직

2. 진행하기
① 팀을 나누어서 진행한다.
② 전지를 세로로 붙여놓고 각 팀의 이름을 제일 밑에 기록한다.
③ 정답을 맞추면 앞에 나와서 자기 팀 위에 맞춘 사람의 손바닥이 위를 향하도록 그린다.
④ 위와 같은 방법으로 정답을 맞출 때마다 손바닥이 위를 향하게 그리면서 탑을 쌓아가는 것이다.
⑤ 제일 먼저 정상에 도달하거나, 제일 높이 탑을 쌓는 팀이 승리.

16. 길을 찾아서

1. 준비물
사다리(전지)

2. 만들기
① 전지에 사타리를 10개 정도 그려놓고
② 위에는 번호를, 아랫부분에는 점수를 적어 놓은 후 포스트잇으로 가린다.

3. 진행하기
① 정답을 맞추면 길을 찾아서 진행판의 번호를 하나 선택한다.
② 선택한 번호를 따라서 내려가는데
③ 팀별로 진행할 경우에는 아랫부분에 다양한 점수를 기록한 후 포스트잇으로 가렸다가 떼면서 그 점수를 팀에게 주며, 점수가 많은 팀이 승리!
④ 개인별로 진행할 경우에는 점수가 아니라 선물, 꽝 등을 기록해서 선물이 나올 때에만 선물을 준다.

17. 제기차기

1. 준비물
제기, 축구공, 풍선

2. 진행하기
① 팀을 나누어서 진행한다.
② 문제를 맞추면 제기를 차는데 제기를 찬 만큼 점수를 갖게 된다.
③ 처음에는 평범하게 진행하다가 중간 쯤에서는 '한 번 더 차기', '2명 차기' 등을 넣어서 할 수 있다.
④ 제기가 아니라 축구공 차기, 풍선 차기(제한시간 10초에 몇 번)등 다양한 모양의 놀이를 섞어서 진행할 수 있다.

18. 별들의 세계

1. 준비물
진행판, 종이별, 선물

2. 만들기
① 종이별을 만들어 코팅한 후 진행판에 붙인다.
② 종이별 뒤에 하늘에 있는 별들의 이름을 기록해 놓는다.

3. 진행하기
① 전체를 대상으로 진행하고, 정답을 맞출 때마다 별을 한 개씩 가져가게 한다.
② 문제 출제가 끝나면 시상식을 하는데, 시상식은 사회자가 만든 종이별 뒤에 기록된 별들의 이름을 부르면 그 별을 가지고 있는 사람이 앞에 나와서 선물을 받는 것이다.
③ 사회자가 선물을 먼저 보여주고 "미니카를 받을 별은, 북두칠성!"이라고 외치면 북두칠성을 가진 어린이는 앞에 나와서 미니카를 선물로 받게 된다.
④ 위와 같은 방법으로 진행하고 최우수 별을 선정해서 마지막에 시상해도 된다.

19. 음료수 마시기

1. 준비물
음료수, 빨대, 유리컵, 수건

2. 만들기
유리컵에 1~5단계의 눈금 표시를 해둔다.

3. 진행하기
① 전체를 대상으로 진행하고, 문제를 맞추면 준비된 음료수를 눈을 가리고 마시게 한다.
② 사회자는 문제를 낼 때 "3단계 문제입니다."라고 알려주고 음료수는 5단계까지 부어둔다.
③ 정답을 맞추면 눈을 가리고 3단계까지만 마셔야 된다. 이때 3단계를 넘으면 그만 마실때까지 뿅망치로 때린다.
④ 정확하게 마신 어린이에게는 상품을 준다.

20. 넌 내거야!

1. 준비물
진행판, 종이 사람 인형 10개

2. 만들기
사람 모양의 인형을 만들어 오린 후 코팅하고, 진행판에 붙인다.

3. 진행하기
① 두 팀으로 나누어서 진행한다.
② 인형을 공평하게 5개씩 나누어 진행판 양쪽으로 붙여 놓는다.
③ 사회자가 문제를 내면 정답을 아는 성도는 자기팀 이름을 크게 부르면서 손을 들고, 팀원들은 큰소리로 자기팀 이름을 부른다. 정답을 맞추면 상대팀의 인형을 우리팀으로 가지고 오는 것이다.
④ 인형을 많이 모은 팀의 승리

21. 역전승

1. 준비물
진행판, 종이 사람 인형 10개

2. 만들기
① 사람 모양의 인형을 만들어 오린 후 코팅하고
② 인형 뒷면에 +○○점, -○○점 등을 기록한 후 진행판에 붙이고, 뒷면에 점수가 있는 것은 알려주지 않는다.

3. 진행하기
① 두 팀으로 나누어서 진행하고 인형을 5개씩 나누어 진행판 양쪽으로 붙여 놓는다.
② 사회자가 문제를 내면 정답을 아는 성도는 자기팀 이름을 크게 부르면서 손을 들고, 팀원들은 큰소리로 자기 팀 이름을 부른다.
③ 정답을 맞추면 상대팀의 인형을 우리팀으로 가지고 온다.
④ 승리는 인형을 많이 모은 팀이 아니라 모은 인형의 뒷면에 점수를 계산해서 점수가 많은 팀이 승리하게 된다.
⑤ 숫자가 많은 것이 중요한 것이 아니라 알곡이 많아야 한다는 사실을 가르치고 마친다.

22. 같은 모양 찾기

1. 준비물
진행판, 포스트잇

2. 만들기
① 빙고 형식으로 16칸의 사각형이 나오는 진행판을 만든다.
② 16칸 안에 ☆♡♨ 등 같은 모양을 두 개씩 그리고 포스트잇으로 가린다.

3. 진행하기
① 전체를 대상으로 진행한다.
② 정답을 맞추면 포스트잇 두 개를 열어서 같은 모양의 그림을 찾아내는 형식으로 같은 모양을 찾으면 상품을 주고, 찾은 부분은 열어두지만, 서로 다른 것을 찾으면 벌칙을 주고 다시 덮어 놓는다.

4. 응용하기
① 진행 방법은 위와 동일하나, 진행판에 들어있는 그림들을 생활용품으로 기록해 둔다.
② 보물을 찾은 어린이에게는 그림에 나와있는 내용물을 상품으로 준다.

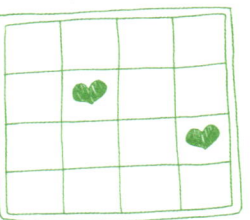

23. 고깔모자 떨어뜨리기

1. 준비물
고깔모자 2개, 장난감 칼 2개

2. 만들기
① 적당한 크기의 고깔모자를 만들되 얼굴로 연결하는 끈은 만들지 않는다.
② 장난감 칼 2개 중 하나는 반으로 3/1정도 잘라서 붙여둔다.

3. 진행하기
① 전체를 대상으로 진행한다.
② 정답을 맞춘 성도와 보조 진행자(여자)가 고깔모자를 쓰고 칼을 든 후 시합을 통해 고깔모자를 떨어뜨리는 형식이다.
③ 사회자는 칼을 칼집에 꽂아놓고 성도에게 먼저 칼을 선택하고 남은 칼은 보조 진행자에게 준다.
④ 사회자가 "하나, 둘, 셋!"하면 "내 칼을 받아라!"라고 외치면서 칼을 뺀다(둘 중에 한 명은 짧은 칼을 들게 된다).
⑤ 두 사람이 경기를 통해 고깔모자를 먼저 떨어뜨리는 사람이 승리하게 된다. 이때 보조 진행자가 이기면 성도에게 벌칙을 주고, 성도가 이기면 선물을 준다.

4. 응용하기
레크리에이션 중 '대표자 게임'으로 활용

24. 다함께 찬양해요 신나게

1. 준비물 진행판 만들기

2. 만들기
포스트잇 뒷면에 찬양 제목들을 기록해놓고 진행판에 붙인다.

3. 진행하기
① 팀을 나누어서 진행한다.
② 문제를 맞춘 어린이가 나와서 진행판의 포스트잇을 하나 선택하고 뒷면에 나와있는 찬양을 불러야 한다.
③ 흥미있는 진행을 위해 전체 팀원이 함께 부르고, 목소리가 적거나 전체가 부르지 않으면 다른 팀에게 기회를 준다. 포스트잇 뒷면에 찬양 제목 뿐아니라 율동과 함께, 원하는 곡 선택해서 부르기, 꽝 등을 적절하게 섞어서 활용한다. 노래 제목들을 파워포인트나 아이패드를 사용하거나, 전지에 기록하고, 노래를 부르는 사람은 눈을 가리고 서 있는다. 사회자가 기록된 곡목을 가리키면서 지나갈 때 노래를 부를 어린이가 '스톱'이라고 부르는 곳에 사회자는 멈추고 멈춘 곳의 곡목을 부르는 것이다.
④ 만약 정답을 맞춘 어린이가 끝까지 부르지 못할 경우 같은 팀 중에서 그 찬양을 아는 어린이를 손들게 하고 지명하여 부르게 한 후 상품을 준다.
⑤ 심사위원을 선정하고 심사판정은 특이하게 한다. 종소리나 보조진행자를 이용해 통과할 때는 일어나면서 '경사났네 경사났어'라고 소리를 외치고, 꽝일 경우에는 '뽕뽕뽀뽕'이라고 외치면서 제스쳐를 하거나 뽕망치로 벌칙을 준다.

25. 물러설 수 없는 대결

1. 준비물
종이 비행기 또는 장난감 자동차

2. 진행하기
① 개인별로 진행할 경우에는 문제를 맞추면 사회자와 대결해 승리를 해야 상품을 받는다.
② '종이 비행기 날리기'는 누가 더 멀리 날아가나, '장난감 자동차 경주'는 누구 것이 멀리갔나 겨룬다. 두 사람이 동시에 자동차를 후진시키게 하고 누구 것이 멀리 갔는지 경기를 한다.
③ 사회자(보조 진행자)가 이기면 벌칙을 주고, 정답을 맞춘 성도가 이기면 상품을 준다.
④ 팀별로 진행할 경우에는 위와 동일하나 대결자가 사회자가 아니라 상대팀이 된다.
⑤ 문제를 맞춘 성도가 대결하고 싶은 상대팀 중 한 사람을 선택해서 비행기나 자동차 중 자신이 원하는 것으로 대결한다. 정답을 맞춘 성도가 이기면 상품과 함께 점수를, 상대팀이 이기면 상품만 준다.

26. 각 나라 국기 알아맞추기

1. 준비물
세계지도, 각 나라 국기(10~15개 정도)

2. 만들기
① 세계지도를 칠판에 붙이고
② 각 나라의 국기를 10~15개 정도 코팅해서 칠판 밑에 진열한다(초등학교 교과서에서 복사).

3. 진행하기
① 전체를 대상으로 진행한다.
② (진행하기1) 정답을 맞추면 사회자는 준비된 국기 중 하나를 선택해서 보여주고 어느 나라 국기 인지 알아맞추게 한다. 맞추면 상품을 준다.
③ (진행하기2) 준비된 그 국기를 세계지도 중 그 나라의 위치에 붙이도록 하고 그 나라를 위해 잠시 기도하게 한다.

27. 올라가는 그래프

1. 준비물
전지, 크레파스

2. 만들기
① 전지를 세로로 세워 20개의 줄을 긋고 맨 아래는 팀의 이름을 기록한다.
② 팀별로 크레파스를 한 개씩 선택하도록 한다.

3. 진행하기
① 팀을 나누어서 진행한다.
② 문제를 맞추면 사회자와 가위 바위 보를 해서 이기면 앞으로 전진하는 형식이다.
③ 전진하는 방법은 사회자를 이기면 3칸 전진, 사회자에게 지면 그대로 있고, 비기면 1칸을 전진하는데 그래프를 그리면서 올라간다.
④ 그래프가 가장 높이 올라간 팀이 승리

28. 포도송이 열매

1. 준비물
포도송이 그림, 크레파스

2. 만들기
전지에 알이 20개 정도되는 포도송이를 그린다.

3. 진행하기
① 문제를 맞출 때마다 포도송이를 한 개씩 색칠하는 형식으로 진행한다.
② (개인별로 진행할 경우) 문제를 맞추면 포도송이에 자신의 이름을 기록해 두고 순위별로 시상을 하거나, 문제를 맞출 때마다 즉석에서 상품을 준다.
③ (팀별로 진행할 경우) 팀별로 크레파스를 한 개씩 선택하고 팀장이 가지고 있는다.
④ 문제를 맞추면 자기팀의 크레파스를 가지고 포도송이 하나를 색칠한다.
⑤ 포도송이를 많이 칠한 팀이 승리

29. 흰 눈이 펑펑펑

1. 준비물
진행판(칠판), 색지

2. 만들기
① 여러 종류의 색지로 동그란 눈송이를 만들어 오린 후 코팅한다(20개).
② 눈송이 뒷면에는 선물의 내용이나 꽝, 찬양하기, 벌칙을 기록하고 진행판에 붙인다.

3. 진행하기
① 전체를 대상으로 진행한다.
② 문제를 맞추면 진행판에 준비된 눈송이를 한 개 선택하고 뒷면에 나와있는 대로 상품을 주거나 벌칙을 준다.
③ 한 번 맞춘 성도가 두 번째 나오게 될 경우에는 다른 한 명을 데리고 나오게 해서 눈송이를 뽑고 선물이 나오면 데리고 나왔던 사람에게 준다. 물론 벌칙이 나오면 같이 벌을 받는다.

30. 과자 따먹기

1. 준비물
과자, 끈(나무), 실

2. 만들기
실에 과자를 연결해 끈이나 나무에 매달아 놓는다.

3. 진행하기
① 문제를 맞출 때마다 준비된 과자를 따먹는다.
② 개인별로 진행할 경우에는 정답을 맞춘 사람은 제한시간 동안 마음껏 먹을 수 있다.
③ 팀별로 진행할 경우에는 제한시간 동안, 팀원이 먹은 숫자만큼 점수로 계산해서 점수가 높은 팀이 승리

4. 응용하기
미니 올림픽, 레크리에이션 '릴레이 게임'으로 활용

31. 열매따기

1. 준비물
종이 카드, 수건

2. 만들기
① 사각 메모지 크기의 종이에 선물, 꽝, 벌칙 등을 기록한다.
② 보조 진행자의 몸에 붙이고 수건으로 눈을 가린다.

3. 진행하기
① 전체를 대상으로 진행한다.
② 문제를 맞춘 어린이는 보조진행자의 몸(앞, 뒤)에 붙어 있는 열매를(종이 카드) 시간 안에 떼어냄으로써 그 카드에 기록된 선물을 주거나 벌칙을 주고
③ 보조 진행자는 열매를 못따게 움직이되 자리를 이탈하면 안 된다.

32. 지네 만들기

1. 진행하기
① 팀을 나누어서 진행한다.
② 각 팀이 한 줄로 허리를 붙잡고 앉아 있는 상태에서 문제를 낸다.
③ 정답을 맞추면 맞춘 성도의 팀으로 다른 팀의 인원을 한 명씩 보내 맨 뒷 사람의 허리를 붙잡도록 한다.
④ 다른 팀으로 보내진 어린이도 문제를 맞출 수 있으며, 그 어린이가 문제를 맞출 경우에는 자기 팀으로 돌아가고, 상대 팀은 한 명씩 보낸다.
⑤ 승패는 인원이 많은 팀의 승리가 아니라 모두 일어나서 편채 허리를 잡고 있는 모습대로 꼬리잡기를 해서 승패를 결정한다.
⑥ 여러 팀일 경우에는 한 번에, 두 팀만 있을 경우에는 3판 2승으로 대결한다.

2. 응용하기
레크리에이션 '팀별 대항'으로 활용

33. 내가 왕입니다요

1. 준비물
의자 3개

2. 만들기
의자에 1, 2, 3 번호를 기록하고 앞에 일렬로 놓는다.

3. 진행하기
① 전체를 대상으로 진행한다.
② 전체를 대상으로 손을 높이 들게 한 다음 사회자와 가위 바위 보를 실시해서 비기거나 진 사람은 손을 내리게 한 후 최종 3명을 선발해 준비된 앞의 자리에 앉게 한다(최종 우승자가 1번의 자리에 앉는다).
③ 이 게임은 자리를 차지하는 형식으로 진행한다.
④ 문제를 맞춘 어린이는 3번 의자에 앉아있는 어린이와 '가위 바위 보' 대결을 벌인다. 이길 때마다 한 자리씩 앞으로 전진하고 가위 바위 보에서 진 어린이는 탈락한다.
⑤ 위와 같은 형식으로 진행하면서 왕의 자리를 차지한다. 최종 3명에게 상품을 준다.

34. O · X

1. 준비물
푯말 2개, 선물

2. 진행하기
① 전체를 대상으로 진행한다.
② 푯말의 앞 뒤에 O×표시를 해놓는다.
③ 문제를 맞춘 사람이 앞에 나오면 푯말을 보조 진행자가 한 개, 문제를 맞춘 사람이 한 개를 들고 눈을 감는다.
④ 사회자가 '하나, 둘, 셋'하고 외치면 두 사람은 원하는 쪽의 푯말을 동시에 들게 한다.
⑤ 이때 둘다 O가 나오면 선물을 주고, 둘다 ×가 나오면 벌칙, O×가 나오면 그냥 들어간다.

35. 가위 바위 보

1. 준비물
선물, 칠판

2. 진행하기
① 문제를 맞추면 앞에 나와서 사회자와 가위 바위 보를 하는데 사람들이 볼 수 있도록 손을 들고 한다.
② (개인별로 진행할 경우) 사회자를 이기면 선물을 받는다.
③ (팀별로 진행할 경우) 점수를 준다.
④ 바위로 이기면 100점, 가위는 50점, 보는 30점으로 한다.
⑤ 점수가 날 때마다 앞에 기록하고, 점수가 많은 팀이 승리

36. 정면충돌

1. 준비물
공

2. 진행하기
① 팀을 나누어서 진행한다.
② 일정한 거리에서 서로 공을 던져 공중에서 충돌하게 하는 게임이다. 복습게임 전 사회자가 먼저 시범을 보인다.
③ 문제를 맞추면 그 성도는 한 명을 데리고 나온다.
④ 정해진 거리에서 공을 던져서 공중에서 충돌하게 하는 것이다.
⑤ 혹시 충돌하지 않고 공이 빗나갔을 경우 공이 땅에 떨어지기 전에 잡으면 다시 던질 수 있게 한다.
⑥ (개인별로 진행할 경우) 바로 선물을 주고 (팀별로 진행할 경우) 점수제로 한다.

2부, 성경복습게임

3

성경학교와 캠프에 활용할 수 있는 성경복습게임

1. 즉석 사진 찍기

1. 준비물

폴라로이드 카메라(즉석 카메라)

2. 진행하기

① 전체를 대상으로 진행한다. 문제를 맞추면 맞춘 사람의 모습이나, 본인이 원하는 사람과 즉석에서 사진을 찍어서 준다.

② 흥미있는 진행을 위해서는 제비뽑기 형식의 카드를 만들어서 그 안에 '○○선생님과 함께, 친구와 함께, ○○포즈 취하기, 내가 원하는 사람 선택하기' 등을 기록해서 다양한 모양의 추억을 만들어 주는 시간을 갖는다.

③ 사진을 찍은 즉시 현상된 사진을 선물로 준다.

2. 물풍선 던지기

1. 준비물
물풍선, 받침대(압축 스치로폴), 압정

2. 만들기
① 사람 얼굴이 들어갈 수 있는 크기의 받침대를 만든다.
② 받침대 위에 압정을 붙인다.
③ 물풍선에 물을 담아 놓는다.

3. 진행하기
① 전체를 대상으로 진행한다.
② 받침대 안에는 팀장 한 분이 대기하고 있어야 하고 문제를 맞춘 성도가 물풍선을 던질 수 있게 한다.
③ 이때 받침대 안에 들어가는 사람은 꼭 팀장이 아니라 문제를 맞춘 성도가 선택할 수 있도록 하고, 그 어린이가 선택한 사람은 나와서 받침대에 들어간다.
④ 물풍선을 던져서 맞추면 상품이 있지만 못 맞추게 되면 던졌던 사람이 받침대에 들어가고 받침대에 있던 사람이 나와서 던지게 함으로써 흥미를 더할 수 있다.
⑤ 마무리 단계에서는 모든 성도들이 한 번씩 던질 수 있는 기회를 준다.

4. 응용하기
여름 캠프시 야외활동 프로그램으로 활용

3. 오재미 던지기

1. 준비물
오재미(볼풀공), 바구니, 사탕

2. 진행하기
① 팀을 나누어서 진행한다.
② 청색 테이프로 적당한 크기의 사각 링을 만든다.
③ 보조 진행자는 등에 바구니를 메고 그 링 가운데 들어가 있는다.
④ 문제를 맞추면 맞춘 팀의 성도들이 모두 나와서 준비된 오재미와 볼풀공을 던져서 바구니에 넣게 한다.
⑤ 이때 보조 진행자는 링을 벗어나지 않는 범위 내에서 오재미를 바구니에 넣지 못하도록 움직인다.
⑥ 시간을 제한하고 바구니에 오재미가 들어간 만큼 사탕을 주어서 가지고 있게 한다. 마지막에 사탕 수로 점수를 계산할 것이다.

3. 응용하기
레크리에이션 중 '팀별 대항'으로 활용

4. 물총놀이

1. 준비물 물총(3종류 이상), 과녁판, 수건

2. 만들기
① 전지에 사람 얼굴 만큼의 구멍이 뚫린 과녁판을 만든다.
② 박스를 펴서 1, 2, 3, 4 라는 번호를 쓰고 뒤에는 각 종류의 물총을 진열한다(물총은 500원, 2000원, 5000원 등 성능이 다양한 것으로 준비).

3. 진행하기
① 전체를 대상으로 진행한다.
② 문제를 맞추면 앞에 나와서 번호를 선택하게 하고 번호에 해당되는 물총을 든다. 과녁 안에 들어갈 사람은 상대팀 선생님이나 조장을 뽑아서 그들이 원하는 사람을 선택하게 한다. 보조 진행자는 양쪽에서 과녁판을 들고 있고 뽑힌 사람은 과녁판에 얼굴을 내민다.
⑤ 물총을 쏘는 사람은 사정거리를 확인한 후 눈을 가리고 뒤로 돌아서 사회자의 '하나, 둘, 셋'하는 구령에 맞추어 걸어가다가 '셋'할 때 돌아서서 과녁을 향해 물총을 쏘는 것이다(구령은 참석자가 함께 하면 더욱 좋다).
⑥ 정확히 과녁을 맞추면 점수를 받거나 선물을 받지만, 과녁을 빗나가서 보조 진행자를 맞추거나 다른 곳을 맞추면 대신 과녁판에 들어가서 물총을 맞은 사람이 쏘게 한다.
⑦ 이와 같은 방법으로 진행하되 한 사람이 끝날 때 마다 보조 진행자를 통해서 물총의 배열을 바꾸도록 한다.

4. 응용하기 여름캠프, 성경학교 야외활동으로 활용

5. 도전! 내가 최고

1. 준비물
제비, 사탕, 깡통, 풍선 등

2. 진행하기
① 팀별로 나누어서 진행한다.
② 문제를 맞추고 나오면 제비를 뽑게 한다.
③ 뽑을 제비 안에는 다양하고 재미있는 내용들을 적어놓는다.
· 10초안에 풍선 내 머리 크기 만큼 불어서 묶기
· 10초 안에 팔굽혀펴기 10회 하기
· 눈뜨고 20초 동안 견디기
· 사탕 3개 먹고 찬송 1절 부르기
· 머리에 깡통 올리고 10m 걸어갔다오기 등
④ 그 시간 안에 성공하면 점수를 주거나 선물을 준다.

3. 응용하기
성경학교, 캠프 시 도전 내가 최고 활동으로 활용

6. 주여! 도와주시옵소서

본문말씀 : 요나 1:5

1. 준비물
물총, 포스트잇, 칠판, 선물

2. 진행하기
① 전체를 대상으로 진행한다.
② 칠판에 포스트잇을 여러장 붙이고 앞면에는 번호를, 뒷면에는 하나님, 부적, 우상, 불교, 힌두교 등을 적어놓는다(하나님 5장, 우상들 5장 정도의 비율).
③ 보조 진행자는 물총을 들고 있다.
④ 문제를 맞추면 앞에 나와 방석 위에 무릎을 꿇고 기도하는 모습으로 신을 부르게 한다. "주여! 도와주시옵소서!" 라고 외친 후 "1번" 하고 자신이 원하는 번호를 부른다.
⑤ 사회자는 그 번호를 뒤집고 '하나님'이 나오면 박수와 함께 선물을 주고 '우상'이 나오면 주위에 서 있는 보조 진행자가 물총으로 들어갈 때까지 쏜다(물에 빠진 것을 생각하기 위해).

3. 응용하기
캠프시 야외 프로그램으로 활용

7. 인간 윷놀이

1. 준비물
윷놀이 진행판, 점수판

2. 진행하기
① 팀을 나누어서 진행한다.
② 인간윷이 될 보조 진행자를 팀원 중에서 3명 선출하고 1명은 팀장이 한다.
③ 보조 진행자들의 눈을 수건으로 가리고 그 중 팀장은 '백도'가 된다.
④ 점수는 도 : 20점, 개 : 40점, 걸 : 60점, 윷 : 80점, 모 : 100점을 주고 '백도'가 나오면 - 50점이 된다.
⑤ 보조 진행자들은 앞에 서 있고 문제를 맞춘 사람이 '하나, 둘, 셋'을 외치면 보조 진행자들은 윷이 된다.
⑥ 윷의 모양에 따라서 점수를 주되 '윷'이나 '모'가 나오면 한 번 더 기회를 준다. 점수가 많은 팀이 승리

8. 비행기 날리기

1. 준비물
종이 비행기

2. 진행하기
① 종이 비행기를 만들어 높은 곳에서 날려보자. 각 팀의 팀장이 나와서 종이 비행기를 날리는데 비행기가 땅에 떨어지기 전에 잡아야 한다.
② (팀별로 진행할 경우) 사다리를 이용하거나 높은 곳에 올라가서 비행기를 날리고 그 비행기를 잡는 팀에게 점수를 준다.
③ 각 팀의 조장이 비행기를 날릴 때 같은 팀의 조원이 비행기를 잡으면 점수의 두 배를 주고, 다른 팀이 받을 경우에는 기본 점수만 준다.
④ (개인별로 진행할 경우) 비행기를 날리는 곳 주변에 흩어져 있게 하고 비행기를 잡는 사람에게 선물을 준다.
⑤ 비행기 안에 선물, 꽝, 벌칙, 점수 등을 다양하게 넣어서 진행하면 즐거운 시간이 될 수 있을 것이다.

3. 응용하기
캠프 시 야외활동 프로그램으로 활용

9. 림보놀이

1. 준비물
림보놀이 기구(나무로 만든다)

2. 진행하기
① 문제를 맞춘 사람이 자신이 통과할 수 있는 높이를 정하면 보조 진행자들은 림보놀이의 높이를 설정해준다.
② (팀별로 진행할 경우) 림보를 통과할 때 관중들은 박수를 치면서 응원을 하게 하고, 통과하면 통과한 높이 만큼 점수를 그 팀에 주고 기록해둔다.
③ 다음에 문제를 맞춘 사람도 역시 위와 동일한 방법으로 진행하되 앞에 있었던 사람의 기록을 깼을 경우에는 보너스 점수를 준다.
④ 기록을 종합해서 점수가 많은 팀이 승리를 하게 된다.
⑤ (개인별로 진행할 경우) 문제를 맞춘 사람이 통과할 때마다 기록을 정리해 두었다가 시상식 때 사용하는데
⑥ 시상식은 1등~10등까지 상품을 준비해서 순위별로 상품을 주거나 앞에 다양한 상품을 놓고 순위별로 원하는 상품을 선택해서 가져가게 한다.

3. 응용하기
성경학교나 캠프시 특별 프로그램으로 활용

10. 나는 잠수왕

1. 준비물
투명한 세숫대야, 진행판

2. 만들기
① 진행판에 포스트잇을 이용해서 10초, 20초, 30초 등 다양하게 기록한다.
② 세숫대야에 물을 담아놓고 많은 사람이 볼 수 있도록 책상 위에 올려 놓는다.

3. 진행하기
① 개인별로 진행할 경우에는 문제를 맞추면 진행판의 포스트잇을 한 장 선택하고
② 포스트잇 뒷면에 '20초'라고 기록되어 있으면 준비된 세숫대야에 얼굴을 넣고 '20초'가 되었다고 생각될 때 일어나는 것이라고 알려준다.
③ 시간에 근접하거나 정확하게 일어나면 상품을 주고, 너무 미달되거나 초과하면 벌칙을 준다.
④ 팀별로 진행할 경우에는 문제를 맞춘 팀의 전원이 나와서 동시에 실시하고 정확하게 맞춘 사람의 수 만큼 점수를 준다.

4. 응용하기
캠프시 특별 프로그램으로 활용

11. 바른 길로 인도하소서

1. 준비물 풍선, 수건

2. 만들기
① 통로를 만들어 긴 줄 두 개를 앞 뒤로 매단 후
② 그 줄에 풍선을 불어서 중간 중간에 매달아 놓는다.
③ 풍선에는 물이나 밀가루를 넣어둔다.
④ 풍선의 길이는 초등부 어린이들의 머리를 조금 넘는 정도로 한다.

3. 진행하기
① 팀을 나누어서 진행한다.
② 보조 진행자 둘이 의자 위에 올라가 풍선의 양쪽 끝을 잡고 서 있게 한다.
③ 문제를 맞추면 출발선에 서서 눈을 가린 후 도착 지점까지 장애물(풍선)을 피해 통과해야 한다.
④ 각 장애물에는 물이나 밀가루 등이 들어있기 때문에 통과하다가 장애물 밑으로 지나가게 되면 상대팀의 조장이 풍선을 터뜨려서 물 세례를 준다.
⑤ 만약 상대팀 조장이 판단을 잘못해서 물 세례를 받지 못했을 경우 벌칙으로 장애물을 통과하게 한다.
⑥ 승패는 장애물 통과하기 ②의 형식을 겸해서 점수가 많은 팀에게 승리를 줄 수도 있고, 동점일 경우에는 물 세례를 적게 받은 팀이 승리

4. 응용하기 캠프시 야외프로그램으로 활용

12. 거기 누구없어요

1. 준비물
몸무게 저울, 줄자, 진행판

2. 만들기
① 포스트잇 뒷면에 다양한 목록을 작성한다. 몸무게 30kg, 허리사이즈 24, 키 160, 발사이즈 140, 나이 12살, 생일 12일인 사람 등 재미있게 구성한 후
② 진행판에 붙인다.

3. 진행하기
① 문제를 맞추면 진행판에 준비된 쪽지를 한 개 선택한다.
② 개인별로 진행할 경우에는 사회자는 시간을 제한하고(10초, 15초) 그 시간동안 쪽지에 기록된 사람을 찾아와야 된다(예 : 나이 10살이 기록되어 있으면 찾아서 앞으로 데려와야 한다).
③ 시간 안에 데려오면 선물, 시간 안에 이행하지 못하면 벌칙을 준다.
④ 팀별로 진행할 경우에는 정답을 맞춘 성도는 쪽지에 기록된 내용을 크게 외친다.
⑤ 이때 팀에 관계없이 쪽지에 기록된 사람을 먼저 데려오는 팀이 승리하게 된다(정답을 맞춘팀에서 먼저 데려오면 점수 두 배).
⑥ 기록이 필요한 부분은 준비된 도구로 확인한다.

13. 단짝찾기

1. 준비물
몸무게 저울, 줄자, 진행판

2. 만들기
① 포스트잇 뒷면에 다양한 목록을 작성한다. 몸무게, 허리사이즈, 키, 발 사이즈, 나이, 생일, 내가 좋아하는 음식, 존경하는 인물 등 재미있게 구성한다.
② 진행판에 붙인다.

3. 진행하기
① 문제를 맞추면 진행판에 준비된 쪽지를 한 개 선택한다.
② (개인별로 진행할 경우) 맞춘 사람은 쪽지에 기록된 내용을 크게 읽고 나와 똑같은 사람을 시간 안에 찾아와야 된다(예 : '몸무게'라고 기록되어 있으면 내 몸무게를 말하고 나와 몸무게가 똑같은 사람을 찾아온다).
③ 찾은 후에는 반드시 준비된 도구로 확인을 하고 선물을 준다.
④ (팀별로 진행할 경우) 위와 같은 형식으로 정답을 맞춘 어린이는 쪽지에 기록된 내용을 크게 외친다.
⑤ 이때 팀에 관계없이 맞춘 사람과 똑같은 사람을 찾아서 먼저 데려오는 팀이 승리하게 된다(정답을 맞춘 팀에서 먼저 데려오면 점수 두 배).

14. 도전 찬양 3고개

1. 준비물
진행판

2. 만들기
① 포스트잇 뒷면에 찬양의 제목들을 기록해 놓는다.
② 진행판에 붙인다.

3. 진행하기
① 전체를 대상으로 진행한다.
② 문제를 맞춘 어린이가 나와서 진행판의 포스트잇을 하나 선택하고 뒷면에 나와있는 찬양을 불러야 된다.
③ 한 곡을 통과하면 진행판에서 다음 곡을 선택할 수 있다.
④ 이렇게 해서 참여한 어린이들에게는 작은 기념품을 만들어 주거나 2곡 이상 통과한 어린이에 한해서만 시상, 또는 1고개, 2고개, 3고개 등 각 고개별로 상품을 달리해도 좋겠다.
⑤ 진행을 위해서 노래를 부를 때 반주해주고, 녹음까지 해 둔다면 사용할 곳이 많다.

15. 선물을 찾아라

1. 준비물
다양한 선물, 수건

2. 만들기
① 전체 어린이가 볼 수 있는 공간에 2m정도의 정사각형을 청테이프로 표시하고, 그 안에 준비된 선물을 흩어논 후
② 보조 진행자는 수건으로 눈을 가리고 그 안에 서 있는다.

3. 진행하기
① 전체를 대상으로 진행한다.
② 문제를 맞춘 성도는 보조 진행자를 피해서 선물을 꺼내야 한다.
③ 보조 진행자는 선물을 안쪽으로 몰아놓지 말고 흩어 놓아야 하고, 몸을 너무 움츠려서 선물을 감추면 안된다.
④ 사회자의 시작 신호와 함께 선물을 꺼내기 시작하고 보조 진행자는 선물을 못가져 가도록 팔을 좌우로 흔든다.
⑤ 시간을 제한하고 선물을 꺼내다가 보조 진행자의 팔에 걸리면 실격이 된다.

16. 뺏어봐

1. 준비물 다양한 선물, 수건

2. 만들기
① 모든 성도가 볼 수 있는 공간에 2m정도의 정사각형을 청테이프로 표시하고, 그 안에 준비된 선물을 흩어논다(같은 것 2개 만들기).
② 각 팀의 팀장은 수건으로 눈을 가리고 그 안에 서 있는다.

3. 진행하기
① 팀별로 나누어서 진행한다.
② 정답을 맞춘 성도는 상대팀의 팀장을 피해서 선물을 꺼내야 한다.
③ 팀장은 선물을 안쪽으로 몰아놓지 말고 흩어 놓을 뿐 아니라 몸을 너무 움츠려서 선물을 감추면 안된다(이러한 규칙을 어길 경우 감점이나 벌칙을 줄 수 있다).
④ 사회자의 시작 신호와 함께 선물을 꺼내기 시작하고 팀장은 선물을 못가져 가도록 팔을 좌우로 흔든다.
⑤ 시간을 제한하고 선물을 꺼내다가 팀장의 팔에 걸리면 실격이 된다.
⑥ 선물을 많이 가져간 팀이 승리.

4. 응용하기
선물로 하지 않고 제비에 +, -점수를 기록해서 접어둔 후 점수를 빼앗아 오는 것이다. 점수가 많은 팀이 승리.

17. 찬송가 가사 완성 하기

1. 준비물

도화지, 글자 카드

2. 만들기

① 도화지에 찬송가의 가사를 기록하다 중간을 비워둔다.
(예 : 손을 높이 들고 주를 찬양 (　　) 주를 찬양).
② (　) 안에 들어가는 가사를 카드로 만들어서 칠판에 진열한다.

3. 진행하기

① 전체를 대상으로 진행한다.
② 사회자는 도화지 1장에 한 문제를 기록하고 질문한다.
③ 앞에 나온 성도는 준비된 가사 카드 중 알맞는 것을 뽑아서 맞춘다.
④ 즉석에서 상품을 준다.

4. 응용하기

성경학교 중간 중간에 떠드는 것을 방지하기 위해서 '찬송가 가사 완성하기' 활동을 진행한다면 조용하면서도 독특한 운영이 될 수 있다.

18. 행운의 숫자

1. 준비물
0~9까지의 숫자 카드

2. 만들기
① 0~9까지의 숫자를 카드 형식으로 만들어서 코팅한다.
② 바구니에 담아 놓고 제비뽑기를 할 수 있도록 정리해 둔다.

3. 진행하기
① 팀별을 나누어서 진행한다.
② 문제를 맞추면 숫자 카드를 제비뽑기하는데 정답을 맞춘 성도가 먼저 1장을 뽑고, 사회자가 1장을 뽑는다.
③ 뽑힌 숫자가 점수가 된다(예 : 성도가 숫자 '8'을 뽑고, 사회자가 숫자'5'를 뽑았다면 점수는 '85점' 이런 형식으로 점수를 준다).
④ 점수가 높은 팀이 승리.

19. 페널티킥

1. 준비물
골대, 축구공, 뿅망치

2. 진행하기
① 정답을 맞출 때마다 페널티킥을 차게 한다.
② (개인별로 진행할 경우) 문제를 맞춘 성도가 공을 차고 골키퍼는 여자가 한다. 골인시키면 선물을 주고 못시키면 뿅망치로 벌칙을 준다.
③ (팀별로 진행할 경우) 정답을 맞춘 성도가 공을 차고, 상대팀 중 한 명이 골키퍼가 된다.
④ 공을 넣으면 1:0, 공을 많이 넣은 팀이 승리.

20. 원안에 던지기

1. 준비물
오재미

2. 만들기
일정한 거리에 원을 만들거나 방석을 놓고 던지는 선을 그려놓는다.

3. 진행하기
① 정답을 맞추면 던지는 선에서 오재미를 원안에 들어가게 던져야 한다.
② 개인별로 진행할 경우에는 학년별 혹은 연령별로 던지는 거리를 정해주어야 하고, 오재미를 원 안에 넣으면 상품을 준다.
③ 흥미있는 진행을 위해 던지는 것을 한 번이 아니라 '3번'정도의 기회를 주어서 '2개' 이상 넣어야 선물을 주는 것으로 진행할 수 있다.
④ 팀별로 진행할 경우에는 원 안에 들어간 숫자로 승리를 결정한다.

4. 응용하기
레크리에이션 '팀별 대항', '추적게임'으로 활용

21. 깡통차기

1. 준비물
빈 깡통

2. 만들기
투포환 던지기 형식의 선을 긋고 각 단계마다 점수를 기록한다.

3. 진행하기
① 팀을 나누어서 진행한다.
② 정답을 맞추면 준비된 깡통을 발로 찬다.
③ 준비된 선을 벗어나면 '파울'로 한 번 더 기회를 주고 깡통이 떨어진 부분의 점수를 그 팀에게 준다.
④ 점수가 많은 팀이 승리.

4. 응용하기
미니 올림픽 '투포환 던지기'

22. 삐삐머리 하기

1. 준비물

고무밴드

2. 진행하기

① 팀을 나누어서 진행한다.
② 각 팀의 팀장을 뽑아 앞에 나와 서도록 한다.
③ 문제를 맞춘 성도는 상대 팀의 팀장의 머리에 고무밴드를 이용해 삐삐머리를 만들어 준다.
④ 삐삐머리를 가장 적게 한 팀의 승리.
⑤ 삐삐머리를 한 팀장들을 기념촬영 해주고, 율동이나 간단한 게임을 한 후 수고한 팀장들에게 간단한 선물을 준다.

3. 응용하기

레크리에이션 '벌칙으로' 활용

23. 나의 비밀공개

1. 준비물
줄자, 몸무게 저울, 종이

2. 만들기
① 종이에 몸무게, 키, 허리, 허벅지 사이즈 등 신체를 측정할 수 있는 다양한 내용들을 기록해 둔다.
② 측정할 수 있는 줄자와 저울을 앞에 둔다.

3. 진행하기
① 팀을 나누어서 진행한다.
② 정답을 맞추면 앞에 나와서 제비뽑기를 한 후 기록된 것을 측정한다(예 : '몸무게'가 나오면 저울로 몸무게를 측정).
③ 기록해서 나온 것이 그 팀의 점수가 된다.
④ 점수가 많은 팀이 승리.

4. 응용하기
레크리에이션 '대표자 게임', 팀별 대항'으로 활용

24. 간식 장만하기

1. 준비물
각종 과자류의 이름이 적힌 포스트잇, 간식(포스트잇에 적힌 만큼)

2. 만들기
① 포스트잇에 각종 과자류의 이름을 종류별로 적어서 칠판이나 전지에 붙인다.
② 포스트잇 앞면에 '새우깡'이라고 썼다면 뒷면에는 '새우깡 한 봉지', 또는 '새우깡 한 컵' 등 간식을 가져갈 수 있는 내용을 기록한다. '사탕'이라고 썼다면 뒷면에는 '사탕 1개', '사탕 한 봉지', '사탕 5개' 등을 기록할 수 있다.
③ 한 두개 정도는 앞면에 '뻥이요' 해놓고 뒷면에는 '0개' 등을 기록함으로 복습 게임을 좀 더 재미있고 재치있게 진행할 수 있다.

3. 진행하기
① 팀대항으로 진행한다.
② '간식 장만하기' 복습게임은 팀 대항으로 정답을 맞춘 성도가 받는 간식은 그 성도가 속해 있는 팀원들과 함께 먹게 한다.
③ 문제를 아는 성도들은 손만 들게 한다.
④ 정답을 맞추면 나와서 간식 하나를 선택하게 하고 뒷면에 적힌 내용을 읽게 한 후 간식을 받게 한다(절대 간식을 먼저 먹어서는 안된다).
⑤ 이와 같은 방법으로 반복해서 진행하는데 유년부와 초등부 어린이들이 같이 할 경우 한쪽으로 치우칠 수 있으므로 다양한 문제와 균형잡힌 진행이 필요하다.

⑥ 성경 복습게임이 끝나면 각자 받은 간식을 풀어서 반별로 교제의 시간을 보낸다.

4. 응용하기
캠프시, 월 1회 생일파티 때 오후활동으로 활용

2부. 성경복습게임

4

성경본문 중심의
성경복습게임

1. 이리를 찾아라

본문 : 마태복음 7:15

1. 준비물
진행판, 양 그림 10~15개, 뽕망치

2. 만들기
① 양을 그려서 색칠한 후 코팅한다.
② 양의 뒷면에 '이리'를 그리거나, 글씨로 '이리'라고 쓴 후 진행판에 붙인다(양과 이리의 비율은 5:5로 한다).

3. 진행하기
① 양 가운데 숨어 있는 이리를 찾아내는 복습게임이다.
② (개인별로 진행할 경우) 정답을 맞추면 진행판에 있는 양을 한 마리 선택한 후 뒷면을 보도록 한다. 이때 양이 나오면 가벼운 벌칙이나, 뽕망치로 벌칙을 주고 '이리'가 나오면 상품을 준다.
③ (팀별로 진행할 경우) 위와 같은 형식으로 진행하되 '이리'를 많이 찾은 팀이 승리하게 된다(팀별로 진행해도 '이리'를 찾은 사람에게는 선물을 준다).

2. 예수님의 생일 선물을 찾아라

본문 : 마태복음 2:11

1. 준비물
진행판, 진행카드

2. 만들기
① 색지를 이용해 동그란 모양의 카드를 만든다.
② 카드 뒷면에는 황금, 유향, 몰약 그리고 기타 연필, 방탄소년단이나 엑소의 사진 등 재미있는 내용을 기록한다.
③ 카드를 뒤집어서 진행판에 붙인다.

3. 진행하기
① 황금과 유향과 몰약을 찾는 성경복습게임으로 전체를 대상으로 진행한다.
② 정답을 맞추면 준비된 카드를 하나 선택해서 열어본다. 이때 예수님의 생일 선물이 아닌 다른 것들이 나오면 뽕망치로 벌칙을 주거나, 연필 한 자루 등 기본적인 선물을 주고, 카드를 원상태로 뒤집어 붙인다.
③ 예수님의 생일선물을 뽑으면 비중있는 선물을 주고, 생일선물 3가지를 다 찾으면 복습게임은 끝나게 된다.
④ 만약 일찍 찾게 될 경우에는 준비된 다른 카드까지 진행한다.

3. 좋은 열매 맺어요

본문 : 마태복음 7:17~18

1. 준비물
나무 그림, 색종이, 귤(과일)

2. 만들기
① 적당한 크기의 나무를 그리고 색종이를 이용해 열매를 동그랗게 만든다.
② 열매 뒷면에는 좋은 열매, 나쁜 열매, 썩은 열매 등을 자유롭게 기록해 놓고 나무 중간중간에 붙여놓는다.

3. 진행하기
① 전체를 대상으로 진행한다.
② 정답을 맞추면 앞에 나와서 열매를 하나 선택해 따도록 한다.
③ 좋은 열매가 나오면 즉석에서 준비된 과일을 선물로 주고 나쁜 열매가 나오면 가벼운 벌칙을 준다.
④ 우리의 생활 속에서 좋은 열매를 많이 맺어야 함을 교훈으로 강조한다.

4. 감춰진 보화찾기

본문 : 마태복음 13:44

1. 준비물
전지 2장

2. 만들기
① 전지에 밭 모양의 밑그림을 그리고 중간중간에 열어볼 수 있도록 칼집을 낸다.
② 밭 모양 뒷 면에 전지 한 장을 붙이고 열어볼 수 있는 부분에 보화 그림을 중간중간에 그려 놓는다.

3. 진행하기
① 천국은 밭에 감춰진 보화를 캐는 것과 같다고 말씀하신 것을 배우는 활동이다.
② 정답을 맞추면 나와서 보화를 캐는데 한 칸만 선택해서 열어볼 수 있다.
③ 이때 보화를 캐면 점수를 주거나 상품을 준다.
④ 흥미있는 진행을 위해 보화의 숫자를 적절하게 적어서 많은 것과 적은 것을 구분할 수 있게 한다.
⑤ 팀별로 진행할 경우에는 문제를 많이 맞춘 것 보다 보화를 어느 팀이 많이 캤는가에 승패를 정할 수 있다.
⑥ 개인적으로 진행할 경우에는 보화를 캐면 상품을 주고 꽝이 나오면 벌칙을 줄 수 있다.

5. 열두 광주리

본문 : 마태복음 14:13~21

1. 준비물
바구니 12개, 간식

2. 만들기
① 12개의 바구니 안에 간식을 넣고 내용물을 볼 수 없을 만큼의 높이에 진열해 놓는다.
② 간식의 내용물을 동일하게 하지 말고 한 개, 두 개, 섞어서 풍성하게, 꽝 등 다양하게 기록한다.

3. 진행하기
① 전체를 대상으로 진행한다.
② 예수님이 물고기 두 마리와 보리떡 5개로 5000명을 먹이고 12 광주리를 남긴 이야기를 한 후 그것을 오늘 나누어 준다고 말한다.
③ 정답을 맞추면 진열되어 있는 12개의 바구니 중 한 개를 선택해서 가져가게 하고
④ 그 간식은 게임 도중 먹을 수 없고 복습게임이 끝나면 팀별로 간식으로 먹게 한다.

4. 응용하기
여름캠프 시 간식 장만 프로그램으로 활용

6. 천국에 들어가려면

본문 : 마태복음 18:6~10

1. 준비물 색종이, 청테이프

2. 만들기
색종이 앞면에는 번호를 기록하고, 뒷면에는 눈, 코, 입, 귀, 머리, 손, 발 등 우리 신체로 죄를 짓기 쉬운 부분들을 기록한 후 번호가 앞으로 나오도록 칠판에 붙인다.

3. 진행하기
① 팀을 나누어서 진행한다.
② 이 활동은 성경학교나 캠프 때 저녁시간을 이용한 마무리 프로그램으로, 이 활동은 죄를 지어서 지옥에 가는 것보다 잘못된 부분들을 잘라서라도 천국가는 것이 낫다는 말씀을 교훈하는 것이다.
③ 각 팀의 선생님이나 대표를 앞에 세운다.
④ 정답을 맞추면 번호를 선택하는데, 이때 '눈'이 나왔으면 눈으로 범죄한 것이기 때문에 문제를 못 맞춘 다른 팀의 대표에게 청색테이프로 눈을 가리게 한다. 손이나 발이 나오면 끈으로 묶는다.
⑤ 이 활동은 죄를 가장 적게 지은 팀이 승리한다.
⑥ 앞에 나와있는 대표자들이 사회자의 "시작!" 소리에 맞춰 "예수 그리스도의 보혈의 피로 내 죄가 씻어진 줄 믿습니다!"라고 외친 후 자신의 결박을 풀어서 쓰레기통에 버리고 먼저 오는 팀이 승리로 해도 괜찮다.

7. 엠마오 마을로

본문 : 누가복음 24:13~35

1. 준비물
진행판(하드보드지), 찍찍이

2. 만들기
① 진행판의 한 쪽은 예루살렘을, 반대쪽은 엠마오 마을을 붙힌다.
② 찍찍이를 길게 두 줄로 붙이고 진행하는 칸을 만든다.
③ 사람 모양의 종이 인형을 만들어 중앙에 찍찍이를 이용해 붙인다.
④ 제비를 만들어 종이에 앞으로 2칸, 뒤로 1칸 등을 기록한다.

3. 진행하기
① 팀을 나누어서 진행한다.
② 예수님이 엠마오 마을로 가는 두 제자를 만나서 소망을 주시고 다시 예루살렘으로 향하게 하는 말씀임을 알린다.
③ 정답을 맞추면 제비를 뽑게 하고 적혀 있는대로 앞으로 진행하거나 또는 뒤로 후진하게 한다.
④ 이 활동은 성경학교나 캠프때 저녁시간을 이용해서 마무리 프로그램으로, 예루살렘에 먼저 도착하는 팀이 승리하게 된다.

8. 항아리에 물 채우기

본문 : 요한복음 2:1~11

1. 준비물
유리컵, 작은 주전자, 수건

2. 진행하기
① 포도주가 떨어진 잔치집에 물이 변하여 포도주가 된 말씀을 중심으로 복습게임을 전개해 나간다.
② 유리컵의 적당한 부분에 1~5 까지 눈금을 표시해 둔다.
③ 정답을 맞추면 눈을 가린 후 사회자가 원하는 부분까지 주전자의 물을 유리컵에 따르도록 한다.
④ 물을 눈금 1, 2번까지만 부으면 꽝이 되고, 3번은 선물을 타인에게 주기, 4번은 선물받기, 5번은 보너스 선물, 물이 넘치면 벌칙을 준다.
⑤ 이때 물대신 '음료수'를 사용하여 마지막에 얻은 양을 마시게 해도 좋다.

9. 물이 변하여 포도주 됐네

본문 : 요한복음 2:1~11

1. 준비물 유리컵 2개, 항아리 그림 10장, 뽕망치

2. 만들기
① 항아리 그림을 카드 형식으로 10장 정도 준비한 후 뒷면에는 '포도주' 또는 '맹물'이라는 글씨를 적당히 섞어서 기록한다.
② 칠판을 이용해 항아리 그림이 앞으로 나오게 하여 붙인다.

3. 진행하기
① 전체 또는 각 반별로 진행한다.
② 가나 혼인 잔치에서 있었던 일을 배경으로 하는 이번 복습게임은 물이 변하여 포도주가 된 것처럼 변화된 삶의 모습으로 살아갈 것을 교훈하는데 흥미를 위해 음료수를 활용한다.
③ 사회자 옆에 유리컵 두 개를 놓고 한 쪽에는 맹물을, 한 쪽에는 포도주스를 따라 놓는다.
④ 정답을 맞추면 항아리 카드를 한 개 선택하도록 하고 '포도주'가 나왔으면 '포도주스'를 마시게 하고, '맹물'이 나왔으면 변화되지 못했기 때문에 뽕망치나 가벼운 벌칙 후 '맹물'을 한 잔 마시게 한다.
⑤ 이 활동은 성경학교나 캠프 때 저녁시간을 이용해서 마무리 프로그램으로 한 컵 마시기, 두 컵 마시기, 대신 마시기 등 분위기에 따라서 진행의 묘미를 살리면 좋다.

10. 깊은데로 가서

본문 : 요한복음 21:6

1. 준비물
자석 낚시대, 물고기

2. 만들기
① 십자가 모양의 낚시대를 만들고 낚시줄 끝에 자석을 단다.
② 종이로 물고기를 만들고 물고기 입에 클립을 붙여 놓는다.

3. 진행하기
① 십자가 모양의 낚시대를 이용해 물고기를 잡음으로 베드로에게 말씀하신 사람낚는 어부가 되게 하는 활동이다.
② 정답을 맞추면 낚시대를 이용해 물고기를 잡게 한다.
③ 팀별로 진행할 경우에는 물고기 뒷면에는 작은 물고기를 그려놓고 물고기가 그려진 숫자만큼 점수를 준다. 많은 점수를 기록한 팀이 승리.
④ 개인별로 진행할 경우에는 물고기 뒷면에 상품의 내용이나 꽝 등을 기록해서 흥미롭게 진행한다.

11. 똑똑똑

본문 : 요한계시록 3:20

1. 준비물 선물, 물총, 뿅망치

2. 진행하기

① 예수님이 우리의 마음을 두드리실 때는 마음의 문을 열어야 하지만 사단이 두드릴 때는 열면 안되는 것을 교훈적으로 표현했다. 보조 진행자는 성찬상 밑에 숨어서 선물과 물총, 뿅망치를 가지고 있는다.

③ 문제를 맞추면 앞에 나와 일정한 거리에 서 있게 하고 사회자는 문을 두드리는 흉내를 내는데 똑(1번), 똑똑(2번), 똑똑똑(3번)을 천천히 소리낸다. 이때 보조 진행자는 마음속으로 순서를 정한다. 예를 들어, 똑(1번일 때는) 뿅망치를, 똑똑(2번일 때는) 선물을, 똑똑똑(3번일 때는) 물총을 준비한다. 물론 문제를 낼 때 마다 마음으로 결정을 해야 한다.

④ 정답을 맞춘 사람은 1번~3번 중 아무때나 사회자가 똑 소리를 낼 때 본인이 원하는 번호에서 "예수님 내 마음에 들어오세요."라고 말을 해야 된다. 만약 '똑똑똑' 했을 때 "예수님 내 마음에 들어오세요."라고 했다면 보조 진행자는 자리에서 벌떡 일어나 물총을 쏘고, '똑똑'했을 때 "예수님 내 마음에 들어오세요."라고 외치면 선물을 준다.

⑤ 팀별로 진행할 경우에는 성공했을 때만 점수를 주거나 선물을 주고 실패할 경우에는 점수와 벌칙을 준다.

⑥ 개인별로 할 경우에는 성공했을 때 보조 진행자가 즉시 선물을 준다.

⑦ 예수님만 모시며 살도록 이야기한 후 기도하고 마친다.

12. 열두 제자 모으기

본문말씀 : 마태복음 10:1~4

1. 준비물
열두 제자와 성경의 인물 그림, 찍찍이, 인물판

2. 만들기
① 준비된 그림을 복사해서 한 사람씩 오리고
② 뒷면에는 찍찍이를 붙인다.
③ 열두 제자를 붙일 수 있는 판을 그린다.

3. 진행하기
① 팀을 나누어서 진행한다.
② 열두 제자 노래를 부른다.
③ 정답을 맞추면 열두 제자 중 한 사람을 골라서 자기 팀에 붙인다.

④ 열두 제자를 빨리 모으는 팀이 승리하는 게임이다.
⑤ 게임의 진행을 위해서 반드시 문제를 내야만 나오는 것이 아니라 가끔씩 1, 2명씩 나오게 해서 사회자와 가위바위보를 해 이기면 붙일 수 있는 기회를 준다.
⑥ 흥미유발을 위해서 '2명을 모을 수 있는 문제' 또는 '상대팀 제자를 1, 2명 데려올 수 있는 문제' 등을 낼 수 있다.

13. 알곡과 쭉정이

본문말씀 : 마태복음 3:1~12

1. 준비물
색지, 찍찍이

2. 만들기
① 두꺼운 도화지나 하드보드지를 이용해 진행판을 만든다.
② 색지를 이용해 동그라미를 만들어 뒷면에 찍찍이와 함께 알곡과 쭉정이의 그림을 그리거나 붙여놓는다.

3. 진행하기
① 팀을 나누어서 진행한다.
② 알곡과 쭉정이에 대한 설명을 한다. 동그라미 뒷면에는 알곡과 쭉정이가 있는데 정답을 맞추면 동그라미를 자기 팀으로 한 개씩 가져가서 붙이게 한다.
③ 문제의 유형에 따라 두 개, 세 개 씩 가져갈 수 있게 한다.
④ 문제가 끝나면 사회자는 각 팀이 지금까지 모은 것을 확인하는데 모은 것을 하나씩 보여주면서 확인한다.
⑤ 이때 알곡이 나오면 붙여놓고 쭉정이가 나오면 버린다.
⑥ 알곡을 많이 모은 팀이 승리.

14. 성령의 아홉가지 열매

본문말씀 : 갈라디아서 5:22~23

1. 준비물
전지, 스티로폼, 색종이, 이쑤시개

2. 만들기
① 전지에 성령의 9가지 열매를 기록한다.
② 성령의 열매 자리에 스티로폼을 잘라서 작게 붙힌다.
③ 색종이와 이쑤시개를 이용해 깃발을 만든다.

3. 진행하기
① 팀별을 나누어서 진행한다.
② 정답을 맞출 때마다 한 칸씩 전진하고 먼저 도착하는 팀이 승리.
③ 정답은 모든 팀을 동시에 확인할 수 있는 방법으로 진행한다(종이에 적어서 들기).

15. 성경 인물 나이 알아맞추기

1. 준비물
종이 사람 인형 10개

2. 만들기
① 준비된 인형을 확대복사하고 붙인다.
② 뒷면에 성경인물과 그의 나이를 기록한다.

3. 진행하기
① 팀을 나누어서 진행한다.
② 정답을 맞추면 앞에 나와서 인형을 한 개 선택하게 한다.
③ 인형의 뒷면에 나와있는 인물의 나이를 점수로 준다.
- 무드셀라 969세
- 에녹 300세
- 예수님 33세 등

④ 점수가 많은 팀이 승리.

16. 천지창조

본문 : 창세기 1장

1. 준비물
진행판, 창조물 그림 카드, 날짜 카드

2. 만들기
① 첫째 날부터 여섯째 날까지의 창조물을 그려서 오린 후 코팅한다.
② 첫째 날부터 여섯째 날까지의 날짜를 카드로 만든다.
③ 날짜는 진행판의 왼쪽, 창조물은 오른쪽에 붙여놓는다.

3. 진행하기
① 전체를 대상으로 진행한다.
② 정답을 맞추면 진행판에 붙어있는 창조물 하나를 선택해 창조한 날짜에 붙인다.
③ 정답을 맞출 때 즉시 상품을 주거나 최종 우승자를 중심으로 시상식을 할 수 있다.

4. 응용하기
① 창조물 카드를 질문으로 활용한다.
② 진행자가 창조물을 하나 들고 있고, 정답을 맞춘 성도가 날짜 카드에 갖다 붙이는 형식으로 진행할 수 있다.

17. 노아의 방주

본문 : 창세기 6~7장

1. 준비물
방주와 짐승

2. 만들기
① 준비된 자료를 확대해 방주를 만든 후 동그란 카드에 동물을 그려놓는다(동물 그림을 오려서 붙여도 됨).
② 동물 뒷면에는 점수나 선물을 기록한다.

3. 진행하기
① 노아의 방주를 생각하면서 동물들을 방주에 넣는다.
② 정답을 맞추면 동물 중 하나를 선택해 방주에 붙인다.
③ 팀별로 진행할 경우에는 방주를 팀수 만큼 만들고 동물들은 한 곳으로 모아 전시해 둔다. 문제를 맞춘 팀이 동물을 자기 팀의 방주에 넣는 것인데, 동물 뒷면에 점수를 기록해 문제가 끝났을 때 동물을 뒤집어 점수가 많은 팀이 우승을 할 수 있게 하거나, 아니면 동물을 많이 방주에 넣은 팀을 우승으로 한다.
④ 개인으로 진행할 경우에는 문제를 맞출 때마다 동물을 방주에 넣되 뒷면에 선물, 꽝 등을 표시해 두어 선물이 나오면 선물을 주고 방주에 동물을 넣고 꽝이 나오면 가벼운 벌칙을 줄 수 있다.

18. 저 별은 나의 별

본문 : 창세기 13:14~18

1. 준비물
진행판, 종이별

2. 만들기
종이별을 만들어 코팅한 후 진행판에 붙인다.

3. 진행하기
① 하나님께서 아브라함에게 보여주신 별들을 바라보면서 우리들의 비전의 별들을 모아보자.
② 개인별로 진행할 경우에는 문제를 맞출 때마다 별을 한 개씩 가져가게 한다.
③ 가끔씩 별 두개짜리의 문제를 제출함으로써 흥미를 유발시킨다.
④ 시상은 모아진 별들을 '달란트'로 바꾸어주거나, 제일 많이 모은 사람 순서로 순위를 정하여 상품을 줄 수도 있다.
⑤ 팀별로 진행할 경우에는 별들을 진행판 중앙에 모아두고 문제를 맞출 때마다 자기팀으로 별을 옮겨놓는다. 별을 많이 모은 팀이 승리.

19. 소돔과 고모라성

본문 : 창세기 18:16~33

1. 준비물
사람 모양 종이인형, 칠판

2. 진행하기

① 팀을 나누어서 진행한다.

② '소돔과 고모라성'의 목적은 전도에 있다. 종이인형을 칠판에 10장 정도 붙이고 뒷면에는 1명, 3명, 5명, 1명 죽임, 꽝, 소금 기둥 등의 글을 써놓는다.

③ 정답을 맞추면 나와서 종이인형을 하나 선택하고, 뒷면에 있는 숫자를 읽게 한다.

④ 1명이 나오면 그 팀에 인형 한 개를 붙여주는데, 1명 죽임이 나오면 1명을 뺏고, 소금 기둥이 나오면 나 소금 기둥이라는 푯말을 목에 걸고 같은 팀이 문제를 맞출 때까지 움직이지 못하게 한다.

⑤ 사람을 많이 모은 팀이 승리.

⑥ 참고로 꼭 10장의 종이인형만 만들지 말고 더 많은 종이인형을 만들어서 활동의 폭을 넓히도록 한다.

20. 탈출한 자를 찾아라

본문 : 창세기 19:15~29

1. 준비물
소돔성 그림, 사람 모양 종이인형

2. 만들기
① 소돔성을 배경으로 그림을 그리거나, 준비된 자료를 복사해서 확대한다.
② 사람 인형을 10개 정도 준비하고 뒷면에 천사, 롯, 롯의 아내, 딸, 사위, 소돔성 사람들을 기록한 후 소돔성 그림에 붙인다.

3. 진행하기
① 소돔성에 천사가 방문해서 롯의 가족들을 구출해내는 장면을 배경으로 구성한 것이다.
② 개인별로 진행할 경우에는 정답을 맞추면 소돔성에 붙어 있는 사람 인형을 하나 선택한다. 이때 롯의 가족이나 천사를 뽑으면 선물을 주고, 소돔성 사람을 뽑으면 끝날 때까지 눈을 가리게 하고(그들의 눈을 어둡게 한 표시), 롯의 아내를 뽑으면 선물은 받지만 소금 기둥이 되었기 때문에 끝날 때까지 서 있는다.
③ 팀별로 진행할 경우에는 롯의 식구들에게는 (+)점수를 주고, 소돔성 사람에게는 (-)점수를 준다. 점수가 많은 팀이 승리.

21. 야곱의 아들들

본문 : 창세기 29:30~30:24

1. 준비물
색지를 이용한 카드, 진행판

2. 만들기
색지를 이용해 라헬, 레아, 실바, 빌하 그리고 야곱의 열두 아들들의 이름을 카드 형식으로 만들어 코팅하고 아래와 같이 진행판에 진열해 놓는다.

3. 진행하기
① 팀을 나누어서 진행한다.
② 정답을 맞추면 야곱의 열두 아들 중 한 명을 선택해서 4명의 부인 중 누구의 아들인지 알아맞춘다.
③ 원하는 이름의 카드를 선택해서 그 아들의 어머니 밑에 붙인다.
④ 맞추면 점수와 함께 격려의 박수를 보내고, 틀렸으면 현재 들고 있는 카드를 가지고 다른 팀이 할 수 있는 기회를 준다.
⑤ 위와 같은 방법으로 어머니와 아들을 완성시킨다.
⑥ 어린 학생들은 어렵기 때문에 가능한 한 많은 힌트를 준다.

22. 열두 아들 이름 찾기

본문 : 창세기 37:9

1. 준비물
색지로 만든 별(12개), 진행판, 선물

2. 만들기
① 색지로 해와 달, 별을 12개 만들어 코팅한 후 뒷면에는 야곱과 리브가 그리고 그의 12 아들 이름을 기록한다.
② 진행판에 찍찍이나 테이프를 이용해서 붙인다.

3. 진행하기
① 야곱의 꿈에 나타난 해와 달과 별들을 이용해 구성한 것이다.
② 정답을 맞추면 앞에 나와 서고 사회자는 주문을 한다. '베냐민'이라고 이야기 하면 별들 중에서 베냐민을 찾는다.
③ 기회는 단 한 번이며, 틀렸을 경우 제자리에 붙여 놓는다.
④ 한 번 더 하기를 원할 경우 간단한 벌칙을 주고 한 번 더 기회를 준다.
⑤ 이와 같은 방법으로 반복하되 (팀별로 진행할 경우) 인물 이름 아래 점수를 기록해서 뽑은 인물들의 점수를 주고, 개인별로 진행할 경우에는 즉석에서 선물을 준다.

23. 술 따르는 자와 떡 굽는 자

본문 : 창세기 40:1~23

1. 준비물
진행판, 동그란 카드, 음료수, 떡

2. 만들기
① 카드를 동그랗게 10장 정도 오려 뒷면에 술병과 떡모양을 각각 5개씩 그린다.
② 만든 카드를 진행판에 붙힌다.

3. 진행하기
① 감옥에 들어온 바로 왕의 술 따르는 자와 떡 굽는 자에 대한 요셉의 예언처럼 바로의 생일날 술 따르는 자는 복직이 되고 떡 굽는 자는 죽음을 당하게 된 말씀을 중심으로 만든 활동이다.
② 정답을 맞추면 진행판에서 카드 하나를 선택한다.
③ 술 따르는 자가 나오면 시원한 음료수를 한 잔 마시게 하거나, 다른 친구에게 나누어 줄 수 있게 하고, 떡 굽는 자가 나오면 기합을 받게 한다(예 : 사람 세워놓고 10초간 매달리기, 팔굽혀 펴기 등).
④ 팀별로 진행할 경우에는 음료수를 큰 컵에 부어주고 그 팀이 나누어 먹도록 한다. 물론 벌칙이 나오면 그 팀 전원이 함께 벌칙을 받는다.
⑤ 개인으로 진행할 경우에는 술 따르는 자에게는 음료수를, 떡 굽는 자에게는 떡을 선물로 줄 수 있다. 다만 떡 굽는 자는 반드시 나누어 먹도록 한다.

24. 10가지 재앙

본문 : 출애굽기 7장~12장

1. 준비물
10재앙의 그림이나 10재앙의 카드

2. 만들기
① 10재앙을 그림으로 그려서 진행판에 붙이거나 카드로 만들어서 붙여둔다.
② 진행판에 붙일 때는 그림과 글씨가 보이지 않도록 뒤집어서 붙인다.

3. 진행하기
① 하나님께서 애굽땅에 내린 10가지 재앙을 알아보는 게임이다.
② 팀을 나누어서 진행한다.
③ 정답을 맞추면 진행판에 있는 10재앙 중 하나를 선택한다.
④ 뽑은 것이 '개구리 재앙'이라면 이것이 몇 번째 재앙인지 알아맞추게 하고 맞추면 보너스 점수를 준다.
⑤ 점수를 주는 방법은 첫 번째 재앙은 10점, 두 번째 재앙은 20점 등이다.
⑥ 점수가 많은 팀이 승리.

4. 참고하기
(재앙의 순서) 피, 개구리, 이, 파리, 역병, 종기, 우박, 메뚜기, 어둠, 장자의 죽음

25. 내가 너를 넘어가리라 (유월절)

본문 : 출애굽기 12:27

1. 준비물
집 그림, 색상지

2. 만들기
① 다양한 집모양을 그려놓고 각 집의 중앙에 색지로 동그란 모양을 만들어 열어볼 수 있도록 만든다.
② 동그라미 안에는 '십자가'나 '보혈의 피'를 그려놓고 몇 개는 아무 표시도 하지 않는다. 표시된 집은 이스라엘 백성의 집이고, 아무 표시도 없는 집은 애굽 백성의 집이다.

3. 진행하기
① 본문의 내용은 애굽땅에 내려진 10재앙이 바로와 애굽 백성들에게는 임했지만 하나님이 선택한 이스라엘 백성들에게는 미치지 않은 것을 교훈하는 것이다.
② 전체를 대상으로 진행한다.
③ 정답을 맞추면 진행판에 그려진 집모양 그림 중 하나를 선택해서 열어보도록 한다.
④ '십자가'나 '보혈의 피' 모양이 나오면 선택받은 백성으로 선물을 받고 아무 모양도 없으면 애굽 백성이기에 재앙을 받아야 되므로 가벼운 벌칙을 준다.
⑤ 선택받은 은혜에 대한 감사와 예수님의 보혈의 피로 우리가 죄사함 받았다는 사실을 전하면서 기도하고 마친다.

26. 십계명

본문 : 출애굽기 20장

1. 준비물
포스트잇, 종이

2. 만들기
① 포스트잇을 종이에 붙이고 앞면에 1, 2 등 번호를 기록한다.
② 뒷면에는 1계명, 2계명 등 십계명을 각각 기록한다.

3. 진행하기
① 정답을 맞추면 번호를 선택한다.
② 번호 뒤에 나와있는 십계명을 암송하게 한다(1계명이 나와 있으면 "나 외에는 다른 신을 두지 말라!" 라고 크게 외치기).
③ 개인별로 진행할 경우에는 암송을 하면 선물을 준다.
④ 팀별로 진행할 경우에는 그 팀에게 점수를 준다.
⑤ 암송하지 못하면 기본 점수만 주고 다른 팀에게 암송할 수 있는 기회를 준다.
⑥ 보너스 점수로 열두 제자, 열두 지파를 중간에 넣어두었다가 이것을 뽑으면 알아맞춘 만큼 점수를 주고 못 맞춘 것은 다른 팀에게 기회를 준다.
⑦ 점수가 많은 팀이 승리.

27. 법궤를 중심으로

본문 : 민수기 1~2장

1. 준비물
두꺼운 종이, 포스트잇(큰 것)

2. 만들기
① 도화지 중앙에 법궤를 그려놓고 포스트잇에는 각 지파의 이름을 기록해서 법궤를 중심으로 진행하는 순서대로 종이에 붙인다.
② 포스트잇 뒷면에는 각 지파의 인원을 기록한다.

3. 진행하기
① 이스라엘 백성들이 행진을 하거나 진을 칠 때 법궤를 중심으로 한 것을 교훈하기 위한 것이다.
② 팀을 나누어서 진행한다.
③ 정답을 맞추면 앞에 나와서 한 지파를 선택하게 한다.
④ "유다 지파"라고 외쳤다면 그 지파를 떼어버리고 뒷면에 있는 유다 지파의 인원 수만큼 점수를 준다.
⑤ 점수가 많은 팀이 승리.

28. 구름기둥 불기둥

본문 : 민수기 9:15~23

1. 준비물
광야 그림, 자석, 포스트잇

2. 만들기
① 종이에 광야를 그린다.
② 포스트잇을 예쁘게 오려서 10개 정도 붙인 후 뒷면에는 1일, 20일, 100일 등을 기록한다.
③ 자석을 이용해서 구름기둥을 만든다.

3. 진행하기
① '구름기둥 불기둥'은 이스라엘 백성들이 광야를 지날 때 그 진행과 멈춤을 도우신 하나님의 역사를 상징화하며 구성한 것이다.
② 팀을 나누어서 진행한다.
③ 보조 진행자는 광야 그림을 양쪽에서 붙잡고 문제를 맞추면 앞에 나와서 자석으로 된 구름기둥을 이동 하면서 머물고 싶은 곳에 서게 한다.
④ 사회자는 서 있는 곳의 포스트잇을 떼고 뒷면에 기록된 만큼 점수를 준다(1일은 1점, 20일은 20점의 형식으로).
⑤ 점수가 많은 팀이 승리.

29. 나팔소리와 함께

본문 : 민수기 10:1~10

1. 준비물
현황판, 찍찍이, 호각

2. 만들기
① 하드보드지나 두꺼운 종이를 이용해 현황판을 만든다.
② 각 칸마다 찍찍이를 붙인다.

3. 진행하기
① '나팔소리와 함께'는 이스라엘 백성들이 광야에서 나팔을 한 번 불면 모이고, 두 번 불면 진행하는 본문을 응용한 것이다. ② 팀을 나누어서 진행한다.
③ 문제를 맞추면 앞에 나와 서 있고 나팔이 불기를 기다린다.
④ 보조 진행자는 숨어서 나팔을 부는데 한 번 불면 한 칸을 진행하고, 두 번 불면 두 칸을, 나팔을 안불면 그냥 들어간다. ⑤ 보조 진행자의 모습이 보이지 않게 하고 칸을 진행할 때에는 문제를 맞춘 사람이 진행하도록 한다.
⑥ 보조 진행자는 의미대로 나팔(호각)을 불 수 있지만 한 팀으로 치우칠 수도 있기 때문에 미리 종이에 순서를 적어놓는다(첫번째 문제는 2칸, 다음은 1칸, 다음은 3칸, 다음은 꽝 등 다양하고 재치있게 구성한다).
⑦ 먼저 도착하는 팀이 승리.

30. 가나안을 향하여

본문 : 여호수아 1:3

1. 준비물
전지, 매직

2. 진행하기
① 가나안 땅을 정복할 때 발바닥으로 밟는 곳을 주시겠다고 약속하신 하나님의 말씀을 중심으로 구성했다.
② 팀을 나누어서 진행한다.
③ 전지를 길게 깔아놓고 칼라매직을 준비해둔다.
④ 문제를 맞출 때마다 자신의 발바닥을 매직으로 그리는 것으로서 가장 길게 정복한 팀에게 승리를 주는 것이다.
⑤ 이 활동은 성경학교나 캠프 때 저녁시간을 이용해서 마무리 프로그램으로 사용할 수 있다. 발바닥을 그린 다음 누구의 발바닥이라고 기록해 두고, 문제를 낼 때 3 발자국, 5 발자국 등 다양하게 문제를 낼 수 있다.
⑥ 마지막에는 팀 전원이 자신의 발바닥이 연결해서 그린 그림으로 인해 가장 긴팀에게 보너스 점수를 줄 수 있다.

31. 골리앗을 향하여

본문 : 사무엘상 17:41~49

1. 준비물
골리앗 그림, 종이뭉치

2. 만들기
① 전지나 큰 상자 위에 골리앗을 크게 그리고 얼굴을 오린다.
② 종이를 뭉쳐 끈을 연결해 물맷돌을 만든다.

3. 진행하기
① 전체를 대상으로 진행한다.
② 보조 진행자는 골리앗 그림을 양쪽에서 들고 있고 문제를 맞춘 사람은 물맷돌을 들고 "너는 칼과 창으로 나왔으나 나는 만군의 여호와의 이름으로 나왔노라!"라고 큰 소리로 외친 후 골리앗을 향하여 던진다. 이때 얼굴이 오려진 부분으로 물맷돌이 들어가면 성공한 것이다. ③ 이 활동은 성경학교나 캠프 때 저녁시간을 이용해서 하는 마무리 프로그램으로 외치는 소리를 너무 작게 하거나 빗나가면 간단한 벌칙을 줄 수 있다.
④ 흥미있는 진행을 위해서 물맷돌의 크기를 서너개 준비해 큰 것, 중간 것, 작은 것을 던지게 하고 점수를 달리 줄 수 있으며, 못맞춘 사람에게는 골리앗의 얼굴에 자기 얼굴을 대게 하고 다른 팀이 물맷돌을 던지게 하면 어떨까?

4. 응용하기 : 레크리에이션 '팀별 대항'으로 활용

32. 분열 왕국의 역대왕들

본문 : 역대기하 10~36장. 열왕기상 12~25장

1. 준비물
차트(아래 참고)

2. 만들기
왕들의 이름만 기록하고 통치 기간은 몇 개만 열어두고 나머지는 포스트잇으로 가린다. 그리고 점수판을 만들어 진행자의 옆에 둔다.

[남유다왕]

대	왕 이름	기간	대	왕 이름	기간
1	르호보암	17년	11	요담	16년
2	아비야	3년	12	아하스	16년
3	아사	41년	13	히스기야	29년
4	여호사밧	25년	14	므낫세	55년
5	여호람	8년	15	아몬	2년
6	아하시야	1년	16	요시야	31년
7	아달랴	6년	17	여호아하스	3개월
8	요아스	40년	18	여호야김	1년
9	아마샤	29년	19	여호야긴	3개월
10	웃시야	52년	20	시드기야	11년

3. 진행하기

① 팀을 나누어서 진행한다.

② 왕들의 통치기간을 알아봄과 동시에 문제를 맞춘 팀에게는 통치 기간을 점수로 준다.

③ 문제를 맞추면 왕의 이름을 먼저 선택하고 통치기간의 가려진 부분을 떼어낸다. 통치기간 만큼 그 팀에 점수를 준다.

4. 응용하기

① 점수내기 게임의 방법으로 활용할 수 있다.

② 각 왕의 통치기간을 알아맞추면 보너스 점수(가깝게 접근 한 팀에게 점수)를 준다.

2부. 성경복습게임

5

주제에 따른
성경복습게임

1. 편지

1. 준비물
편지 10장, 칠판, 녹음기

2. 진행하기
① 전체를 대상으로 진행한다.
② 편지지에 하나님께, 어머니께, 선생님께, 친구에게, 용서 받고 싶은 사람에게, 미워했던 친구에게 등 다양한 대상들을 교회 형편에 맞게 적어놓고 각각 편지봉투에 담아서 칠판에 붙여놓는다.
③ 정답을 맞추면 앞에 나와서 편지를 하나 선택하게 한다.
④ 그 봉투에 들어있는 대상에게 편지를 말로 표현한다. 가능 하다면 몰래 녹음을 해두었다가 마지막날이나 평가회 때 다시 듣거나 편지의 대상자에게 선물을 해주어도 좋다.

3. 응용하기
① 성경학교나 캠프 때 저녁시간을 이용해서 마무리 프로그램으로 활용
② 신앙공동체 프로그램으로 활용

2. 나는 하나님의 작품

1. 준비물
폴라로이드 카메라(즉석 카메라), 포스트잇

2. 진행하기
① 전체를 대상으로 진행한다.
② '나는 하나님의 작품'은 내가 하나님의 작품인 것을 자랑 하는 것으로써 문제를 맞추면 멋진 사진을 찍어서 즉석에서 선물로 준다.
③ 칠판에 포스트잇 10장을 붙이고 각 뒷면에는 다양한 포즈로 사진을 찍을 수 있도록 적어둔다. 혼자 찍기, 사랑하는 사람과 찍기, 손들고 찍기, 팔짱끼고 찍기, 껴안고 찍기, 뒤돌아 다리 벌리고 고개 숙인 모습 찍기, 내가 원하는 포즈 취하기 등 다양하고 재치있는 포즈들을 준비한다.
④ 문제를 맞추면 각자 가장 멋진 곳을 자랑하게 하고 포스트잇 한 장을 선택해서 뗀다.
⑤ 사회자는 뒷면에 나와있는 포즈대로 사진을 찍게 하고 즉석에서 인화된 사진을 선물로 준다.

3. 회개합시다

1. 준비물

청테이프, 끈, 제비

2. 진행하기

① 팀을 나누어서 진행한다.
② 각팀 대표를 뽑아서 앞에 세우고 시작한다.
③ 제비의 내용으로는 입, 손, 눈, 코, 귀, 발, 가슴, 머리 등 우리가 죄 짓기 쉬운 부분들을 적어놓는다.
④ 정답을 맞춘 팀은 제비를 뽑고 거기서 지시하는 대로 못 맞춘 팀에게 시행한다(청테이프로 가리거나 끈으로 묶는다).
⑤ 성경복습게임의 문제가 끝났으면 마지막으로 팀 숫자만큼의 제비를 준비하는데, 그 내용으로 '교만', '욕심', '시기', '자랑', '회개' 등을 기록한다.
⑥ 팀의 대표가 한 장씩 뽑도록 하고 사회자는 뽑은 것을 한 팀씩 읽어보게 한다. 이때 '회개'를 뽑은 팀은 그 동안 가려지고 묶여있던 부분이 풀리고 승리하게 된다.
⑦ 하나님 앞에는 크고 작은 죄가 없고 모두 똑같은데 회개하는 사람만이 용서 받을 수 있다는 교훈을 준다.
⑧ '너의 눈이 보는 것 조심해'라는 찬양을 함께 부르고 바친다.

4. 생일축하파티

1. 준비물
케이크가 그려진 그림, 초 그림(반 인원 수 만큼), 찍찍이, 폭죽, 간식(적당량), 코팅 용지

2. 만들기
① 종이에 케이크를 그려 놓고 반 인원수 만큼 종이로 초를 만든 후 코팅을 한다. 초 하나에 팀원들의 이름을 한 명씩 기록해 놓는다.
② 초 뒷면에는 찍찍이를 붙이고 각 초마다 초코파이 한 개, 주스 한 병, 사탕 한 봉지, 과자 등을 필요한 만큼 기록한다.

3. 진행하기
① 전체를 대상으로 진행한다.
② 오늘 복습게임의 의미는 우리를 이 땅에 보내주신 하나님께 감사하면서 한 사람, 한 사람의 생일을 진심으로 축하하는데 있음을 알게 한다.
③ 정답을 맞춘 성도는 케익 위에 있는 초를 하나 선택한 후 초 뒷면에 있는 간식을 선물로 받아가지고 자리에 앉는다(절대 간식을 먼저 먹어서는 안된다).
④ 이와 같은 방법으로 반복해서 진행하는데, 정답을 맞춘 성도가 또 정답을 맞출 경우 다른 성도의 이름이 기록된 초를 선택할 수 있으나 초의 뒷면에 나와있는 이름이 적혀 있는 성도에게 선물로 준다.
⑤ 초에 장기 결석자나 잃은 양의 이름도 넣어서 사용한다면 더욱 좋다.
⑥ 성경복습게임이 끝나면 각자 받은 간식을 풀어서 생일을 주신 하나님께 감사의 기도

를 드리고 생일축하 노래를 부른 후 함께 나누어 먹는다.

4. 응용하기
① 선물을 다양하게 준비하고 생일을 맞이한 성도가 나와서 원하는 것을 하나씩 선택한다.
② 주일학교 분반공부 시 '생일 축하' 활동으로 활용

5. 내가 세계의 주인공

1. 준비물
사람의 얼굴이 나와있는 잡지나 신문, 가위, 풀(반 별 1개씩), 세계 지도나 우리나라 지도의 모습이 그려진 밑 그림(반 만큼), 종이

2. 만들기
① A4용지 크기의 지도그림을 반 숫자 만큼 앞에 붙이고 맨 위에 반 이름을 적는다.
② 앞에 책상을 놓고 준비물을 놓거나 아니면 팀별로 나누어 주고 진행을 해도 된다.
③ 종이에 한 사람, 두 사람, 열 사람 등 사람의 숫자를 적어 놓고 접어서 통에 넣어둔다.

3. 진행하기
① 팀을 나누어서 진행한다.

② 복습게임의 의미와 방법을 설명한다. 내가 세계와 우리나라의 주인공이라는 사실을 알게 하기 위한 것으로써 모자이크를 먼저 완성하는 반이 우승을 하는 게임이다.
③ 문제를 맞추면 나와서 제비를 뽑고 종이에 적혀있는 숫자만큼 사람을 오려서 지도에 모자이크 한다.
④ 어느정도 시간이 흐르면 문제를 멈추고 각 팀별로 채워지지 않은 부분들을 완성하는 반에게 우승할 수 있는 기회를 준다.
⑤ 좀더 시간이 허락된다면 모자이크한 인물과 닮았다고 생각하는 사람들을 적어 볼 수도 있다.

4. 응용하기
① 교회학교 오후 프로그램으로 활용할 수 있다.
② 개인별 그림을 한 장씩 나누어주고 모자이크를 하게 한 후에 지도의 가운데 나의 사진을 붙이고 '내가 세계의 주인공', '내가 우리나라의 주인공'이라는 글을 쓰게 한 후 코팅한다.

6. 사랑나누기

1. 준비물
두꺼운 종이, 양면 색지, 찍찍이, 팀 인원수 만큼의 선물

2. 만들기
① 색지를 적당한 크기로 동그랗게 오린 후
② 앞면에는 번호를, 뒷면에는 사랑의 선물을 받을 성도의 이름과 그 성도에 대한 소개를 간단하게 적어둔다.
③ 찍찍이를 이용하여 두꺼운 종이에 번호가 앞으로 나오도록 붙인다.

3. 진행하기
① 전체를 대상으로 진행한다.
② 성도들에게 성경복습게임의 의미와 벌칙을 설명해 준다. 사랑 나누기 복습게임을 통해서 내가 받은 선물을 소년·소녀 가장이나 주위에 사랑이 필요한 사람들에게 나누어 주기 위한 것임을 말해준다.
③ 두 사람씩 파트너를 정하고 두 사람 사이에 손으로 잡을 수 있는 간단한 물건을 하나씩 둔다.
④ 오늘 배운 학습내용을 중심으로 질문하고, 정답을 아는 성도들은 말은 하지 말고 두 사람 사이에 있는 물건을 빨리 집어서 들게 한다.
⑤ 물건을 제일 먼저 든 성도를 지명한다. 지명한 어린이가 답을 이야기하면 진행자는 하나, 둘, 셋하고 외친다. "셋" 할 때 다른 성도들은 말을 하지 말고 맞았다고 생각하면 양손으로 동그라미를 머리 위로 만들고, 틀렸다고 생각하면 가위를 하게 한다.
⑥ 성도가 정답을 맞추었다면 앞에 있는 번호 중 하나를 뽑게 하고
⑦ 뒷면에 나와있는 사랑이 필요한 이웃 사람에게 그 선물을 전달하도록 이야기한다.
⑧ 위와 같은 방법으로 계속 진행을 하고, 문제를 맞춘 성도가 또 문제를 맞추었을 경우 선물은 아직 받지 못한 성도에게 전달하도록 한다.

4. 응용하기

① 사랑이 필요한 사람이란 교회에 나오다 안 나오는 잃은 양이나 성도의 이웃 중 전도하고 싶은 사람 또는 도움이 필요한 이웃, 소년·소녀 가장 등을 말한다.
② 선물을 전달할 때는 함께 가서 격려와 위로의 시간을 갖는다면 더욱 좋을 것이다.
③ 가는게 여의치 않으면 편지를 써서 발송하는 것도 좋다.

7. 어! 똑같네

1. 준비물 : 두꺼운 종이 1장, 찍찍이, 교회 그림 10장 정도

2. 만들기

① 준비된 교회 찍찍이를 이용하여 붙인다. ② 그림 뒷면에는 사랑, 기도, 나눔 등 교회의 상황에 알맞는 내용을 적거나 그린다(같은 것을 2개씩 만든다).

3. 진행하기

① 전체를 대상으로 진행한다.
② 성도들은 정답을 소리 내지 말고 손으로 자기 머리를 천천히 치게 한다. 지명한 성도가 문제를 맞추면 진행자는 "잘했다는 박수로!"라고 외치고, 성도들은 "잘했다."라고 하면서 박수를 3번 친다.
③ 문제를 맞춘 성도는 왼쪽에 있는 교회를 하나 선택해서 뽑는다. 뽑은 후 뒷면에 나와 있는 글씨를 읽고 오른쪽에 있는 교회를 하나 선택한다.

④ 이때 같은 글씨나 같은 그림이 나오면 점수를 주거나 선물을 주고, 왼쪽에 뽑은 것과 다른 글씨나 그림을 뽑으면 가벼운 벌칙이나 (-)점수를 주고 교회의 그림을 원래의 자리에 붙인 후 다시 시작한다.
⑤ 위와 같은 방법으로 반복해서 진행하되 문제를 제일 많이 맞춘 성도에게 과자 한 개를 선물로 주어 다른 성도에게 나누어 주는 사랑과 교제의 시간을 갖게 한다.

4. 응용하기 : 사회자가 먼저 하나를 열고 똑같은 것 찾기.

8. 정상을 향하여

1. 준비물
스티로폼, 이쑤시개, 색종이(색지), 매직, 도움이 필요한 사람들의 얼굴 그림

2. 만들기
① 스티로폼을 계단 모양으로 만들어 붙이고 맨 위에는 도움이 필요한 사람들의 얼굴을 만들어서 꽂아놓는다.
② 이쑤시개를 이용해서 반 어린이들의 숫자만큼 깃발을 만든다(각 깃발에 어린이들의 이름을 하나씩 기록하거나 색깔을 다른 것으로 하여 구분이 되도록 한다).

3. 진행하기
① 전체를 대상으로 진행한다.

② 복습게임의 의미와 방법을 소개한다. 이 복습게임은 누가 정상에 먼저 도착하느냐에 따라서 승패가 갈리게 된다. 우리가 좋아하는 게임에서 서로 일등을 하려고 달려가는 것처럼 나의 도움이 필요한 사람들을 향해서도 먼저 달려가 그들에게 사랑을 베풀 수 있는 성도가 되어야 하는 것을 전달하기 위한 것이다.
③ 팀원들의 깃발을 제일 밑 칸에 모두 꽂아 놓는다.
④ 문제를 맞출 때마다 맞춘 성도의 깃발을 한 칸씩 전진하게 한다. 문제를 못 맞추는 성도들을 위해서 중간 중간에 가위, 바위, 보를 함으로써 이긴 성도들에게 한 칸씩 올라갈 수있는 기회를 준다.
⑤ 먼저 정상에 올라간 성도가 우승하는 게임

4. 응용하기

① 이 복습게임은 팀별로 진행할 수 있는 것으로써 전체를 대상으로 진행할 때는 스티로폼을 좀 더 큰 것으로 만들고 깃발을 반별로 표시하도록 하여 진행한다.
② 각 단계마다 점수를 기록하고, 맨 위에 있는 나의 도움이 필요한 사람들의 얼굴 뒷면에 점수를 기록 +100점, -50점, 지금까지 점수×2, 지금까지 점수÷2 등 자유롭게 기록하도록 한다.
③ 도착한 팀이 있으면 경기는 끝나는데, 먼저 도착한 팀이 '나의 도움이 필요한 사람들'의 얼굴 중 1명을 선택하고, 다른 팀들은 높은 단계에 있는 순서대로 1명씩 선택하도록 한다.
④ 최종점수는 각 단계별 점수, 즉 '나의 도움이 필요한 사람들'의 점수를 합하여 점수가 가장 많이 나온 팀이 우승을 하게 되는 것이다.

9. 어떻게 도울 수 있을까요?

1. 준비물
하드보드지, 다양한 종류의 사람 그림(죄 지은 사람, 병들어 있는 사람, 북한의 굶주린 사람, 예수님을 모르는 사람 등), 귀 그림, 찍찍이, 선물

2. 만들기
① 위에서 말하는 다양한 종류의 사람을 하드보드지에 직접 그리거나 준비된 그림을 확대한다.
② 각 사람의 가슴에는 ♡모양의 마음을 그려놓는다. ♡모양에는 찍찍이를 붙여놓는다. 귀를 그려서 오려놓고 귀 뒷면에는 찍찍이를 붙인다.

3. 진행하기
① 이번 복습게임의 의미는 우리가 어떻게 그림에 나와있는 사람들을 도울 수 있는지 방법을 찾아보는 활동이다. ② 전체를 대상으로 진행한다.
③ 문제를 맞추면 준비된 귀를 여러 종류의 사람 중 내가 원하는 사람의 가슴에 붙이게 하고, 그 사람이 나에게 무슨 말을 하는지 상상해서 말한 후 그를 위해 기도하게 한다.
④ 기도가 끝나면 성도들은 격려의 박수를 치고 준비된 선물을 준다.
⑤ 받은 선물은 내가 가지는 것이 아니라 내가 좋아하는 이웃, 용서받고 싶은 사람, 사귀고 싶은 친구 등 다양한 사람들에게 전달하도록 한다(가능하면 오늘 참여한 사람들을 중심으로 진행한다).

4. 응용하기 : 선교의 날 또는 선교 대회시 활용

10. 생명이 있어요

1. 준비물 : 재미있게 움직이는 장난감 1개, 다 쓴 건전지 2개, 새 건전지 2개

2. 진행하기

① '생명이 있어요'는 장난감을 통해서 예수님의 생명을 소개하기 위한 것이다. 다 쓴 건전지와 새 건전지를 섞어놓고 그 중 한 개를 선택해 장난감에 넣게 해서 장난감을 움직이게 한다. 예수님만이 우리의 생명이 되시기에 우리를 살릴 수 있는 분임을 소개한다.
② 개인별로 진행할 경우에는 모든 사람들이 볼 수 있는 위치에 장난감과 건전지를 섞어놓는다.
③ 문제를 맞추면 섞여있는 건전지 중 하나를 선택해서 장난감에 넣도록 하고 "생육하고 번성하고 땅에 충만하라"고 크게 외치게 한 후 장난감의 스위치를 올리게 한다.
④ 장난감이 움직이면 박수를 치게 하고 준비된 선물을 주지만, 움직이지 않으면 가벼운 벌칙을 줄 수 있다.
⑤ 팀별로 진행할 경우에는 장난감과 건전지를 두 개씩 준비하고 두 팀이 동시에 나와 건전지를 하나씩 선택한다.
⑥ 성공한 사람이 틀린 사람을 향해서 뽕망치 게임을 벌칙으로 한다. 뽕망치 게임이란 성공한 사람이 틀린 사람의 얼굴 앞에서 뽕망치를 들고 "하나, 둘, 셋" 함과 동시에 뽕망치를 오른쪽이나 왼쪽을 가리키고 틀린 사람은 얼굴을 둘 중 한쪽으로 돌리게 한다. 이 뽕망치와 방향이 같은 곳으로 향하면 뽕망치로 머리를 친다.

11. 피난처

1. 준비물
제비, 칠판, 작은 통

2. 진행하기
① 믿음, 소망, 사랑이라는 제비를 준비해 통 속에 넣고 칠판에도 믿음, 소망, 사랑을 일정한 간격을 두고 써놓는다.
② 문제를 맞추면 앞에 나와서 믿음, 소망, 사랑 중 원하는 곳에 가서 서도록 한다.
③ 개인별로 진행할 경우에는 사회자가, 반 별로 진행할 경우에는 문제를 맞춘 사람의 팀에서 제비를 뽑는다.
④ 이때 믿음이라는 피난처에 서 있는데 믿음을 뽑으면 박수와 함께 선물을 주고, 소망이라는 피난처에 서 있는데 사랑이 나오면 가벼운 벌칙을 준다.
⑥ 어느 정도 진행이 되면 보조 진행자 3명이 사방으로 흩어지고 각각 믿음, 소망, 사랑이라고 한다.
⑦ 시작 소리와 함께 사람들은 원하는 피난처로 가서 서게 하고 사회자는 제비를 뽑는다. '믿음'을 뽑았으면 믿음에 있는 사람들을 제외하고 탈락하게 되고
⑧ 남아있는 사람들을 중심으로 다시 시작한다. 중간에 패자 부활전을 만들어 도전할 수 있는 기회를 준다.

12. 벽 허물기

1. 준비물
주사위, 찍찍이, 그림벽돌

2. 만들기
주사위를 박스로 만들어 죄, 십자가, 예수님을 표시하고 하드보드지나 두꺼운 종이와 찍찍이를 이용해 하나님과 가로 막혀 있는 벽을 만든다. 이때 벽은 한 줄씩 다섯 줄로 만든다. 같은 것으로 두 개를 만든다.

3. 진행하기
① 팀을 나누어 진행한다.
② 벽 허물기는 하나님과 나 사이에 가로막힌 벽을 허무는 것 으로써 빨리 벽을 허물어뜨린 팀이 승리한다.
③ 문제를 맞추면 주사위를 던지고 십자가나 예수님이 나오면 하나님과 나 사이에 있는 벽을 하나씩 떼어내고, 죄가 나오면 벽을 하나씩 붙인다.

13. 아름다운 세상을 만들어요

1. 준비물
청소 티켓, 청소도구

2. 만들기
① 색종이를 이용해 청소 티켓을 만든다. 그 내용은 화장실 청소 자유 이용권, 신발장 정리, 교회 청소, 교회 주변 청소, 설거지, 교회 의자 닦기 등 청소가 필요한 부분들을 적어둔다. ② 준비된 청소티켓을 접어서 칠판에 붙이고
③ 각 부분에 해당되는 청소도구를 미리 앞에 갖다 놓는다.

3. 진행하기
① 팀을 나누어서 진행한다.
② '아름다운 세상을 만들어요'의 의미를 설명하고 함께 깨끗한 교회를 만들기로 결심하는 시간을 가진다.
③ 문제를 맞추면 청소티켓을 뽑도록 한다.
④ 청소가 힘들고 어려운 곳일수록 점수를 많이 주도록 한다.
⑤ 문제가 끝났는데도 청소 구역이 정해지지 않은 반이 있다면 두 곳 이상 청소하는 팀에서 쉬운 구역을 다른 팀에게 준다.
⑥ 청소가 끝나면 간식을 나누어주고 교제한다.

4. 응용하기 성경학교나 캠프 기간 중 벌칙으로 활용

14. 주님만 바라봅니다

1. 준비물
진행판(전지), 뿅망치

2. 만들기
① 색지를 동그랗게 오린 후 앞면에는 번호를, 뒷면에는 '예수님', '십자가', '하나님', '돈', '오락', '컴퓨터' 등 진행하는 대상자에 따라 기록하는 내용을 달리한다.
② 진행판 맨 위에는 '주님만 바라봅니다'라고 기록한 후 방석을 진행판 밑에 놓는다.

3. 진행하기
① '주님만 바라봅니다'는 어떠한 일이 있어도 주님만 생각하고 주님을 의지하고자 결단하는 시간이다.
② 전체를 대상으로 진행한다.
③ 보조 진행자는 진행판을 양쪽에서 들고 있고 문제를 맞추면 방석에 앉아 기도하는 자세를 취한 후 '주님만 바라봅니다'라고 외친 후 '○번'하고 외친다.
④ 이때 사회자는 '○번'을 떼어 뒷면을 보고 '예수님, 십자가, 하나님' 등 주님을 바라보면 선물을 주고, '오락, 돈, 컴퓨터' 등 다른 것을 바라보면 뿅망치로 벌칙을 준다.

15. 현상수배

1. 준비물 : 진행 카드, 십자가

2. 만들기
① 종이를 오려 카드 형식으로 만든 다음 카드 앞면에는 '현상수배'라고 기록해 놓고 카드 뒷면에는 도둑질, 욕심, 지나친 오락, 미움, 왕따, 폭력 등 범죄의 내용들을 기록하고 그 밑에는 점수를 기록하여 진행판에 붙인다.
② 종이 십자가를 만들어 세워 놓는다.

3. 진행하기
① '현상수배'는 우리들의 속에 뽑혀야 되는 나쁜 습관들과 죄의 모습들을 찾아내서 끊을 것을 가르치는 것이다.
② 전체를 대상으로 진행한다.
③ 문제를 맞추면 현상수배 카드를 하나 뽑아 뒷면의 내용들을 읽는다.
④ 뽑은 사람이 '도둑질'을 뽑았다면 "하나님, 내 안에 도둑질하는 마음이 자리잡지 못하도록 도와주세요."라고 기도하게 한 후 개인에게는 상품을, 팀에게는 카드에 기록된 점수를 준다.
⑤ 뽑은 카드를 십자가에 붙인다.
⑥ 복습게임이 다 끝나면 십자가에 붙여진 그 죄들을 다시 한번 읽고, 날마다 우리 안에 일어나는 죄를 찾아 십자가 앞에 나아가서 죄사함 받아야 함을 전하면서 기도하고 마친다.

16. 칭찬하고 싶어요

1. 준비물
사람 얼굴 그림

2. 만들기
① 아버지, 어머니, 선생님, 친구, 언니, 오빠 등 주변에 있는 사람들의 얼굴을 그려서 진행판에 붙인다.
② 그려진 얼굴의 주인공에게 선물이 될만한 것을 준비해서 모든 사람들이 볼 수 있는 위치에 둔다(예 : 아버지는 손수건, 어머니는 고무장갑).

3. 진행하기
① 전체를 대상으로 진행한다.
② 문제를 맞추면 진행판에 소개된 얼굴들 중 자기가 칭찬하고 싶은 사람 한 명을 선택하게 하고 바르고 큰 목소리로 그 사람을 칭찬하게 한다.
③ 칭찬이 끝나면 격려의 박수와 함께 선물을 주는데 받아서 그 선물의 주인공에게 전달한다.
④ 선물의 주인공이 현장에 있다면 현장에서 바로 전달하도록 하고, 없다면 꼭 전달하도록 당부한다.
⑤ 진행시 가능하다면 현장에서 모든 사람이 볼 수 있는 인물들을 많이 준비해서 칭찬과 격려가 있는 시간이 되도록 유도하고, 꼭 진행판에 있는 인물이 아니어도 다른 인물을 칭찬해도 된다고 말해준다.

17. 기도할 수 있어요

1. 준비물
기도하는 손 그림(코팅), 방석

2. 만들기
① 기도하는 손 모양의 그림을 10개 정도 만들어서 코팅한다.
② 뒷면에는 기도제목들을 기록한다(우리나라를 위해 기도하겠어요, 교회를 위해, 친구를 위해, 부모님을 위해, 내 자신을 위해, 선생님을 위해 등등).
③ 기도하는 손을 진행판에 붙인다.

3. 진행하기
① 전체를 대상으로 진행한다.
② 문제를 맞추면 진행판에서 그림을 하나 선택한다.
③ 뒷면에 나와있는 기도의 제목들을 가지고 방석에 앉아서 기도하게 한다.
④ 기도의 내용들을 다양하게 하고, 짧게라도 기도할 수 있도록 도와준다.
⑤ 기도가 끝나면 격려의 박수를 보내고 준비된 선물을 하나씩 준다. 이때의 선물은 교회 용품이나 복음이 담긴 액세서리 등이 좋으며, 기도에 도움이 될 수 있는 선물을 주도록 한다.

18. 이것이 예수님 스타일

1. 준비물
진행판, 각종 얼굴 표정 그림 카드

2. 만들기
각종 얼굴 모양의 그림을 코팅해서 진행판에 붙인다.

3. 진행하기
① 정답을 맞추면 진행판의 얼굴 그림 카드를 한 장 뽑고 똑같이 표정을 짓게 한다.
② 개인별로 진행할 경우에는 사회자는 얼굴 카드의 표정을 성도들에게 소개하고 정답자는 얼굴 그림 카드와 똑같이 표정을 짓도록 한다.
③ 정답자가 똑같이 표현했다고 생각하면 성도들에게 박수를 치게 하고, 아니라고 생각하면 '우우'소리를 내게한다. 박수가 많이 나오면 선물을 준다.
④ 표정을 잘했는데 '우우'하고 소리를 내는 성도가 있으면 공정한 판정을 못한 죄로 벌칙을 준다.
⑤ 팀별로 진행할 경우에는 위와 방법은 똑같고 성도들의 박수로 점수를 매긴다. 사회자가 100점부터 시작해서 90점, 80점 등 한 단계를 내리면서 점수를 부를 때 박수가 많이 나오는 점수가 그 팀의 점수가 되게 한다.
⑥ 점수를 많이 얻은 팀이 승리.
⑦ 우리의 얼굴에 예수님의 모습을 담을 수 있도록 교훈하고 기도하며 마무리 한다.

19. 교회 세우기

1. 준비물
우리 나라 지도, 스티로폼, 교회그림, 이쑤시개, 스티커

2. 만들기
① 우리나라 지도를 오려서 스티로폼에 붙인다.
② 이쑤시개를 이용해 교회그림이 그려진 작은 깃발을 만든다.

3. 진행하기
① 문제를 맞추면 깃발을 우리나라의 원하는 지명에 꽂는다. 이것은 그 지역에 교회를 세운다는 의미가 있음을 전달한다.
② 개인별로 진행할 경우에는 깃발에 정답을 맞춘 성도의 이름을 기록하고 원하는 곳에 꽂도록 한 후 선물을 준다.
③ 팀별로 진행할 경우에는 팀별로 스티커를 구분하고, 문제를 맞추어 교회 깃발을 꽂을 때 팀의 스티커를 깃발에 붙인다.
④ 깃발이 많이 붙은 팀이 승리.
⑤ 우리나라의 구석 구석까지 교회가 세워지기를 기도하는 시간을 보낸다.

20. 반석 위의 집

1. 준비물
스티로폼, 종이사람인형, 이쑤시개

2. 만들기
① 종이 사람 인형을 만들어 코팅한 후 이쑤시개를 붙여서 꽂을 수 있게 만든다(10개 정도).
② 스티로폼을 카세트 테이프 크기 만큼 10개를 오려서 진열하고, 스티로폼 밑부분에 '모래 위의 집' 5개, '반석 위의집' 5개를 매직으로 기록한 후 섞어서 진열한다.

3. 진행하기
① 전체를 대상으로 진행한다.
② 문제를 맞추면 준비된 종이 인형에 자신의 이름을 매직으로 기록하고 원하는 스티로폼의 자리에 꽂는다.
③ 위와 같은 방법으로 진행하되 스티로폼이 모두 차면 인형을 꽂은 어린이들이 한 명씩 나와서 자신의 인형을 들어본다. 이때 '반석 위의 집'이라고 기록된 곳에 서 있으면 상품을 받고, '모래 위의 집'이라는 곳에 서 있으면 벌칙을 받는다.
④ 반석 위에 집을 짓는 성도가 되도록 교훈하고 기도한다.

2부, 성경복습게임

6

절기에 활용할 수 있는
성경복습게임

1. 그림완성하기

1. 준비물

① 아래의 그림을 A4크기로 팀 수 만큼 확대한다.
② 진행판, 종이

2. 만들기

① 준비된 그림을 앞에 있는 진행판에 팀별로 한 장씩 붙여둔다.

② 종이에 1칸, 5칸, 10칸 등 몇 칸을 연결해서 그릴 수 있는지 기록한 후 통에 넣는다.

3. 진행하기

① 팀을 나누어서 진행한다.

② 문제를 맞히면 앞에 나와서 를 뽑는다.

③ 제비뽑기에서 나온만큼 번호를 따라 선을 연결하도록 한다.

④ 가장 먼저 완성한 팀이 승리.

4. 응용하기

전체를 대상으로 진행할 때에는 ○×퀴즈 형식으로 진행하면서 문제를 맞출 때마다 5칸씩 또는 10칸씩 선을 연결함으로써 선착순으로 시상한다.

2. 숨겨진 종찾기

1. 준비물
진행판, 예쁜 장식 종

2. 만들기
① 전지를 이용해서 다음과 같은 칸을 만든다.
② 각 칸에 예쁜 종을 그려 넣는다. 모든 칸을 종으로 채우지 않고 어떤 곳에는 빈칸으로, 또 다른 곳에는 종을 한 개, 세 개 등 다양하게 그린다.
③ 그리고 각 칸을 포스트잇으로 붙여서 속의 내용을 보지 못하게 한 후 포스트지 앞면에는 1번부터 번호를 적어두거나 성탄에 알맞는 재미있는 글을 기록해 두어도 좋겠다.

3. 진행하기
① 전체를 대상으로 진행한다.
② 정답을 맞출 때마다 앞에 나와서 진행판에 붙어있는 번호를 하나를 선택하여 포스트잇을 떼게한 후 그 속에 그려진 만큼 예쁜 장식종을 가져가도록 한다.
③ 만약 빈칸을 선택했을 경우에는 가벼운 벌칙을 주도록 한다.

3. 별 찾기

1. 준비물
진행판, 줄, 별, 선물

2. 만들기
① 별을 10개 정도 만든 후 예쁜 줄로 묶는다.
② 진행판을 이용해서 별이 길게 내려오게 꾸민다.
③ 각 별 뒤에는 예수님의 탄생을 알리는 큰 별, 파란색 별, 노란색 별, 녹색 별, 빨간색 별 등 다양한 색의 별을 만들어 붙여둔다.

3. 진행하기
① 전체를 대상으로 진행한다.
② 문제를 맞추면 앞에 나와서 별을 뽑는데 '예수님의 탄생을 알리는 별'을 찾아야 한다.
③ 만약 선택한 별을 뒤집었을 때 '예수님의 탄생을 알리는 별'이 아니면 다시 원상태로 두고 들어간다. 이때 가벼운 벌칙을 줄 수 있다.
④ '예수님의 탄생을 알리는 별'을 찾았다면 그 상태로 그 별이 보이도록 둔 후 선물을 준다.
⑤ 사회자는 계속해서 "파란색 별을 찾으세요." 등으로 진행 하면서 별 뒤에 숨겨져 있는 다양한 별들을 찾도록 한다.
⑥ 위와 같은 방법으로 진행하되 별을 모두 찾을 때까지 진행한다.

4. 성탄절 장식

1. 준비물
진행판, 다양한 성탄 장식물

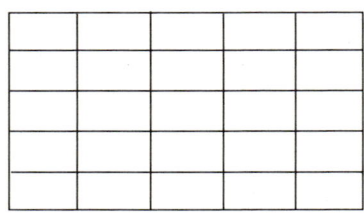

2. 만들기
① 전지를 이용해서 다음과 같은 칸을 만든다.
② 칸에 성탄절 장식물을 그려 넣는다. 모든 칸을 장식품으로 채우지는 않는다.
③ 각 칸을 포스트잇으로 붙여서 속의 내용을 보지 못하게 한 후 포스트잇 앞면에는 1번부터 번호를 적어둔다.

3. 진행하기
① 전체를 대상으로 진행한다.
② 정답을 맞출 때마다 앞에 나와서 진행판에 붙어 있는 번호를 하나 선택하여 포스트잇을 떼게한 후 그 속에 그려진 성탄절 장식을 가져가도록 한다. 만약 빈칸을 선택했다면 교회에 꾸밀 예쁜 장식을 구입해 오거나, 만들도록 한다.
③ 복습게임이 끝나면 받은 성탄절 장식으로 원하는 곳에 장식해 보는 순서를 갖고, 다른 성도들도 함께 준비해온 성탄절 장식품을 가지고 예수님의 생일파티를 준비한다. 각 장식품에 자기의 이름을 기록한 후 성탄절 장식을 준비한다.
④ 한 주 전 성탄절 장식이 있음을 광고하고, 개인별로 준비해 오도록 한다.

5. 인간 트리 만들기

1. 준비물
다양한 선물(과자, 사탕, 문구 등), 끈, 테이프, '나 트리' 목걸이용 푯말

2. 진행하기
① 팀별로 진행한다.
② 먼저 각 팀에서 한 명을 선정하여 인간 트리가 되게 한다. 인간 트리로 뽑힌 성도는 앞에 나와 '나 트리'라고 기록된 푯말을 목에 건다.
③ 성도들이 가장 잘 볼 수 있는 곳에 준비한 선물을 전시해 두고, 그 옆에는 트리에 장식으로 활용할 수 있도록 쓰이는 도구들 '끈, 테이프, 가위' 등을 둔다.
④ 사회자가 문제를 내고 맞춘 성도가 나와서 선물을 하나 선택한다.
⑤ 그리고 선택한 선물을 우리 팀의 트리에 장식하도록 한다. 장식하는 방법은 자유롭게 한다.
⑥ 이와 같은 형식으로 진행하면서 준비된 선물을 가지고 팀 별로 멋진 트리를 만들어 본다.
⑦ 가장 많이 장식한 팀이 승리.
⑧ 팀별로 트리에 장식되어 있는 선물을 떼어서 팀별로 파티를 하도록 한다.

6. 흔들흔들

1. 준비물 색종이, 신문지, 테이프, 풀

2. 진행하기

① 팀을 나누어서 진행한다.
② 준비물을 팀별로 똑같이 나눈다(예 : 신문지 5장, 색종이 한 묶음). 각 팀별로 대표자를 한 명씩 선발해서 앞으로 나오게 한다. 나누어 준 준비물을 다양하게 오리고 붙여서 인간 성탄 트리를 만들도록 한다.
③ 성탄 트리가 완성되면 순위를 가려서 우승한 팀에게 점수를 준다. 인간 트리가 완성된 상태에서 성경복습게임을 진행한다. 사회자가 문제를 냈을 때 정답을 맞춘 성도는 팀원들과 함께 자기 팀의 트리를 하나씩 떼어 상대 팀의 인간 트리에 장식을 하게 한다.
④ 이와 같은 형식으로 진행하면서 각 팀의 인간 트리에 장식이 가장 적은 팀이 승리하게 된다. 여기에서 2차 순위를 정한 후 우승한 팀에게 점수를 준다.
⑤ 마지막 최종 점수내기로 각 팀의 인간 트리를 하고 있는 성도들이 온 몸을 흔들어서 트리의 장식을 먼저 떼어내는 팀이 승리하게 된다.

3. 응용하기

① 각 팀의 대표들을 어린이들로 하지 말고 각 팀의 팀장이 인간 트리가 된다면 더욱 흥미있게 진행될 것이다.
② 인간 트리를 중심으로 팀원들이 동그랗게 선 후 인간 트리와 함께 춤을 추는데, 자기 팀의 트리 장식이 다 떨어질 때 까지 함께 춤을 춘다.

7. 별 모으기

1. 준비물
진행판, 별(팀별 3개 정도), 찍찍이

2. 만들기
① 제일 먼저 큰 별을 팀 당 한 개씩 만들어 팀의 이름을 적어 둔 후 진행판의 첫 자리에 붙인다.
② 각 팀별로 작은 별 3개씩을 연결해서 붙여둔다.

3. 진행하기
① 팀을 나누어서 진행한다.
② 처음 시작할 때는 팀별로 별을 3개씩 붙여두고 시작한다.
③ 문제를 맞출 때마다 다른 팀의 별을 한 개씩 떼어서 우리팀의 자리로 옮겨놓는 게임이다.
④ 또는 어느 팀의 것이든지 관계없이 무조건 한 번에 2개의 별을 옮길 수 있도록 진행해도 재미있다.
⑤ 별을 가장 많이 모은 팀이 승리.

8. 성탄 장면 그리기

1. 준비물 칠판, 분필, 선물

2. 만들기
① 마태복음 1장과 누가복음 2장에 나오는 예수님의 탄생을 연상할 수 있는 그림들을 몇 개 준비한다. 성탄을 장식하는 각종 트리들의 그림도 몇 장 준비한다.
② 준비한 그림들은 꼭 사진이 아니어도 괜찮으며, 손으로 직접 그리거나, 글로 기록해 두어도 괜찮다(예 : 마굿간, 트리, 예수님, 천사 등).

3. 진행하기
① 전체를 대상으로 진행한다.
② 정답을 맞출 때마다 앞에 나와서 예수님의 탄생을 나타내는 그림을 칠판에 그린다. 그림은 잘 그리지 못해도 된다고 격려한다.
③ 사회자가 이미 준비해 놓은 그림을 그려야 선물을 받을 수 있다.
④ 정답을 맞춘 성도가 그림을 그린 후에는 성도들을 보고 서 있고, 사회자는 그 그림을 확인한 후 준비된 그림과 맞으면 피아노로 '축하합니다'곡을 즐겁게 친다.
⑤ '축하합니다' 음악이 나오면 다른 성도들을 박수로 격려한다.
⑥ 이와 같은 형식으로 진행하면서 흥미를 유발하도록 한다.

4. 응용하기
'예수님께 드리는 최고의 선물'이라는 주제로 위와 같은 방법으로 진행한다.

9. 동방박사들의 여행

1. 준비물
동방박사 그림, 대문 그림(10개), 찍찍이, 진행판(융판)

2. 만들기
① 대문을 만든다. 대문의 뒷면에는 '예루살렘성'과 '베들레헴 마굿간'이라는 글을 나누어서 기록한 후 찍찍이를 이용하여 진행판에 붙인다.
② 동방박사를 그림으로 그린 후 진행판 아래에 붙여둔다.

3. 진행하기
① 전체를 대상으로 진행한다.
② '동방박사들의 여행'은 이 복습게임은 예수님이 탄생하신 곳을 알아맞히는 게임이다. 동방박사들은 별을 보고 예수님께로 가다가 예루살렘에 이르게 되었다. 하지만 그곳에 예수님은 안 계셨고 베들레헴 마굿간에 계셨다. 정답을 맞춘 성도는 진행판에 있는 동방박사들을 예수님이 탄생했을 곳이라 생각되는 문에 붙인다.
③ 사회자는 그곳을 열어보고 '예루살렘'이라고 쓰여있으면 가벼운 벌칙을 주고, '마굿간'이라고 기록되어 있으면 선물을 준다.

4. 응용하기
'예루살렘'이라고 기록되어 있는 곳을 찾아갔다면 벌칙을 주는 대신 복습게임을 위해 준비한 선물을 다른 사람에게 전해 주도록 한다.

10. 선물 나무

1. 준비물 장식용 나무, 다양한 선물(10개)

2. 만들기
① 여러 종류의 선물로 10개 정도를 예쁘게 포장한다.
② 각 선물에는 '즐거운 성탄절 되세요', '엄마 사랑해요', '친구야 사랑해' 등을 기록한 쪽지를 붙여둔다. 장식용 나무에 준비한 선물을 달아놓는다.

3. 진행하기
① 전체를 대상으로 진행한다.
② 정답을 맞출 때마다 장식용 나무에 달려 있는 선물을 하나씩 선택하게 하고, 선물에 붙어있는 쪽지를 꺼내 읽도록 한다.
③ 쪽지에 '엄마 사랑해요'라고 기록되어 있으면 선물을 엄마에게 갖다 드리도록 하고, '친구야 사랑해'라고 기록되어 있으면 친구에게 전달하도록 한다.
④ 쪽지에 적혀있는 대상이 그 자리에 있으면 즉석에서 전달하도록 한다. 선물에 '즐거운 성탄절이 되세요'라고 기록되어 있으면 서로에게 감사의 인사를 한다. 이와 같은 방법으로 진행하되 선물은 받을 대상에게 필요한 것들을 준비해서 포장하도록 한다.

4. 응용하기
'카드 나무'를 만들어서 다양한 카드를 장식나무에 걸어 놓고 문제를 맞춘 성도들이 나와서 각자가 좋아하는 예쁜 카드를 선택해서 가져갈 수 있도록 한다.

11. 성탄절 의상 입기

1. 준비물
성탄절의 주인공이 되는 인물들의 의상, 작은통, 폴라로이드 카메라(즉석 카메라)

2. 만들기
① 아기 예수님, 목자, 동방박사, 마굿간의 말, 요셉과 마리아, 천사 등의 의상을 만들거나 준비해 둔다.
② 위에 기록된 인물이나 동물들의 이름을 적어서 통에 넣는다.

3. 진행하기
① 전체를 대상으로 진행한다.
② 정답을 맞히면 제비뽑기를 한 후 나온 인물을 즉석에서 분장해 준다.
③ 분장이 끝나면 즉석카메라로 사진을 찍어준다.
④ 분장하고 의상을 입히는 시간이 걸리기 때문에 다음 문제를 바로 진행하면서 사진을 찍어주도록 한다. 위와 같은 방법으로 진행하되 멋진 인물과 재미있는 인물을 구분해서 진행한다면 즐거운 시간이 될 것이다.

12. 나귀를 타신 예수님

1. 준비물 종려나무 가지, 나귀 가면, 폴라로이드 카메라

2. 만들기
① 남자 보조 진행자(보조1) 두 사람이 서로의 손을 연결하여 꽃가마 모양을 만들고, 얼굴에는 나귀 가면을 쓴다.
② 또 다른 보조 진행자(보조2) 두 명을 준비시켜서 종려나무 가지를 가지고 있게 한다.

3. 진행하기
① 전체를 대상으로 진행한다.
② 정답을 맞춘 성도에게는 준비된 나귀 모양의 꽃가마를 태워 한 바퀴 돌도록 한다. 보조 진행자(보조2)는 종려나무를 흔들면서 앞으로 진행한다.
③ 이 장면을 폴라로이드 카메라로 찍어서 선물로 준다.
④ 진행하는 도중 정답을 맞춘다고 손을 들었는데 정답을 못 맞추면 나귀의 앞에서 종려나무를 흔드는 일을 시킨다.

4. 응용하기
① 팀을 나누어서 진행할 수 있다. 팀을 나눌 경우에는 보조 진행자를 세우지 않는다.
② 정답을 맞춘 팀의 성도는 꽃가마를 타고, 틀린 팀에서는 나귀 모양의 가면을 쓴 뒤 이긴 팀 성도의 꽃가마를 만들어 태워주어야 된다.
③ 꽃가마를 많이 탄 팀이 승리.

13. 성전을 깨끗하게 하심

1. 준비물 청소도구(손걸레, 대걸레, 빗자루, 집게 등), 선물

2. 만들기
다양한 청소도구를 준비하여 앞에 전시해둔다. 청소도구에는 어느 곳을 청소해야 하는지를 쪽지에 적어둔다. 청소도구마다 다양한 선물을 준비한다.

3. 진행하기
① 전체를 대상으로 진행한다.
② '성전을 깨끗하게케 하심'은 예수님께서 채찍으로 성전에서 돈 바꾸는 자들과 비둘기 파는 자들의 상을 엎으신 사건을 상징한 것이다. 정답을 맞춘 성도는 청소도구를 한 개 선택한다.
③ 청소도구에는 청소해야 될 구역이 기록되어 있기 때문에 어느 곳을 청소해야 되는지 발표하고, 그곳에 해당되는 선물을 준다. 이와 같은 형식으로 진행하되 청소에 분명한 의미를 부여해서 즐거운 마음으로 부활절을 준비할 수 있도록 지도한다.

4. 응용하기
① 팀을 나누어서 진행할 경우 진행하는 방법은 같되 선물을 주는 방법에 있어서 청소도구를 가장 많이 선택한 팀에게 시상을 할 수 있도록 준비한다.
② 복습게임 중 개인이나 단체에서 선물을 받지 못한 성도들 중 함께 청소에 동참하고 싶은 성도는 참여하도록 하고, 청소가 끝나면 간식을 함께 나누어 먹는다.

14. 세족식

1. **준비물** 세족식을 할 수 있는 물, 의자, 선물, 수건

2. **만들기**
① 성도들이 볼 수 있는 자리에 세족식을 할 수 있는 공간을 마련해 둔다.
② 깨끗한 물과 그 옆에 물을 버리는 곳, 그리고 물을 보충할 수 있는 물통을 준비하고, 깨끗한 수건을 몇 개 준비한다.

3. **진행하기**
① 전체를 대상으로 진행한다.
② 성도들에게 세족식의 의미를 설명하고 예수님께서 최후의 만찬을 행하시면서 섬김의 모습을 보여주신 것을 기억하게 한다.
③ 정답을 맞힌 성도는 앞에 나와서 앉게 하고, 그 성도가 속한 팀의 팀장이 나와서 성도의 발을 씻어 준다.
④ 발을 씻은 성도는 전체 성도들 중 자기보다 나이가 적은 성도 한 명을 선택해서 발을 씻어주면서 고백하게 한다. "나도 예수님처럼 섬기면서 살겠습니다."
⑤ 준비된 선물과 함께 발을 닦아준 그 수건을 그 어린이에게 주면서 예수님을 닮은 사람이 되어야 한다고 이야기한다(이때 가능하면 기독교 백화점에서 구입할 수 있는 성구와 그림이 그려진 수건을 활용하도록 한다).
⑥ 이와 같은 형식으로 진행하되 재미있는 진행을 위해서 정답을 맞추기 위해 손을 들었다가 틀린 성도들은 나와서 자신이 속한 팀 팀장의 발을 씻겨주도록 해보자.

15. 십자가에서 하신 말씀 찾기

1. 준비물 진행판, 전지, 말씀카드, 선물

2. 만들기
① 십자가에서 하신 일곱 가지 말씀을 카드로 만든다.
"아버지여 저희를 사하여 주옵소서.", "자기의 하는 것을 알지 못함이니이다.", "내가 진실로 네게 이르노니 네가 나와 함께 낙원에 있으리라.", "여자여 보소서 아들이니이다.", "보라 네 어머니다.", "엘리 엘리 라마 사박다니.", "내가 목마르다.", "다 이루었다.", "아버지여 내 영혼을 아버지 손에 부탁하나이다."
② 카드로 만든 후 글씨가 보이지 않게 뒤로 붙여둔다.
③ 몇 개의 빈 카드도 만들어서 함께 붙여둔다.

3. 진행하기
① 전체를 대상으로 진행한다.
② 문제를 맞춘 어린이는 앞에 나와서 카드 하나를 선택한다. 예수님이 말씀하신 내용을 뽑으면 큰 소리로 읽은 다음 글이 보이도록 진행판에 붙여두고 선물을 준다.
③ 카드를 뽑으면 가벼운 벌칙을 준다.

4. 응용하기
① 팀별로 진행할 경우 위와 같은 방법으로 동일하게 진행하되 일곱가지 말씀을 팀원들이 모두 암송하는 팀이 우승한다.
② 만약 다 암송 하지 않았거나 중간에 틀리면 단체 벌칙을 주고 다시 암송하도록 한다.

16. 달걀 굴리기

1. **준비물** : 삶은 달걀 5개 정도, 숟가락 5개, 간식

2. 만들기
① 출발선과 반환점을 청테이프로 그려 놓는다.
② 팀 수 만큼 달걀과 숟가락을 준비해서 출발선에 둔다.

3. 진행하기
① 팀을 나누어서 진행한다.
② 한 팀의 성도가 정답을 맞추면 다른 팀에서는 정답을 맞춘 성도와 비슷한 연령의 성도를 한 명씩 내보낸다.
③ 함께 경기를 진행하는데 숟가락을 이용해 달걀을 굴려 반환점까지 다녀오는 경기다.
④ 이 경기에서 정답을 맞춘 성도가 승리하면 점수와 함께 간식을 선물로 받고, 만약 다른 팀의 성도가 승리하면 점수만 받는다. 승리한 성도의 팀에도 점수를 준다.
⑤ 이와 같은 형식으로 진행하면서 점수를 가장 많이 받은 팀이 승리한다.
⑥ 이 활동은 정답을 맞추지 못해도 모든 성도들이 참여할 수 있는 좋은 방법이다.

4. 응용하기
① 이길 때마다 이긴 성도는 자신이 경기했던 달걀을 가져 간다.
② 가능하면 모든 성도가 참여할 수 있도록 기회를 준다.

17. 예수님 다시 사셨다

1. 준비물
진행판, 글자 카드(두 개씩), 찍찍이

2. 만들기
① '예수님 다시 다셨다'를 한 글자씩 카드로 만든다.
② 글자가 보이지 않게 진행판에 붙인 후 섞어 놓는다.
③ 글자는 두 팀으로 나눌 경우에는 두 개씩, 네 팀으로 나눌 경우에는 네 개씩, 팀의 숫자만큼 만들어 둔다.
④ 만들어진 글자 카드는 중앙으로 모아두고 각 모서리 부분에는 각 팀에서 뽑은 글자를 붙여 두도록 한다.

3. 진행하기
① 팀을 나누어서 진행한다.
② 정답을 맞춘 성도는 앞에 있는 글자를 하나 선택해서 자기 팀의 진행판 아래 부분에 붙여 놓는다.
③ 이와 같은 방법으로 진행며, '예수님이 다시 사셨다'의 글자를 먼저 완성하는 팀이 승리하게 된다.
④ 원활한 진행을 위해서 정답을 맞춘 성도가 글자 카드를 뽑을 때 '예수님이 다시 사셨다'의 글자 카드를 중복되지 않게 뽑았다면 계속해서 글자 카드를 뽑을 수 있게 한다.
⑤ 그러나 반대로 '예'자를 뽑은 후 다시 '예'자를 뽑으면 다음 기회는 없고, 다른 팀에게도 한 자씩 뽑을 수 있는 기회를 준다.

18. 달걀 고리

1. 준비물
달걀 많이, 오색끈, 테이프, 상자

2. 만들기
① 달걀을 삶은 후 오색끈을 이용하여 길게 붙인다.
② 줄줄이 사탕처럼 달걀을 만드는데, 오색끈을 길게 한 후 달걀을 한 개만 매달아 놓거나, 각 끈에 달걀을 3개, 5개, 10개 등 달걀의 숫자를 다르게 만들어 놓는다.
③ 준비된 달걀을 상자에 넣어두고 끈만 밖으로 나오게 한다.

3. 진행하기
① 전체를 대상으로 진행한다.
② 정답을 맞히면 달걀이 들어있는 상자의 끈 중 하나를 선택해서 잡아당기게 하고 그 끈에 딸려 나온 달걀을 선물로 가져가게 한다.
③ 달걀이 많고 적음을 처음부터 이야기하지 말고 진행한다면 달걀이 한 개 나올 때와 많이 나올 때마다 흥미가 달라 질 것이다.

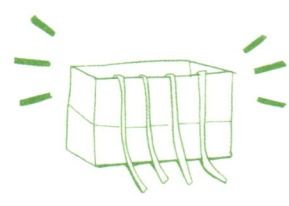

19. 빈 무덤 찾기

1. 준비물
진행판, 전지, 무덤 10개, 선물

2. 만들기
① 여러 모양의 무덤을 10개 정도 만든다.
② 만든 10개의 무덤을 전지에 붙이되 무덤을 열어볼 수 있도록 찍찍이를 이용하여 붙인다.
③ 10개의 무덤 중 4개 정도는 사람의 얼굴을 그려놓고, 나머지 6개 정도는 예수님의 빈 무덤을 만든다.

3. 진행하기
① 전체를 대상으로 진행한다.
② 문제를 맞히면 앞에 있는 무덤 중 예수님의 빈 무덤을 찾아 무덤문을 열어볼 수 있도록 찍찍이를 이용하여 붙힌다.
③ 이때 무덤이 비어 있으면 예수님의 무덤이기에 선물로 주고, 무덤에 사람의 모양이 그려져 있으면 예수님의 무덤이 아니기 때문에 가벼운 벌칙을 준다.
④ 이와 같은 형식으로 진행하되 성도들로 하여금 예수님의 빈 무덤의 의미가 무엇인지 깨달을 수 있도록 도와준다.

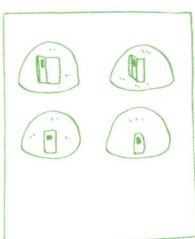

20. 과일 바구니

1. 준비물
빙고판, 여러 종류의 과일, 포스트잇

2. 만들기
① 빙고판 만들기
② 아래와 같이 빙고판을 만든 후 포스트잇으로 덮는다.

사과	딸기	자두	자두
포도	참외	수박	참외
귤	딸기	수박	귤
앵두	앵두	사과	포도

3. 진행하기
① 전체를 대상으로 진행한다.
② 정답을 맞춘 성도는 앞에 있는 빙고판 중 두 개를 선택해서 열어본다.
③ 똑같은 과일을 뽑으면 그 과일을 선물로 주고 다른 과일을 뽑으면 그냥 덮어둔다.
④ 이와 같은 형식으로 진행하되 과일을 가져갈 때 "과일을 주신 하나님 감사합니다."라고 고백하게 한다.
⑤ 과일을 한 개만 놓지 말고, 여러 개를 놓은 후 주변에 있는 성도들과 함께 나누도록 한다.

21. 감사 나무

1. 준비물
성령의 아홉가지 열매와 나쁜 열매 아홉가지, 선물

2. 만들기
① 전지에 열매 나무라고 기록한 커다란 나무를 그린다.
② 열매를 만들어 뒷면에 열매의 이름을 기록한 후 붙인다.
③ 성령의 열매는 사랑, 희락, 화평, 오래참음, 자비, 양선, 충성, 온유, 절제를 기록해 두고, 나쁜 열매에는 사라의 나쁜 모습들을 기록해 놓는다.

3. 진행하기
① 전체를 대상으로 진행한다.
② 정답을 맞히면 감사 나무의 열매를 하나 딴다.
③ 감사 나무 열매의 뒤를 보았을 때 성령의 열매가 있으면 선물을 주고, 욕심, 질투, 시기 등 나쁜 열매가 있으면 벌칙을 준다.
④ 이와 같은 형식으로 진행하면서 마지막에는 성령의 열매 아홉가지를 암송하는 시간을 보낸다.

4. 응용하기
① 팀별로 진행할 경우, 방법은 위와 같다.
② 성령의 열매를 가장 많이 모은 팀이 승리하는 방법으로 진행한다.

22. 감사 모양 만들기

1. 준비물
진행판, 다양한 그림, 크레파스, 선물

2. 만들기
① 진행판에 옆의 모양과 같이 그림을 그려놓는다.
② 크레파스를 준비해 둔다.

3. 진행하기
① 전체를 대상으로 진행한다.
② 정답을 맞히면 진행판에 그려진 모양을 가지고 아름다운 그림을 그려보게 한다.
③ '동그라미'를 그림으로 활용할 경우에는 동그라미로 연결 할 수 있는 그림들, 즉 안경, 자전거 등을 그리거나, 네모의 경우에는 모자, 자동차 등 네모로 활용할 수 있는 그림을 그리게 한다. 그림을 그린 후 그림 밑에 이름을 기록하도록 한다.
④ 이와 같은 방법으로 진행하면서 진행판에 있는 그림을 완성하면 사회자는 다음과 같이 말한다. "우리의 생각들이 똑같지 않고 서로 다른 것을 하나님께 감사합시다. 앞으로도 하나님 앞에 귀하게 쓰임받는 우리들이 될 수 있도록 노력합시다."
⑤ 진행판에 그려진 그림을 하나씩 가리키면서 점수를 정하는데, 성도들의 박수 소리와 진행자의 공정한 심사 기준에 의해서 순위를 정한 후 1등 한 성도부터 선물을 받도록 한다.

23. 감사 잔치

1. 준비물
라면 박스를 이용한 주사위, 선물

2. 만들기
① 라면 박스를 이용하여 주사위를 만든다.
② 주사위를 종이로 예쁘게 감싼 후, 주사위의 각 면에는 '감', '사', '기', '미', '꽝', '예수님'이라고 기록한다.

3. 진행하기
① 전체를 대상으로 진행한다.
② 정답을 맞출 때마다 앞에 나와서 주사위를 던진다.
③ 던져서 나온 면의 이야기를 고백하는 시간을 보내는데 방법은 아래와 같다.
 - '감' : 감사한 내용
 - '사' : 사과해야 될 내용
 - '기' : 기뻤던 일
 - '미' : 미워했던 일
 - '꽝' : 벌칙
 - '예수님' : 무조건 선물을 받는다.
④ 이와 같은 방법으로 진행하면서 감사의 고백을 드리게 한다.

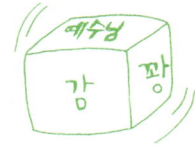

24. 예수님을 닮은 어린이

1. 준비물
다양한 컷 그림(Σ, ₤, Ⓚ, ♨), 선물, 스캐너, 파워포인트

2. 만들기
① 위의 그림을 각 한 장씩 A4용지로 복사한다.
② 복잡하지 않으면서도 집중해서 보지 않으면 쉽게 그릴 수 없는 그림을 준비한다.
③ 그림을 그릴 수 있는 책상, 스캐너, 크레파스를 준비한다.

3. 진행하기
① 팀을 나누어서 진행한다.
② 한 팀 문제를 맞춘 성도와 함께 다른 팀에서도 비슷한 연령의 성도가 앞으로 나온다.
③ 사회자는 준비된 그림을 잠깐 동안 스쳐가면서 보여주고 성도들은 준비된 A4용지에 그린다.
④ 그림을 그린 후 스캐너로 저장한 후에 프로젝트로 보여주어서 누가 정확하게 그렸는지 확인하게 한다.
⑤ 정답을 맞춘 성도가 정확하게 그렸다면 선물을 주고, 틀렸을 경우에는 점수만 준다. 다른 팀 중에도 똑같이 그린 성도에게는 점수를 준다.
⑥ 점수가 많은 팀이 승리한다.
⑦ 이 복습게임을 통해서 예수님의 모습을 배우는대로 우리도 똑같이 닮아가는 삶을 살아가야 함을 깨닫게 한다.

25. 감사 자석

1. 준비물 클립, 막대자석, 과자상자, 간식

2. 만들기
① 모든 성도들이 볼 수 있는 높이에 책상을 놓고 클립을 흐트러 놓은 후 막대 자석과 동그라미 자석 등 몇 가지의 자석을 놓는다.
② 일정한 거리에 클립을 담을 수 있는 과자 상자를 놓는다.

3. 진행하기
① 팀별 대항으로 진행한다.
② 정답을 맞출 때마다 자석을 이용해 클립을 자기 팀의 통에 많이 넣는 게임이다.
③ 정답을 맞춘 성도는 앞에 있는 자석 중 원하는 자석을 선택해서 클립을 모은다. 모은 후 일정한 거리에 떨어져 있는 자기 팀의 과자 상자에 클립을 옮겨 놓는다.
(일정한 거리를 유지하는 이유는 너무 많은 양의 클립을 가져갈 경우 떨어질 수 있는 공간을 주기 위함이다.)
④ 이와 같은 방법으로 진행하면서 클립을 가장 많이 모은 팀이 승리하게 된다.
⑤ 활동을 마치기 전 다음과 같이 이야기 할 수 있다. "우리는 많이 있어야 감사할 수 있는 것이 아니라, 적은 양으로도 감사할 수 있어야 합니다. 너무 욕심을 부려서 한번에 많은 클립을 가져가려고 할 때 오히려 잃어버릴 수 있다는 것을 생각해야 합니다."
⑥ 복습게임이 끝나면 팀별 대항으로 복습게임과 관계없이 게임으로 진행해 보자.

26. 감춰진 선물

1. 준비물
풍선, 끈, 탁구공, 선물

2. 만들기
① 풍선을 8개 정도 준비한 후 풍선 속에 점수 '○○점', 또는 '선물'이라고 기록한 쪽지를 넣는다. 그리고 풍선을 불어서 '예·수·님·감·사·합·니·다'라는 글을 풍선 하나에 한 글자씩 기록해 두고 긴 끈에 연결해서 붙여둔다.
② 보조 진행자는 양쪽에서 연결된 풍선 끈을 잡고 서 있고 일정한 거리에 청테이프로 선을 긋고 그곳에서 탁구공을 던져 풍선을 맞추게 한다.

3. 진행하기
① 팀을 나누어서 진행한다.
② 문제를 맞히면 탁구공을 던져서 풍선을 맞힌다. 풍선을 맞혔으면 팀원들 중 한 명과 함께 가슴으로 풍선을 터뜨리게 하고 그 안에 기록된 점수를 받거나 선물을 가져가게 한다. 점수가 많은 팀이 승리한다.

4. 응용하기
① 전체를 대상으로 진행할 경우에는 풍선 안에 모두 선물의 내용을 기록한 쪽지를 넣어둔다.
② 정답을 맞히면 옆 사람과 함께 나와서 풍선을 터뜨리도록 한다. 이때 주의사항은 한 번 함께 나온 성도와는 또 나올 수 없다는 것이다.

2부, 성경복습게임

7

배운말씀을 오래 기억하게 하는 아이디어와 효과적인 진행팁(tip)

Intro   배운 말씀을 오래 기억하게 하는 아이디어

많이 안다는 것은 배운 것을 많이 기억하고 있는 것을 말한다. 아무리 많은 것을 알아도 기억하지 못한다면 자기 삶에 영향을 미칠 수가 없다.
성도들을 교육하면서 고민하게 된 것은 배운 것을 쉽게 잊어버린 다는 것이다. 재미있는 것은 오래 기억하지만, 선포되어진 하나님의 말씀은 오래 기억하지 못하는 현실이 안타까웠다. 어떻게 하면 하나님의 말씀을 오래 기억할 수 있을까? 이 문제를 놓고 고민하던 중 하나님께서 좋은 아이디어를 주셨다.

사람들은 보고 경험한 것을 오래 기억한다. 사람들의 주변에 있으면서 생각할 수 있는 것이면 더욱 좋겠다고 생각했다. 그러던 중 가까운 슈퍼에 가게 되었다. 그곳에서 나는 놀라운 일을 경험하였다. 보는 것들이 다 좋은 재료들이었다. 성도들이 먹는 과자, 아이스크림 등 성도들의 주변에 쉽게 사용할 수 있는 도구들이 복음을 전하는데 얼마나 아름답게 쓰여 질 수 있는지 깨닫게 되었다.

'뻥튀기'를 보여주면서 '뻥이요'를 따라하게 한 후, "하나님의 말씀은 뻥이 아닙니다. 진리입니다."라고 말을 한적이 있다. 그때 성도들의 폭소와 함께 환한 성도들의 얼굴을 잊을 수가 없다.

하나님의 말씀을 기억하기 위한 방법으로 성경복습 게임을 소개한다. 그와 함께, 배운 말씀을 기억하기 위한 도구들을 사용한다면 말씀을 기억하는데 도움이 되리라 확신한다. 물론 여기에 소개되고 있는 것들은 일부분에 지나지 않는다. 아직도 해야 할 일들이 많이 남아있다. 이 모든 것은 성도들에게 하나님의 말씀을 기억하게 하기 위해 시도되었다. 그리고 하나님께서는 우리 주변에 얼마나 좋은 재료들을 주셨는지 모른다. 이 모든 것이 하나님의 솜씨를 드러내고 있고, 하나님을 증거하고 있음을 고백하지 않을 수 없다.

사용하는 방법은 다음과 같다.
첫째, 준비된 도구를 설교나 분반공부, 특별활동 시간에 말씀과 접목하여 시청각 자료로 활용한다.
둘째, 배운 말씀과 연관된 과자류는 간식으로 나누어준다.
셋째, 말씀을 잘 듣고 있는지 확인하기 위해 설교 중간에 질문하고, 정답을 맞힌 성도에게 선물로 줌으로써 말씀에 집중하게 한다.
넷째, 무엇보다 중요한 것은 소개하고 있는 재료들을 앞으로 먹거나 보게 될 때 말씀을 기억하게 하는 것이다.

Idea 자료들

Idea 1 설레임(아이스크림)

성도들에게 질문을 한다. "여러분은 주일이 기다려지나요? 주일을 생각하면 마음이 설레고 주일이 기다려지는 사람 있나요?"
질문한 후 (설레임을 보여주면서) "저는 마음이 설레요. 주일이 기다려지고, 주님을 만나는 날이 빨리 오기를 바라고, 여러분들을 만나는 것이 기대되요. 하나님께서 나를 어떻게 인도하실까를 생각하면 마음이 설레요. 나를 통해 하나님께서 기뻐하실 것을 생각하니 설레요. 여러분도 설레이지 않나요? 그런 설레임으로 살았으면 좋겠습니다."라고 말한다.
이후 간식으로 설레임을 준다.

Idea 2 오예스

"여러분, 이게 뭘까요? (오예스를 보여준다.) 그래요. '오예스'에요. 옆 사람 얼굴을 보고 이렇게 이야기해보세요. '오~예스.' 또 옆 사람에게 꿈을 물어보세요. 꿈 이야기를 들었으면 엄지 손가락을 세우고 '오~예스!' 이렇게 해보세요. 마지막으로 서로 '오~예스!'하며 격려했으면 좋겠습니다."
'오예스'를 '오직 예수'로 불러봐요. "오직 예수."

Idea 3 해바라기(초콜릿)

"여기 '해바라기'가 있어요. 해바라기는 늘 해를 바라보고 있답니다. 해바라기는 해를 바라보며 행복해하고, 해를 바라보면서 자란답니다. 해바라기가 해를 바라보듯이, 우리는 주님을 바라보는 '주바라기'입니다. 늘 주님을 바라보는 주바라기. 앞으로 해바라기 초콜릿을 먹을 때마다 '저는 주바라기입니다. 주님만 바라보게 해주세요'라고 고백해보세요."

Idea 4 뿌셔뿌셔

"뿌셔뿌셔를 먹을 때 어떻게 먹나요? 완전히 부셔뜨려서 먹지요? 이런 생각을 해봤어요. 내 안에 부셔져야 될 것은 무엇이 있을까? 이런 찬양이 있어요. '부서져야 하리, 부서져야 하리, 부서져야 하리, 더 많이 깨져야 하리'

여러분, 우리 안에 부서질 것은 부서지고 아름다운 예수 그리스도의 형상을 이루기를 바랍니다."

Idea 5 인디안밥, 사또밥, 고래밥(과자류)

"인디언은 무슨 밥을 먹을까요?" (인디안 밥을 보여주며) "인디안밥을 먹어요."
"사또는 무슨 밥을 먹을까요?" (사또밥을 보여주며) "사또밥을 먹어요."
"고래는 무슨 밥을 먹을까요?" (고래밥을 보여주며) "고래는 고래밥을 먹어요."
"그렇다면 우리는 무엇을 먹어야 될까요? 하나님의 말씀을 먹어요. 사탄은 우리가 좋은 것을 먹지 못하도록 방해해요. 우리가 몸에 좋은 것을 먹어야 건강해지는 것처럼, 우리 영혼도 좋은 것을 먹어야 건강해질 수 있어요. 바로 하나님의 말씀이랍니다. 밥을 먹지 못하면 영양실조에 걸리고, 계속해서 아무 것도 먹지 못하게 되면 죽게 돼요. 그런 것처럼 우리 영혼도 하나님의 말씀을 먹지 않으면 영양실조에 걸려 세상을 이길 수 없어요. 사탄을 이길 수 없어요. 알겠죠?
따라해 보세요. 인디언은 인디안밥 먹고, 사또는 사또밥 먹고, 고래는 고래밥 먹고, 예수님을 믿는 우리는 하나님의 말씀을 먹어요."

Idea 6
자일리톨 껌, 가그린, 박하사탕

모두 입 냄새를 제거하는 용품이다. 식사 후 입을 깨끗하게 하기 위해 껌을 씹거나, 가그린을 사용하거나, 박하사탕을 먹는 것처럼, 우리들은 입을 깨끗하게 하기 위해 어떤 노력을 하고 있는가?

하나님의 말씀이 우리를 깨끗하게 만든다. 하나님의 말씀이 우리의 입에 향기가 나게 한다('너는 그리스도의 향기라'라는 찬양 후 나누어 준다).

Idea 7 칫솔, 치약

우리의 입을 상쾌하게 해주고, 충치를 예방해주는 도구들이다. 먹기만 하고 치아를 닦지 않는다면 어떻게 될까? 이가 아파서 고통을 겪을 것이다. 매일 밥을 먹고, 치아를 깨끗이 닦는 것처럼, 언어생활도 매일 깨끗함을 유지하기 위해서는 입이 하나님의 다스림을 받아야 된다.

치료보다 중요한 것은 예방이다. 말씀이 내 안에 거할 때 죄를 이길 수 있다.

"내가 주께 범죄치 아니하려 하여 주의 말씀을 내 마음에 두었나이다" (시 119:11)

이후 칫솔과 치약 세트를 나누어 준다.

Idea 8 마스크, 방독면

미세먼지로 인해 대한민국이 많이 힘들다. 그로 인해 사람들은 마스크를 착용한다. 나쁜 공기가 코와 입으로 들어오는 것을 막기 위한 것이다. 마스크의 또 다른 기능은 감기 걸렸을 때 다른 사람에게 피해를 주지 않기 위해서 사용하는 것이다.

야고보 3장 3절에 "우리가 말을 순종케 하려고 그 입에 재갈 먹여 온 몸을 어거하며"라고 하셨다. 우리는 각자의 입을 제어할 수 있어야 한다(방독면 빨리 쓰기 게임).

Idea 9 대일밴드

대일밴드는 상처 난 부분을 감싸주는데 쓰인다. 우리가 아름다운 말을 사용할 때, 아픈 사람들의 마음의 상처를 싸매줄 수 있다.

대일밴드가 상처 난 곳을 감싸주듯 우리들의 위로의 말은 상처 입은 사람들의 아픔을 치료하는 도구가 될 수 있다.

Idea 10 쓰레기통과 보석함

쓰레기통은 더러운 것, 더 이상 쓸 수 없는 것, 각종 오물들을 버리는데 사용되지만, 보석함은 값비싸고 아름다운 보석을 보관 할 때 사용한다. 우리들의 말이나 행동 중에 쓰레기통에 버려야 할 것은 없는지 생각해보자. 버려야 할 말은 버리고, 보석함에 보관하고 싶을 만큼 아름다운 말은 우리의 마음에 담아 다른 사람을 세우고 격려하는 일에 사용하자.

팀을 나누어 게임 : 버려야 할 말을 기록하는 곳과 보석처럼 담고 싶은 말을 기록하는 곳을 두고 가장 많이 쓴 팀이 승리. 또는 버려야 할 말과 담아야 될 말 베스트 5를 준비한 후

알아맞히기 형식도 좋다. 우승자에게는 함께 팬시점을 방문하여 예쁜 보석함을 선물한다.

Idea 11 뻥이요, 풍선껌

어린이들이 먹는 과자 중에서 '뻥이요'와 '뻥튀기'가 있다.

거짓말은 뻥튀기나 풍선껌처럼 자꾸 불어난다. 한번 거짓말을 하게 되면 자꾸 부풀리게 되어있어 뻥튀기와 같고, 풍선껌은 불면 불수록 점점 커지지만 터지고 나면 아무것도 아니게 된다. 예수님을 믿는 우리들이 사용해야 할 말들은 "뻥이 아니다(거짓)." 진실해야 한다. 거짓이 없어야 한다.

이와 같은 내용은 다음과 같이 진리의 말씀을 소개할 때도 사용할 수 있다. "뻥이 아닙니다. 하나님의 말씀은 거짓이 없습니다. 진실입니다. 그대로 이루어집니다."

하나님의 약속의 말씀을 소개할 때도 활용할 수 있다.

Idea 12 돼지바(아이스크림)

돼지바를 보여주며 돼지의 특징을 간단히 설명해준다.
"돼지는 어떤 동물인가요?"

(성도들의 대답을 듣고난 뒤) "네. 돼지는 미련스럽게 밥만 먹어요. 게을러요. 똥을 싸고 그 지저분한 곳에서 잠도 자고 뒹굴고 그래요. 우리 예수님을 믿는 성도는 돼지처럼 게을러서는 안돼요. 지저분하거나, 미련스럽게 먹기만해도 않돼요. 깨끗하고, 아주 착하고 부지런한 여러분이 되길 바라요." 이런 멘트를 한 후 나눠준다.

Idea 13 왕꿈틀이(과자)

그리스도인의 마음에는 꿈틀거림이 있어야 한다. 하나님이 기뻐하시는 사람이 되고자 하는 꿈틀거림이 일어나야 된다. 따라해보자.

"나는야, 왕꿈틀이."

"여러분의 마음 속에 꿈틀거림이 있었으면 좋겠습니다. 인생을 설계하는 꿈이 꿈틀거리고, 하나님께서 어떻게 인도하실 것인가 기대하는 마음이 꿈틀거리기를 바라는 마음으로 왕꿈틀이를 준비했습니다. 간식 시간 동안 마음껏 먹으면서 꿈틀거림을 만끽하세요."

Idea 14 빼빼로(과자)

'빼빼로'는 '뺄 것은 빼고, 넣을 것은 넣자'는 의미로 사용할 수 있다. "내 안에 빼야 될 것은 없습니까? 그리스도인으로서 꺼내야 될 욕망, 욕심, 거짓, 미워하는 마음 등 예수님을 닮지 못하는 것들을 빼내고, 내 안에 넣어야 될 것이 무엇인지 생각해봅시다."라고 말한다.

또는, "여러분이 미래에 대한 계획을 세웠다면 그 계획 안에 예수 그리스도를 초대하십시오. 우리 인생의 최고 설계자 되시는 예수 그리스도로부터 지혜를 구하고 주께서 말씀하시는 것을 따라 나의 인생 계획 중 뺄 것은 빼고 넣을 것은 넣으십시오."라고 말한다.

11월 11일 '빼빼로데이'에 활용하면 더욱 좋겠죠?

Idea 15 자유시간

캠프나 성경학교 기간에 사용할 때는 "지금부터는 자유시간입니다." 를 선언하면서 초콜릿 '자유시간'을 보여준다(웃음이 넘치게 됨).

자유시간을 나누어주면서 이렇게 소개한다. "하나님께서는 우리를 로봇처럼 만들지 않으시고, 자유롭게 자신의 삶을 계획하며 살아갈 수 있도록 하셨습니다. 어떤 사람은 자유시간을 자기만의 시간인 줄 알고 어리석은 곳에 사용하지만, 자유시간은 쉼과 보충의 시간입니다. 내일을 위해 준비하는 시간입니다.

부족한 것을 충전하는 시간입니다. 아름답게 사용하시길 바랍니다."

Idea 16 가나초콜릿

"저의 질문에 대답해보세요. 이스라엘 백성들이 애굽에서 나와 목표를 정하고 간 곳이 있어요. 어디일까요? 맞아요, 가나안이에요. 여기를 보세요.

(가나초콜릿을 보여주며) 가나초콜릿이 있어요. 따라해 보세요. '가나, 안가나, 가나, 안가나' 이스라엘 백성들은 하나님의 약속을 따라 가나안으로 가야 되는데 가나안 땅을 정탐하고 온 후, 가나안으로 가나 안가나, 가나 안가나 고민하다가 광야로 돌아갔어요. 하나님께서 기뻐하지 않으셨지요. 하나님이 말씀하시면 가야해요. 어디로 갈까요? 가나안으로!"

성도들에게 예수님을 믿는 사람들이 가야 될 곳이 있고, 가면 안 되는 곳이 있음을 알게 한다. 하나님이 가라 하신 곳이라면 힘들고 어려워도 가야 하고, 다른 곳으로 가서는 안 된다.

Idea 17 컨디션(드링크)

"운동선수가 경기하는 모습을 보면 어느 날은 잘하고, 어느 날은 잘 못할 때가 있어요. 그것을 컨디션이라고 하죠? '오늘은 컨디션이 좋은데!' '오늘은 컨디션이 좋지 않아!' 이런 말을 사용하는 것을 들었을 거예요. 컨디션은 자기의 건강이나 정신의 상태를 의미합니다."

예수님을 믿는 사람들은 주일 예배드리기 위해 최상의 컨디션을 유지해야 함을 이야기한다. 토요일에 늦게까지 놀거나, TV 시청을 하면 주일 예배 드리는 일에 지장을 받는다. 주일학교를 맡은 교사라면 컨디션은 더욱 중요하다. 주일 아이들을 가르치는 시간에 최상의 컨디션을 유지할 수 있도록 자신을 조절해야 한다. 이것이 하나님께서 기뻐하시는 일이다.

Idea 18 새우깡(과자)

새우깡을 보여준 후, 새우깡 게임을 한다.
① 두 사람이 왼손으로 악수한다.
② 가위 바위 보를 한 후 이긴 사람부터 시작한다.
③ 게임 방법은 한 사람씩 새우깡을 한 글자씩 이야기 한다.
'새','우','깡','새','우','깡' 형식으로 빨리 진행한다. 한 글자씩 이야기를 하다가 말이 꼬이거나 박자를 놓치면 진다. 이긴 사람은 진 사람의 손등에 마사지 해준다.
④ 몇 번 반복한 후, 다음과 같이 이야기 한다.
 (새우깡을 보여 주면서) "따라해 보세요. '새우깡', '새우깡', '깡', '깡', '깡다구로 살지말자. 하나님의 은혜로 살자.' 하나님을 섬기며 사는 사람들은 깡다구로 사는 것 아닙니다. 하나님의 은혜로 사는 것입니다. 하나님의 도우심을 바라보면서 하나님의 은혜로 사는 우리들 됩시다."
이후 새우깡을 나누어 주고 함께 먹는다.

Idea 19 미녀는 석류를 좋아해(음료)

'미녀는 석류를 좋아해'라는 광고가 국민적인 호응을 받았다. 그 노래를 다양하게 응용하여 부르는 일들이 생겼다.
"선생님은 재학이를 사랑해."
"우리는 예수님을 좋아해."
('미녀는 석류를 좋아해'를 보여 주면서) "그리스도인은 무엇을 좋아해야 할까요?"하고 질문한다. "예수님을 좋아해.", "성경을 좋아해." 이렇게 바꿔서 불러보자.

Idea 20 열라면

라면에는 많은 종류가 있다. 숫자로도 그 이름을 말할 수 있다.
일번지라면, 이백냥, 삼양라면, 사발면, 오뚜기라면, 육개장, 칠보면, 팔도라면, 구운면, 열라면. 참 재미있다. 라면을 숫자로 소개하면서 (열라면을 보여준다).

"따라해 보세요. '열라면' 열정. 열정이 있으면 무엇이든지 할 수 있습니다. 열정은 뜨거운 마음을 이야기해요. 뜨거운 마음은 우리의 마음을 움직이고 생각을 움직인답니다. 여러분의 마음에 꿈에 대한 열정이, 하고 싶은 일에 대한 열정이 일어나기를 바라요."

"또 하나의 라면이 있어요. 새로운 라면은 소개합니다.
'주님과 함께 라면' 누구와 함께 라면? 주님과 함께 라면! 주님과 함께 라면 어디를 가도 두렵지 않아요. 무슨 일을 해도 기뻐요. '주님과 함께 라면'을 기억하세요."
구역 별로 혹은 반 별로 열라면을 끓여 먹는다.

Idea 21 누네띠네(과자류)

"우리 주변에 보면 눈에 띄는 사람들이 있어요. 키가 커서 눈에 띄고, 예뻐서 눈에 띄고, 공부를 잘해서 눈에 띄고, 여러분은 어떤 일로 눈에 띄나요?"

"여기를 보세요. ('누네띠네'를 보여주면서) 우리들은 하나님의 눈에 띄는 사람이 되어야 해요. 요셉을 기억하세요. 요셉이 애굽의 총리가 되었을 때는 사람들이 기억했지만, 이스라엘 백성들이 430년 동안 살고, 요셉을 알지 못하는 왕이 애굽을 다스리게 되자, 이스라엘 백성들을 노예로 삼았습니다. 하지만 하나님께서 이스라엘 백성들을 기억하시고 애굽에서 자유를 얻게 하셨습니다. 우리는 누구의 눈에 띄어야 할까요? 사람이 아니라 하나님의 눈에 띄어야 해요. 하나님이 주목하시는 사람이 되어야 해요. 기억하세요. 하나님의 눈에 띄는 사람 되세요."

Idea 22 공사중(푯말)

"길을 걷다보면 공사하는 곳을 보게 돼요. 공사하는 현장에 꼭 있는 것이 있답니다. '공사중' 이런 표시를 본적 있어요? '공사중'이라고 쓴 푯말을 자세히 보면 이렇게 써있어

요. '통행에 불편을 드려서 죄송합니다.' 공사 현장은 그곳을 지나가는 사람들을 불편하게 해요. 그래서 양해를 부탁하는 글을 써놓지요. '공사중 - 통행에 불편을 드려 죄송합니다' 이라고요."
"옆 사람에게 이야기해보세요. '저는 공사중입니다.' 한 번 더 따라 해 보세요. '저는 공사중입니다. 통행에 불편을 드려서 죄송합니다.'
그래요. 우리는 아직 공사중이랍니다. 완성되지 않은 건물과 같아요. 그래서 다른 사람에게 불편을 끼치고, 부모님에게 불편을 끼치고, 때론 힘들게도 하지요. 하지만 건물이 완성되면 멋지고, 웅장하고 많은 사람들에게 행복을 준답니다. 나를 힘들게 하는 사람이 있다면 '공사중'이라고 생각하세요. '아직 완성이 안되서 불편하게 하는 공사중' 이지만 성숙하게 되어 공사가 끝나면 하나님께 멋지게 쓰임 받을 것이라는 기대를 가지세요. 그러면 사람이 다르게 보인답니다."

Idea 23 줄자

줄자로 게임을 진행할 수 있다. '무엇이든지 잰다?'

① 개인별로 진행할 경우에는 30cm자를 사용하고, 팀별로 사용할 때는 줄자(2~3m)를 사용한다.
② 사회자가 이야기하는 것들을 정확하게 치수를 재어 기록한다.
③ 가장 빠르고 정확하게 기록한 팀에게 선물을 주고 시상을 한 후 이야기 한다.

"세상에는 줄로 잴 수 있는 것이 있지만, 잴 수 없는 것도 있어요. 부모님의 사랑은 잴 수 없어요. 하나님의 사랑도 잴 수 없어요. 이런 찬양이 있답니다. '하늘을 두루마리 삼고 바다를 먹물 삼아도 한없는 하나님의 사랑 다 기록할 수 없겠네. 하나님의 크신 사랑 그 어찌 다 쓸까, 저 하늘 높이 쌓아도 채우지 못하리…' 찬송가 404장 3절
하나님의 사랑은 잴 수 없어요. 하늘을 두루마리 삼고 바다를 먹물삼아도 기록할 수 없는 사랑이랍니다. 그 하나님의 사랑에 빠져보세요."

Idea 24 손수건

(손수건을 보여주면서) "여기 손수건이 있어요. 이것을 어디에 사용할 수 있을까요?

(성도들의 답을 듣고 난 후) 손수건은 닦는 것에 사용하지요. 눈물도 닦고, 콧물도 닦고, 더러운 것이 묻었을 때 닦아요. 여러분들은 언제 사용하나요? 저는 기도할 때 많이 사용해요. 기도하면 눈물이 나요. 그때 손수건을 사용해요.

성경에 이런 말씀이 있어요. "모든 눈물을 그 눈에서 씻기시매 다시 사망이 없고 애통하는 것이나 곡하는 것이나 아픈 것이 다시 있지 아니하리니 처음 것들이 다 지나갔음이러라." (요한계시록 21장 4절) 천국에 가면 하나님께서 우리들의 눈물을 닦아주신대요. 다시는 눈물 흘릴 일이 없다고 말씀해주셨어요. 우리들이 손수건으로 아픈 사람들의 눈물을 닦아 주고, 힘든 사람들의 땀도 닦아주고, '살다가 어려운 사람들의 손도 닦아주면서 천국에 가면 우리의 모든 수고와 애씀을 아시고 우리 눈의 눈물을 닦아 주시는 하나님께서 계시다'라고 이야기해 주세요. 눈물은 이제 그만."

Idea 25 방향제

몇 가지의 방향제를 가지고 향기 알아맞히기 게임을 한다. 좋은 향기도 소개하고, 냄새가 조금 고약한 것도 사용한다. 향기에 대해 이야기를 나눈 후, 함께 찬양을 부른다. "사람을 보며 세상을 볼 때 만족함이 없었네… 가시밭에 백합화 예수 향기 날리니 할렐루야 아멘."

"예수님을 믿는 사람에게는 예수님의 향기가 나야해요. 하나님은 우리를 '그리스도의 향기'라고 말씀하셨어요. 나는 어떤 향기를 내는 사람인가 생각해보고, 주변에 있는 사람들에게 예수님의 향기를 내는 아름다운 사람이 되기를 바라요."

Idea 26 오뚜기 카레

오뚜기 3분 카레를 보여주면서, 오뚜기의 역할에 대해서 이야기한다. 오뚜기는 넘어져도 다시 일어나고 또 넘어져도 다시 일어난다. 그리스도인은 완전히 실패하지는 않는 사람이다. 혹시 넘어졌어도 다시 일어날 수 있는 사람이다.

"내가 너로 여자와 원수가 되게 하고 너의 후손도 여자의 후손과 원수가 되게 하리니 여자의 후손은 네 머리를 상하게 할 것이요 너는 그의 발꿈치를 상하게 할 것이니라." 창세기 3장 15절

사탄은 예수님의 발꿈치를 상하게 할 정도로 상처를 입혔지만, 예수님은 사탄의 머리를 상하게 함으로써 다시는 일어서지 못하도록 하셨다. 예수님은 우리에게 영원한 승리를 주셨다. 잠깐은 넘어질 수 있어도 다시 일어나는 것이 그리스도인이다. 이 놀라운 비밀을 이야기하자.

Idea 27 테이프

테이프는 떨어진 곳을 붙여 연결하거나, 찢어진 곳을 붙이는데 사용한다. 테이프처럼 떨어져 있는 사람들을 연결해주고, 마음의 상처를 입은 찢어진 마음을 붙여 주는 그리스도인이 되어야 한다. 예수님은 하나님과 우리의 멀어진 간격을

십자가로 하나 되게 해주셨다. 하나님과 화평하게 해주셨다. 그렇다면 우리들도 테이프처럼 주님으로부터 떨어진 사람들은 주님께로 향하게 하고, 상처 난 사람들의 마음을 감싸주는 그리스도인이 되어야겠다.

Idea 28 아침에 주스(음료)

'아침에 주스' 음료가 광고를 통해 소개되었을때 참 신선하게 느껴졌다. 아침에 신선한 음료를 마시듯 '아침에 주스'를 '아침에 QT'로 바꾸어 본다면 얼마나 행복할까? 매일 아

침 조용한 시간을 보내고, 신선한 음료를 마시듯, 우리의 영혼에 마르지 않는 영원한 음료 되시는 주님을 만나는 시간을 갖는다면 풍성한 하루가 될 것이다. '아침에 QT.' 기분 좋은 하루의 시작이다.

Idea 29 맛동산(과자)

(맛동산 과자를 보여주면서) "이 과자의 이름은 무엇일까요? 맛동산. 하나님께서 창조하신 동산이 있어요. 그 동산의 이름은? 그래요. 에덴동산이에요. 에덴동산은 없는 게 없었어요. 모든 것이 풍성했고, 아담과 하와가 살기에 너무 좋은 곳이었어요. 하나님의 말씀을 듣고, 지키며 살 때 에덴동산은 맛동산이었어요. 정말 신나고 좋은 동산이었지요. 그러나 하나님의 말씀에 불순종하고 죄를 지었을 때, 그 맛을 잃어버렸답니다. 동산에서 쫓겨나게 되었지요. 에덴동산을 쫓겨난 이후로는 더 이상 그 아름다운 동산에 들어갈 수 없었어요. 죄로 잃어버린 동산. 이제는 수고해야 먹을 수 있어요. 땀을 흘리며 일해야 먹을 수 있어요. 그러나 기억하세요. 또 하나의 동산이 우리를 기다리고 있답니다. 하나님의 동산 천국입니다. 맛동산과 비교할 수 없는 하나님의 동산인 천국. 그 나라를 기다리며 살아요." (맛동산을 먹으면 에덴동산과 천국을 이야기해보세요).

Idea 30 거울

(예쁜 손거울을 준비하여 보여준다)
"거울아 거울아 세상에서 누가 제일 예쁘니? 어디에 나오는 이야기일까요? '백설공주'에서 나온 말이에요. 거울은 나의 모습을 보는 것이지요. 거울을 보면서 머리도 빗고, 옷도 단정히 하고, 멋진 옷을 입었을 때는 폼도 재고, 음식을 먹고 난 후에는 입에 묻은 것은 없는지 보기도 하지요. 거울은 나의 모습을 보는 것이랍니다.

그런 것처럼 또 하나의 거울이 있어요. 바로 하나님의 말씀인 성경이에요. 성경은 거울과 같아요. 성경은 나의 모습을 보여줘요. 내가 바르게 생활하고 있는지, 그리스도인의 아름다운 삶을 살고 있는지 보여주는 통로랍니다. 날마다 거울을 보듯, 날마다 성경을 통해 나의 속사람과 겉모습을 아름답게 가꾸어가기를 바라요."

Idea 31 옷걸이

오래 전 신문에 학교를 소개하는 광고가 눈에 띄었다. 옷걸이를 크게 그려놓고 그 아래에 '여러분의 인생을 거세요. 건국대학교' 참 기발한 아이디어라고 생각했다. 옷걸이에 옷을 걸듯 누군가 한 번쯤은 자신의 인생을 어딘가에 걸어야 한다. 어디에 인생을 걸 것인가? 청소년들이 예수 그리스도에게 인생을 걸었으면 좋겠다. 청소년들을 향해 옷걸이를 보여주면서, "여러분, 여러분의 인생을 거십시오. 여러분의 인생을 예수님께 거십시오."라고 말한다.

'내 생애를 주님께 맡기면 주님이 책임져 주십니다'라고 외치게 한다.

"너의 길을 여호와께 맡기라 저를 의지하면 저가 이루시고 네 의를 빛같이 나타내시며 네 공의를 정오의 빛같이 하시리로다" (시 37:5~6)

Idea 32 누가바(아이스크림)

'누가바' 아이스크림을 통해서 사람들은 보지 못해도 하나님은 다 아심을 소개한다.

"하와가 선악을 알게 하는 실과를 아무도 몰래 먹었지만 하나님은 보고 계셨어요. 가인이 아벨을 미워해서 아무도 없는 들에서 죽였을 때 아무도 보지 않았으니 괜찮다고 생각했지만 하나님이 보고 계셨어요. 아나니아와 삽비라가 하나님께 드리기로 하고 땅을 판 돈의 일부를 감추어 두었지만 하나님은 알고 계셨어요. 따라해보세요.
'누가바', '누가바' 하나님이 보고 계세요. 하지만 기억하세요. 하나님은 우리를 심판하시기 위해서 보고 계시는 것이 아니랍니다. 우리를 도와주시기 위해서, 가장 적절한 때에 우리에게 힘과 소망을 주시기 위해서 우리를 보고 계세요. 늘 하나님 앞에서 하나님을 생각하며 살아가는 친구가 되었으면 좋겠어요."

Idea 33 신발

신발을 통해 헌신을 소개하려고 한다. 자신이 신고 있는 신발을 벗어 들고 소개한다. "여러분 오늘 새 신발 신고 온 사람 있어요? 새 신발을 신었어도  신는 순간부터 헌신이 되는 거예요. 여기 신발이 있어요(신발을 벗어 들고 보여주며). 따라해 보세요. '헌신' 그래요. 헌신은 바로 내 신발과 같아요. 헌 신발은 자국이 있어요. 더럽기도 하고, 찢어지기도 하고, 상처난 곳도 있어요. 너무 많이 걸어서 바닥이 닳아 없어지기도 해요. 헌신은 이와 같아요. 헌신은 흔적이 있어요. 고난의 흔적, 수고한 흔적이 있어요. 우리가 하나님께 헌신한다고 말은 했지만 흔적이 없으면 안돼요. 헌신은 흔적이 있답니다. 여러분의 신발을 보면서 헌신의 의미를 생각해보세요. 헌신은 수고의 흔적이 있습니다."

Idea 34 E-마트, 백화점

이마트나 백화점은 우리의 생활에 필요한 것들이 한 곳에 모여 있다. 그곳에 가면 무엇이든지 원하는 것을 원하는 만큼 구입할 수 있다. 그와 마찬가  지로 우리 인생에 필요한 모든 진리가 다 들어있는 곳이 있다. 이마트나 백화점이 우리 생활에 필요한 모든 것이 있는 곳이라면, 성경은 우리들의 구원과 생활에 필요한 모든 말씀이 들어있다. 성경 속에는 복음의 비밀이 들어있고, 하나님이 어떤 분이신지, 예수님은 누구신지, 교회는 무엇을 하는 곳인지, 앞으로 미래는 어떻게 되는지, 나는 누구인지, 죽음 이후에는 어떻게 되는지….
성경 속에는 우리 인생에 필요한 모든 것이 들어 있다. 성경을 통해 인생의 바른 길과 진리를 알고 묵묵히 주어진 삶을 걸어갈 수 있는 사람이 될 수 있도록 지도하자.

Idea 35 맛소금

"너희는 세상의 소금이니 소금이 만일 그 맛을 잃으면 무엇으로 짜게 하리요 후에는 아무 쓸데 없어 다만 밖에 버리워 사람에게 밟힐 뿐이니라" (마 5:13)

"맛 잃은 소금을 생각해본 적이 있나요? 소금이 없다면 맛이 없어요. 싱거워요. 우리 그리스도인은 세상에서 맛을 내는 사람들이랍니다. 싱거운 소금은 사용할 수 없어요. 밖에 버리게 돼요. 소금이 맛을 내지 못하면 이미 소금이 아니랍니다. 그리스도인은 소금이예요. 그냥 소금이 아니라 맛을 내는 소금. 세상에 영향을 미치는 소금이랍니다. 잊지 마세요. 맛소금."

Idea 36 스마트폰

스마트폰을 꺼내 기능을 소개하는 시간이다. 스마트폰이 있는 사람들은 스마트폰을 꺼내 내 스마트폰에 얼마나 많은 기능이 있는지 소개한다.

요즘 스마트 폰은 안되는 게 없다. 전화 기능 뿐만 아니라 길 안내, TV 기능, 인터넷, SNS, 메일 확인, 알람, 게임, 건강 체크 등등 엄청나게 많은 기능이 있다. 그리스도인이 이와 같다. 우리는 보통 사람이 아니다. 엄청난 재능과 무한한 잠재력을 가지고 있다.

그런데 나는 전화나 카톡 정도만 사용하고 있다. 다른 것은 있는지도 잘 모른다. 있어도 사용할 줄 모른다. 그래서야 되겠는가? '그리스도인'이란 이름에는 놀라운 능력이 있다.

하나님이 나와 함께 하신다. 나의 소리를 들으시고 응답해주신다. 그리스도인의 놀라운 능력을 믿고 자존감을 회복하라. 담대하라. 세상을 정복해 나가라.

Idea 37 화장품 샘플

화장품을 사면 샘플을 준다. 샘플을 주는 이유는 사용해 보고 좋으면 구입해서 사용하라고 주는 것이다. 우리 그리스도인은 샘플과 같다.

예수님을 모르는 사람들에게 나를 보고 예수님을 보라고 말할 수 있어야 된다. 바울은 "내가 주님을 본받는 자 된 것 같이, 너희들은 나를 본받는 자 되라."라고 말했다. 얼마나 멋진 고백인가? 그리스도인의 샘플이다. 나를 보고 예수님을 믿고 싶은 마음이 들 수 있도록 많은 사람들에게 좋은 샘플이 되길 바란다.

Idea 38 약, 약국

아플 때 찾는 곳이 있다. 병원이다. 병원에서 진단을 내리면 약국에 가서 필요한 약을 조제하여 먹는다. 약은 아픈 곳을 치료하는 능력이 있다. 우리의 몸이 아프면 약을 먹는데, 우리 영혼이 아프면 무엇을 먹어야 될까? 구약과 신약을 먹어야 된다. 하나님의 말씀을 먹어야 된다. 하나님의 말씀은 병든 마음과 영혼을 치유하는 신비한 능력이다. 이 만병통치약을 소개한다. '구약과 신약'

Idea 39 무

시장에서 파는 '무'를 하나 산다. 무를 성도들에게 보여주면서 따라하게 한다. '무', '무' 아무 것도 없다. '무'란 아무것도 없다는 뜻이다. 창세기 1장 1절을 함께 읽는다.
"태초에 하나님이 천지를 창조하시니라."

하나님께서는 아무것도 없는 것에서 세상을 창조하시고 말씀으로 있으라 하시니 모든 것이 있게 되었다. 하나님은 그 창조의 능력을 우리에게도 주셨다. 사람들이 높은 빌딩을 짓고, 큰 강을 건너는 긴 다리를 놓고, 하늘을 나는 비행기를 만든다. 이 모든 것은 사람의 지혜가 아니라 하나님께서 우리에게 주신 창조의 능력이다. 아무 것도 없는 가운데서 천지를 창조하신 하나님께서는 아무 것도 없는 우리들을 통해서 놀라운 일들을 행하신다. 다함께 외친다.

"나는 아무것도 없지만, 하나님에게는 모든 것이 있습니다."

나를 바라보고 절망하지 말고, 하나님의 창조의 능력이 나와 함께 할때 무엇이든지 할 수 있음을 고백하고 담대하자.

Idea 40 생선 한 마리

(생선 한 마리를 보여주면서) "시장에서 맛있는 생선을 샀어요. 머리부터 꼬리까지 토막을 내어 맛있게 굽기도 하고, 기름에 튀기기도 했어요. 예쁜 접시에 담아 식탁에 올렸어요. 가족들이 모여 앉았습니다. 부모님께 먼저 드시라고 했어요. 생선에는 머리 부분과 가운데 부분과 꼬리 부분으로 나눌 수 있어요. 이 중에 어떤 곳을 부모님께 드릴까요? 어른들은 자녀들을 생각해서 머리 부분이 맛있다고 머리만 드세요. 어떤 부모님은 꼬리 부분만 드세요. 자녀들에게는 좋은 부분만 주십니다. 우리가 바른 생각을 가지고 있는 사람이라면 생선의 가장 좋은 부분을 부모님께 드리겠지요. 그래요. 그것이 바른 생각이랍니다. 맛있게 생선을 요리했을 때 가장 좋은 부분을 부모님께 드리는 것처럼 '여러분의 생애 가장 중요한 순간을 하나님께 드리세요. 여러분에게 가장 귀한 것을 하나님께 드리세요' 그러면 하나님께서 받으시고 기뻐하실 뿐만 아니라 책임져주십니다."

Intro　　프로그램 진행자를 위한 효과적인 진행팁(tip)

1. 박수를 이끌어내는 방법1
1. 사회자를 소개할 때는 최대한 거창하게 소개하고 사회자가 나오면 박수를 치면서 환호한다.
2. 박수를 칠 때 사회자가 "그만!"이라고 할 때까지 박수치게 하거나 또는 "사회자가 그만하라고 했는데 계속 박수치면 점수 있습니다."라고 말하면서 박수를 유도한다.
3. 시작 전 사회자가 '오른손을 들거나', '머리를 만지거나', 특별한 제스처를 하면 "할렐루야!"라고 외치면서 박수를 치도록 말하고 문제를 내면서 중간중간에 시선 집중을 위해 활용한다.

2. 박수를 이끌어내는 방법2
1. 사회가가 점수를 줄 때마다 박수를 치게 하는데 (+)점수와 (-)점수에 관계없이 박수를 치게 한다.
2. (-)점수를 받았는데도 힘차게 박수를 치면서 함성을 지르면 (+)점수를 주고, (+)점수를 받았는데 소리가 형편없으면 바로 (-)점수를 주면서 분위기를 이끌어 간다.
3. 박수를 치면서 함성을 지르거나 특별한 행동을 하는 성도가 있으면 점수를 더 준다.
4. 성도가 정답을 맞출 때마다 박수를 힘차게 치도록 하고 제일 많이 힘있게 박수를 치면서 격려해 준 성도에게는 간단한 선물을 준다.

3. 팀별로 진행시 먼저 해야할 일
1. 팀의 리더를 정한다. 리더를 선정하는 방법은 자원해서 하고 싶은 성도를 선출하거나 모든 성도가 사회자의 시작 소리와 함께 검지 손가락을 자신이 원하는 성도를 가리켜서 가장 많이 지명받은 성도를 팀의 리더로 세우고 박수로 격려한다.
2. 성경복습게임을 시작한 후 바로 응원전을 펼쳐서 팀의 사기를 높인다.

4. 성경복습게임 이렇게 시작하자.

사회자 : "지금부터 성경복습게임을 시작하겠습니다."라고 말하면 힘차게 "와~아!"하고 함성을 지르는 것입니다. 그러면 먼저 연습을 한 번 해보겠습니다. "지금부터 성경복습게임을 시작하겠습니다."

성도 : "와~아!"(하면서 박수를 친다.)

사회자 : 잘 했어요. 그런 식으로 하는 거에요. 이제는 진짜로 시작합니다. 목소리 작으면 하지 않습니다. 잘 할 수 있지요? 지금부터 성경 복습게임을 시작하겠습니다.

성도 : "와~아!"(악기팀 반주 – 빰빠라밤 빰밤빰 빰빠라밤)하면서 시작한다.

5. 팀을 나누어서 시작할 때

팀을 나누어서 진행할 때는 팀의 사기를 높여주면서 단합을 할 수 있도록 유도해야 한다. 성도들은 점수 받는 것을 좋아하기 때문에 점수를 줄 때는 인색하지 말고 풍성하게 주도록 한다.

사회자: "성경복습게임을 하기 전에 각팀의 목소리를 테스트해 보도록 하겠습니다. 목소리가 큰 팀에게는 (+)점수를 드리도록 하겠습니다. 할 수 있지요? '믿음팀~!'

믿음팀: "와~~아!"

사회자: "100점 드리겠습니다. 특히 저 성도는 거의 뒤집어질 정도로 함성을 질렀기 때문에 (+)50점 더 드리겠습니다. 다음 '사랑팀~!'"

사랑팀: "와~~아!"

6. 주제나 교훈을 중심으로 게임 진행시 주의사항

1. 성경복습게임에 대한 충분한 지식과 진행하는 방법에 숙달되어 있는가?
2. 매끄러운 진행을 위해 리더십을 발휘하고 있는가?
3. 분명하고 정확한 언어로 게임의 법칙을 소개할 수 있는가?
4. 좌우로 치우치지 않고 공평하게 진행하고 있는가?

7. 성경 본문을 중심으로 복습게임 진행시 주의사항

1. 본문에 알맞는 자료를 선택해서 활용해야 된다(야곱의 꿈을 공부했다면 '사닥다리' 라는 활동을 선택해야 되는데 '항아리 채우기' 등을 선택한다면 우습지 않겠는가?).
2. 성경 본문에 대한 복습게임 자료니까 한 번 밖에 사용을 못한다거나, 다른 곳에서는 사용 못하겠다고 생각하면서 자료를 버리지 말고, 보관해 두었다가 응용하거나 재활용하도록 한다.

8. 도구를 활용하는 복습게임 진행시 주의사항

1. 성경복습게임에 참석하는 성도의 연령과 수준에 맞는 도구들을 사용해야 된다.
   (예 : 다트 활동이 재미있지만 유치부 어린이들에게는 위험하고 어렵다)
2. 성도들이 좋아할 만한 도구들을 그냥 사용하지 말고 말씀에 접목시켜 응용해서 사용할 수 있도록 한다.

9. 효과적인 자료 정리와 보관

1. 가능하면 모든 자료를 코팅해서 사용한다. 이는 자료를 상하지 않게 할 뿐만 아니라 언제든지 재활용 할 수 있기 때문이다.
2. 커다란 서류 봉투함 하나에 자료 한 개와 진행하는 방법들을 적어서 넣어두거나 파일에 넣어서 보관할 수 있도록 한다.
3. 전지와 같이 큰 자료들은 완성된 자료를 무색 아스테이지를 입혀서 보관하도록 한다.

10. 레크리에이션을 중심으로 하는 복습게임시 주의사항

1. 게임의 형식으로 진행되기 때문에 재미만 강조하면 복습게임의 의미를 상실할 수도 있기 때문에 사회자는 성경을 복습하는 시간이라는 사실을 염두에 두어야 한다.
2. 지나친 승부욕 때문에 상대방을 시기하거나 다투는 일이 없도록 지혜로운 진행이 필요하다.

11. 성경학교와 캠프중심의 복습게임 진행시 주의사항

1. 다양한 도구(물, 밀가루, 풍선 등)을 사용하기 때문에 실내와 실의 게임을 구분해서 장소와 주변환경에 알맞는 자료를 선택하고 활용해야 한다.
2. 재미있다고 한 번에 여러 가지 도구와 다양한 방법들을 사용하기 보다는 하루에 한 가지씩 매일 다른 것으로 활용하면서 복습게임에 대한 기대를 갖게 한다.

12. 주제나 교훈을 중심으로 복습게임 진행시 주의사항

1. 말도 안되는 표현과 맞지도 않는 자료를 가지고 억지로 교훈하려고 하는 생각은 버려야 한다.
2. 자료를 통해 교훈하고자 하는 내용들을 사회자가 직접 말할 수도 있겠지만 복습게임을 통해 성도들이 말하게 해서 이 활동의 의미가 무엇인지 찾아보도록 해야 한다.

13. 시작 테크닉

시작이 중요하다. 시작 후 5분이 가장 중요하다. 그러므로 참석하는 성도들이 관심과 흥미를 느낄 수 있도록 간단한 선물을 하나 준비해 두었다가 사회자를 잘 따라하는 성도에게 선물을 줌으로써 모든 성도들로 하여금 기대감을 주면서 시작하도록 한다.

14. 성경복습게임의 문제는 어떤 것을 내야 되나?

1. 지난 주에 배운 것을 복습하는 의미에서 먼저 한 두 문제를 낸다.
2. 오늘 배운 말씀 중 인물, 지명, 예화 내용, 설교 제목, 설교 본문 등 설교와 공과시간에 배운 내용들을 자세히 복습한다.
3. 주일학교의 경우 찬양이나 율동을 새로 배웠다면 가사 안보고 부르기, 듣지 않고 부르기, 율동 잘 따라하기 등을 할 수 있다.
4. 광고 시간에 광고한 내용들을 숙지 했는지 광고의 내용과 준비물 등을 질문할 수 있다.

15. 성경복습게임의 리더로써 경계해야할 행동

1. "별로 준비를 못했는데요.", "제가 처음이거든요."와 같은 자신감 없는 말과 행동은 피하도록 한다.
2. 어느 한 쪽만 집중적으로 보지 않도록 해야 한다.
3. 공평한 진행을 해야 한다. 교회에 이미 다니고 있는 성도나 처음나온 성도, 사회자가 얄밉게 생각하는 성도나 친한 성도 사이에서 공평한 판단을 해야 된다.
4. 재미있다고 벌칙을 통해 상처를 주는 일이 없도록 해야 한다.

16. 문제 출제의 다양한 활용

문제를 말씀에서만 내려고 하지 말고, 설교자나 사회자가 오늘 꼭 기억해야 될 광고 내용이나 새신자가 나와서 그 사람을 소개했다면 새신자에 대해서 알아맞추기 등 폭 넓게 활용할 수 있다. 한 두번 사용한다면 성도들은 예배와 모든 프로그램에 관심을 갖게 될 것이다.

17. 성경복습게임을 진행하는 순서

1. 자료 수집 : 주제, 계절에 알맞는 자료를 수집하여 복습게임 자료를 구입하거나 만든다.
2. 도구 준비 : 성경복습게임에 사용될 문제를 기록하고 상품을 준비하며 다음과 같은 순서로 진행한다.
3. 전체를 대상으로 진행할 경우 : 질문하기 - 문제를 맞추면 상품을 주고, 틀리면 벌칙주기
4. 팀을 나누어서 진행할 경우 : 팀장뽑기 - 각 팀 응원하기 - 질문하기 - 점수 또는 상품 주기